高等职业教育房地产类专业精品教材

U0711340

房地产金融

主　编　张正磊　王华蓉

副主编　马　晓　王园园

参　编　王　煦　马异观

主　审　高绍远

北京理工大学出版社

BEIJING INSTITUTE OF TECHNOLOGY PRESS

内 容 提 要

本书共分为十一个模块，主要内容包括房地产金融概述、房地产金融市场与房地产金融机构、房地产信贷、房地产开发贷款、个人住房贷款、房地产抵押贷款、住房公积金制度与贷款、房地产信托、房地产保险、房地产证券化、国外房地产金融等。全书紧紧围绕房地产金融的基本理论，对本领域内近年来出现的新问题、新现象进行了分析和探讨，保证了内容的实践性、时效性和前瞻性。

本书可作为房地产开发与管理、土地资源管理、工程管理等相关专业的教材使用，也可作为房地产金融机构培训教材，还可作为房地产金融相关理论和实践研究的参考用书。

版权专有　侵权必究

图书在版编目（CIP）数据

房地产金融 / 张正磊，王华蓉主编 . -- 北京 : 北京理工大学出版社，2021.11（2022.1 重印）
ISBN 978-7-5682-9771-4

Ⅰ . ①房…　Ⅱ . ①张…②王…　Ⅲ . ①房地产金融
Ⅳ . ① F293.338

中国版本图书馆 CIP 数据核字（2021）第 252059 号

出版发行 / 北京理工大学出版社有限责任公司
社　　　址 / 北京市海淀区中关村南大街 5 号
邮　　　编 / 100081
电　　　话 / （010）68914775（总编室）
　　　　　　（010）82562903（教材售后服务热线）
　　　　　　（010）68944723（其他图书服务热线）
网　　　址 / http://www.bitpress.com.cn
经　　　销 / 全国各地新华书店
印　　　刷 / 河北鑫彩博图印刷有限公司
开　　　本 / 787 毫米 ×1092 毫米　1/16
印　　　张 / 15.5
字　　　数 / 376 千字
版　　　次 / 2021 年 11 月第 1 版　2022 年 1 月第 2 次印刷
定　　　价 / 48.00 元

责任编辑 / 江　立
文案编辑 / 江　立
责任校对 / 周瑞红
责任印制 / 边心超

出版说明

Publisher's Note

　　房地产业是我国经济建设和发展中的重要组成部分，是拉动国民经济持续增长的主导产业之一。改革开放近40年来，我国的房地产业快速发展，取得了巨大成就，尤其在改善广大城镇居民住房条件、改变城镇面貌、促进经济增长、扩大就业等方面，更是发挥了其他行业所无法替代的巨大作用。随着我国经济的发展、居民收入水平的提高、城市化进程的加快以及改善性住房市场需求的增加，房地产消费者对产品的需求由"有"到"优"，房地产需求总量不断攀升，房地产行业仍然有着巨大的发展潜力，房地产业需要大量房地产专业人才。

　　高等职业教育以培养生产、建设、管理、服务第一线的高素质技术技能人才为根本任务，在建设人力资源强国和高等教育强国的伟大进程中发挥着不可替代的作用。为全面推进高等职业教育教材建设工作，将教学改革的成果和教学实践的积累体现到教材建设和教学资源统合的实际工作中去，以满足不断深化的教学改革需要，更好地为学校教学改革、人才培养与课程建设服务，北京理工大学出版社搭建平台，组织国内多所建设类高职院校，包括四川建筑职业技术学院、重庆建筑科技职业学院、广西建设职业技术学院、河南建筑职业技术学院、甘肃建筑职业技术学院、湖南城建职业技术学院、广东建设职业技术学院、山东城市建设职业学院等，共同组织编写了本套"高等职业教育房地产类专业精品教材（房地产经营与管理专业系列）"。该系列教材由参与院校院系领导、专业带头人组织编写团队，参照教育部《高等职业学校专业教学标准》要求，以创新、合作、融合、共赢、整合跨院校优质资源的工作方式，结合高职院校教学实际以及当前房地产行业的形势和发展编写完成。

　　本系列教材共包括以下分册：

　　1.《房地产基本制度与政策》

　　2.《房地产建设项目管理概论（第2版）》

　　3.《房地产开发经营与管理》

4.《房地产开发与营销（第 2 版）》

5.《房地产市场营销》

6.《房地产投资分析》

7.《房地产经济学》

8.《房地产估价》

9.《房地产经纪》

10.《房地产金融》

11.《房地产企业会计》

12.《房地产统计》

13.《房地产测绘》

本系列教材，从酝酿、策划到完稿，进行了大量的市场调研和院校走访，很多院校老师给我们提供了宝贵意见和建议，在此特表示诚挚的感谢！教材在编写体例、内容组织、案例引用等，做了一定创新探索。教材编写紧跟房地产行业发展趋势，突出应用，贴近院校教学实践需求。希望本系列教材的出版，能在优化房地产经营与管理及相关专业培养方案、完善课程体系、丰富课程内容、传播交流有效教学方法，培养房地产行业专业人才，为我国房地产业的持续健康发展做出贡献！

北京理工大学出版社

前言

PREFACE

房地产金融是在房地产开发、流通和消费过程中，通过货币流通和信用渠道所进行的筹资、融资及相关金融服务的一系列金融活动的总称。其基本任务是运用多种金融方式和金融工具筹集和融通资金，支持房地产开发、流通和消费，促进房地产再生产过程中的资金良性循环，保障房地产再生产过程的顺利进行。

房地产金融是面向金融学、投资学和保险学等经济学本科三年级学生所开设的专业选修课。房地产金融属于房地产经济学和金融学的交叉学科，是为房地产市场发展提供金融服务的一门课程。通过本课程的学习，学生能够深入地了解房地产金融理论、宏观经济波动、房地产经济波动和房地产金融之间的联系以及房地产抵押贷款、住房金融、房地产资产证券化、房地产信托等相关知识。本课程要求学生具有微观经济学、宏观经济学、公司金融、金融市场学和商业银行管理等课程的基础知识。这有助于学生从微观和宏观两个层面了解房地产金融对个人和家庭、房地产企业和宏观经济健康运行发展的作用和意义。

本书根据高等院校教育培养目标和教学要求，针对高等院校房地产等相关专业进行编写。本书编写时对基本理论的讲授以应用为目的，教学内容以必需、够用为度，力求体现高等应用型教育注重职业能力培养的特点。为更加突出教学重点，每个模块均设置了知识目标、能力目标及案例导入，对本模块内容进行重点提示和教学引导；文中还穿插了大量的阅读材料及案例，对相关内容和重点进行解析；模块小结以学习重点为依据，对各任务内容进行归纳总结；思考与练习以填空题、选择题和简答题的形式，从更深的层次对学习的知识进行巩固。

本书在编写过程中参阅了大量的文献，在此向这些文献的作者致以诚挚的谢意！由于编写时间仓促，编者的经验和水平有限，书中难免有不妥和错误之处，恳请读者和专家批评指正。

编　者

目 录

CONTENTS

模块一

房地产金融概述

知识目标

1. 了解房地产、房地产业的概念及主要内容；了解房地产金融的含义、特征、分类及作用。

2. 掌握利率、货币时间价值、年金现值与终值的概念及计算；内部收益率、权益收益率的计算；掌握担保贷款的担保方式。

3. 了解我国房地产金融发展历史及发展展望。

能力目标

能够对房地产金融的分类和基础知识的内容进行初步了解。

案例导入

假设某人要投资购买价值100万元的房产，当首付比例是10％时，在这100万元的投资中，他自己的钱是10万元，剩下的90万元是从别人处借来的。在不考虑租金收益和利息支出的情况下，如果房价一年后涨了10％，房子现值是110万元，此时他卖掉房子，还清90万元贷款后还剩下20万元，他的投资回报率是100％；如果房价继续上涨，他会赚得更多。相反，倘若房价在买入一年后就下跌了10％，他的损失也将是100％，他赔光了；如果房价继续下跌，他就负债了。而当首付比例是5％的情况下，房价每年只需上涨5％，他的年投资回报率就达到了100％；相反，房价只需下降5％，他就赔光了。

讨论：房产投资中首付款和回报率的关系。

单元一　房地产业与金融业

一、房地产

房地产是指土地及固着在土地之上的建筑物和其他附属物的总称。房地产由于自身的特点即位置的固定性和不可移动性,在经济学上又被称为不动产。其有土地、建筑物、房地合一三种存在状态。在房地产拍卖中,其拍卖标的也有三种存在形态,即土地(或土地使用权)、建筑物和房地合一状态下的物质实体及其权益。

土地是指地球表面具有固定位置的空间客体,一般是指地面、地面以上和地面以下的一定空间范围。

建筑物是指人工建筑而成,由建筑材料、建筑构配件和设备等组成的整体物。建筑物可分为房屋和构筑物两大类。房屋是指能够遮风避雨并供人居住、生产、储藏物品或进行其他活动的工程建筑;构筑物则是除房屋以外的工程建筑,人们一般不直接在内进行生产和生活。现实生活中有时狭义地将建筑物特指为房屋。

其他附属物是指为提高房地产的使用价值或功能而建造的附属物体,包括种植在土地上的花草、树木,人工建造的假山、抽水井,埋设在地下的管线、设施等附属物体。

二、房地产业

房地产业是指从事房地产投资、开发、经营、物业管理和房屋中介服务的总称。房地产业与房地产有紧密的联系。如果房地产作为一种产品,那么房地产业就是从事房地产这种产品生产经营的行业。

我国政府于 2003 年重新划分三个产业,具体划分:第一产业包括农、林、牧、渔业;第二产业包括采矿业,制造业,电力、燃气及水的生产和供应业,建筑业;第三产业包括除第一、第二产业以外的其他行业。由此可见,房地产业属于第三产业。

房地产业的主要内容包括:

(1)国有土地使用权出让。

(2)房地产投资开发业,主要包括国有土地征收、拆迁安置、委托规划设计、组织开发建设,以及对旧城区的改造或开发。

(3)地产经营,主要包括土地使用权转让、租赁和抵押。

(4)房产经营,主要包括房屋的买卖、租赁、抵押等。

(5)房地产金融,主要包括房地产信贷、保险、投资等。

(6)房地产中介服务,主要包括房地产咨询、估价、经纪、律师业务、公正等。

(7)物业管理,主要包括房屋及公共设施、设备的保养、维修,并为使用者提供安全、卫生以及优美的环境。

(8)房地产市场的调控和管理,即建立房地产市场、资金市场、技术市场、劳务市场、信息市场,制定合理的房地产价格,建立和健全房地产法规,以实现国家对房地产市场的宏观调控。

三、金融业

金融是货币资金的一种融通形式。它包括与货币流通和信用有关的一切经济活动,最显著的特征是有借有还的资金融通形式。

金融业是指经营金融商品的特殊行业。它主要包括银行业、保险业、信托业、证券业、租赁业、典当业等。

　　作为基础产业和支柱产业的房地产业,在房地产商品的生产、流通和消费过程中,与一般产业相比更需要金融业全方位的金融服务与支持。房地产业作为资金密集型行业,对金融业有很强的依赖性,资金是实体经济运行的血液,没有资金的支持,企业将逐渐"枯萎"。因此,金融业对于房地产业而言,具有更重要的影响。

　　房地产具有位置的固定性和使用的耐久性等自然属性,同时具有高资本价值特性,以及投资与消费双重性等经济属性,从而使房地产的信托、保险和抵押等成为金融业较为安全、可靠的投资与融资的领域,也是金融业重点发展业务的领域,金融业在支持房地产发展的同时,也提升了自身产业的质量和收益率。

阅读材料

房地产业与金融业的关系

1.房地产业的发展需要金融业的支持

(1)房地产业的开发与经营需要金融业的支持。

　　房地产开发和经营的主要对象是房屋和土地。房地产商品具有价值量大、开发经营周期长的特点,特别近几年国家规范土地出让政策之后,激烈的市场竞争使得土地价值直线攀升,也直接导致房地产开发经营成本的巨额提升。同时,房地产商品不同于一般的商品,它的生产周期从土地的取得、开发,到楼盘的规划、设计,直至施工、配套、验收、交付使用等一系列环节至少需要几年时间,资金占用期长,投资回收速度慢。另外,由于房地产业涉及面广,经济关系复杂,巨额资金分别以货币资金、开发建设资金、商品资金等形态同时存在于房地产开发经营的各个不同阶段,没有金融机构、金融市场为主体的金融业的资金融通和金融服务帮助,仅靠房地产业的自有资金进行运作,几乎不可能进一步发展。而在现代市场经济体制的作用下,金融创新所带来的相关新型金融工具(比如房地产信托、房地产证券化等),在房地产业的运用,将会给房地产业的开发和经营带来更加有力的支持。

　　通过金融业的融资支持,能使房地产开发经营企业利用金融信贷资金的杠杆作用,提高房地产业自有资金的运作效率,进一步推进房地产的开发和经营。

(2)房地产的流通和消费需要金融业的帮助。

　　房地产进入流通领域,满足单位和个人的购买需要,单位和个人也需要大量资金来支付房款。房地产经营企业在流通领域根据不同的经销方式,需要预先垫付大量资金。消费者个人在消费领域也需要支付巨额购房款,对于目前中国绝大多数普通购房者来讲,住房消费是其家庭支出中最昂贵的一项消费,仅仅靠家庭收入的自身积累来实现购房目的,往往需要长达数十年的时间。如果有了金融业的介入,通过发放个人住房抵押贷款提供资金支持,则可缩短购房者资金积累时间,提前购置住房,实现房地产的流通和消费,从而推动房地产业的良性循环。

(3)房地产的发展过程需要融资以外的其他金融手段的服务。

　　金融业除了在房地产的开发、流通和消费过程给予有关当事人以融资支持外,还可以运用多种金融工具,通过办理结算、信托、保险、代理发行有价证券等业务,支持房地产的开发,促进房地产商品的流通与消费。

2.金融业的发展需要在房地产业拓展业务

房地产金融是金融业的重要组成部分,开拓房地产金融对金融业的繁荣与发展具有举足轻重的作用。国内外发展历史表明,一个国家某一时期金融业的发达程度往往是与该国家或地区房地产业的兴旺程度紧密相关的。

(1)金融业的发展需要在房地产领域安排资产业务。

金融业的稳步发展需要实行多元化的资产战略,体现金融业经营管理的资产分散化原则的要求。为了保障金融资产的安全性,无论从总体上安排资产结构,还是在某类资产业务中落实具体项目,都必须保证资产的分散化。就商业银行的金融资产而言,在贷款资产中,由于房地产的保值、增值特征以及抗通货膨胀能力强、使用期限长和不可移动性等特性,使房地产抵押贷款成为商业银行重要的贷款资产之一,也成为各大商业银行争相抢夺的业务市场。其他金融机构如信托公司、保险公司等投资房地产业成为一项重要的资产安排,而且已成为一种发展趋势。

(2)金融结算工具在房地产流通和消费领域可得到进一步的应用与推广。

随着房地产业存量搞活、增量发展、金融业介入房地产领域的范围扩大,居民个人通过办理个人住房抵押贷款来购置商品房得到进一步推广。为了方便房款结算,个人采用支票、银行本票、信用卡办理房款结算已经成为可能,为支票、银行本票、信用卡的扩大应用提供了外部条件。特别是利用信用卡办理房地产抵押贷款手续,建立分期付款、分期还款的自动转账支付系统,已成为商业银行办理个人住房抵押贷款手续的主要工具,该业务为信用卡的推广起了积极作用,为银行拓展了结算服务领域。

(3)金融业需要在房地产业拓展自身发展空间。

为顺应房地产业的发展,金融业除了在上述领域提供服务、安排资产以外,还获得了更多的发展机会,为金融创新提供了广阔的空间。第一,房地产业在生产与经营的各个阶段,经常出现大量资金闲置的状态,这些资金正好成为银行重要的资金来源。第二,金融机构将房地产业列为自己的服务对象,客观上扩大了贷款范围,为金融服务增加新的内容,其中包括保险机构开办房屋质量保险、自购公用住房保险、商品住房保险以及住房抵押贷款保险等新险种;信托机构承办房地产租赁管理、代理房地产买卖、从事房地产咨询、策划等业务。第三,房地产抵押贷款证券化,房地产企业的上市融资、再融资以及债券发行等业务会增加交易工具促进金融市场的成熟和完善。根据房地产金融发展的不断创新,金融业还将不断开发新的金融服务品种。

总之,房地产业与金融业相互融合是市场经济发展的必然要求,两者是一种相互促进、相互依赖、共同发展的关系。

单元二　房地产金融的含义、分类与特征

一、房地产金融的含义

房地产金融是房地产开发、流通和消费过程中通过货币流通和信用渠道所进行的筹集资金、融通资金、结算或清算资金并提供风险担保或保险及相关金融服务的一系列金融活动的总称。房地产金融的基础任务是运用多种金融方式和金融工具筹集和融通资金,支持房地产

开发、流通和消费,促进房地产再生产过程中资金的良性循环,保障房地产再生产过程的顺利进行。其业务主要包括吸收房地产存款、开办住房储蓄、办理房地产贷款业务,特别是房地产抵押贷款业务,从事房地产投资、发行房地产股票和债券、房地产保险、房地产担保、房地产金融市场等。

目前,我国房地产金融包括政策性房地产金融和商业性房地产金融。

(1)政策性房地产金融主要是房改金融。它是与住房制度改革有关的一系列金融活动,其资金的筹集是具有强制性的,资金的运用具有较强的专向性和政策性。政策性房地产资金的运作不应以营利为目的。

(2)商业性房地产金融是以营利为主要目的的金融业务。商业性房地产金融资金来源的渠道和方式多样,不具有强制性和地方性。而且商业性房地产金融要比政策性房地产金融涉及的范围广。

二、房地产金融的特征

由于房地产金融的融资对象具有与普通商品不同的特点,因此房地产金融与其他金融业务相比,一般具有以下几个特征:

(1)资金融通量大。由于房地产商品价值很高,无论是房地产企业的开发经营贷款,还是居民个人住房消费贷款,都会遇到使用支出的集中性和来源积累的长期性、分散性的矛盾。为了解决这一矛盾,需要房地产金融市场为房地产企业和个人进行大量的融资。

(2)资金运用具有中长期性。以房地产为抵押品进行的贷款,其资金多用于土地和房屋的购置、开发、改良、建设等,而土地的开发、改良以及房屋的建设往往需要很长的时间。例如一块土地要进行开发,不管其规划内容是建造房屋还是其他构筑物,从规划之初到达到目标,必须经过可行性研究、编制设计任务书、选择建设地点、进行技术设计、选择施工队伍、编制年度计划、组织施工生产、竣工验收、交付使用等许多过程和环节。资金的投入从可行性研究开始,到项目投入使用,其周期往往很长,这就决定了其资金占用时间也比较长,一般需1~10年,在此过程中资金往往是只能不断投入,却无法收回。此外,由于土地和房屋是不动产,它们作为抵押品不会遗失,也不会毁损,而且一般情况下土地和房屋具有保值性甚至增值性,所以许多金融机构在向房地产开发项目贷款时敢于放宽贷款偿还期限。

(3)债权可靠,风险较小。房地产金融一般属于中长期信用,因此房地产金融机构在从事房地产贷款时,首先考虑的是债权的安全性问题。为了保证债权的安全性,金融机构通常要求借款人提供担保。房地产具有位置的固定性、使用的耐久性。房地产位置的固定性可产生区位价值,功能的耐久性充分体现其使用价值。这两个价值因素可以为房地产金融提供进一步的信用支持。另外,随着社会经济的发展和市场供求关系的变化,房地产在多数情况下会不断增值。这将大大提高债权的可靠性和房地产金融的安全程度。

(4)具有较强的政策性。房地产金融受政府政策干预较强,并且它是国家和政府实行有关房地产政策的重要依托。一方面国家城市规划、城市发展计划、固定资产投资计划和产业政策等对房地产金融有诸多限制;另一方面,居民的住房问题关系到社会安定团结和政局的稳定。因此,政府通常会在不同发展阶段通过税收、利率杠杆及相关经济政策,采取相应措施来鼓励支持房地产市场的发展或抑制住房房价的上涨等市场情况。自2004年以来,我国房地产开发投资持续在高位运行,在房价上涨过快的形势下,为了保持房地产业的稳定发展,促进国民经济领域的协调发展,国家相关部门先后出台了一系列支持房地产健康发展、防范金融风险的政策措施。

（5）具有较好的收益性。一般来说,房地产资金占用量大,资金周转期较长,房地产金融业务收益率较高。同时,一宗房地产抵押贷款操作较为复杂,涉及的步骤较多,使得房地产金融业务派生性较强,可带动一些银行中间业务的发展,为金融部门带来可观的手续费收入和稳定的优质客户群。

三、房地产金融的分类

中国房地产金融包括政策性房地产金融和商业性房地产金融两类。

政策性房地产金融主要是与住房制度改革有关的金融活动,与国家住房制度改革的政策密切相关,其资金的筹集是具有强制性的,资金的运用具有较强的转向性和政策性。政策性房地产资金的运作不应以营利为目的。

商业性房地产金融资金筹集渠道广泛,在资金来源和运用等方面金融机构有较大的自主权。商业性房地产金融业务运作是以营利为主要目的,而且商业性房地产金融要比政策性房地产金融涉及的范围广。

房地产金融是房地产业与金融业渗透与融合的产物,从房地产的含义出发,可以将房地产金融理解为房产金融与地产金融的合称,并由此说明房地产金融的内涵。

房产金融是指房屋或建筑物在生产、流通和消费过程中进行的各种资金融通活动。其主要包括以住房为抵押担保的住房金融和房地产开发经营企业在生产和流通过程中资金融通的金融活动。在房产金融中,住房金融由于其特殊性而占有非常重要的位置。

地产金融也称土地金融,是指围绕土地有偿使用而产生的金融活动。依照城市土地和农村土地的性质不同,地产金融又可以分为城市土地金融和农村土地金融。城市土地金融是指围绕城市土地开发、经营所展开的资金融通活动;农村土地金融是指围绕农村土地的开发、生产和经营而展开的资金融通活动。

阅读材料

银行的房地产金融业务

地产信用业务有两大类。房地产信用业务是指资金的吸收和运用。非房地产信用业务是指表外业务以及其他金融服务。具体可以划分为以下三类。

1.资产业务

资产业务,即银行运用资金,使其资本不断增值的业务。资产业务根据银行运用资金的方式,可分为房地产投资业务和房地产放款业务。房地产投资业务是指银行运用资金向外购买房地产股票和房地产债券,从中获取利润,或者直接投资房地产,从事房地产的开发、经营,从而获取开发利润。房地产放款业务是指银行根据必须归还的原则,按一定利率向外供应资金,获取利息的一种信用活动。根据放款内容不同,可分为房地产开发经营性贷款、居民个人住房消费性贷款;根据款项还款期限,可分为短期放款和中长期放款;根据"受信和授信"的担保性质,可分为房地产信用放款、房地产质押放款和房地产抵押放款。

2.负债业务

负债业务,即银行通过负债业务,吸取资金的业务。银行拥有的资本越雄厚,越能增强自身的经济活力。同时,负债的多寡,也是银行资金安全与否的关键因素。所以,负债业务是银行赖以生存和发展的最基本和最主要的业务,是银行经营的基础。负债业务的规模决定了其资产的规模。银行的负债业务主要有存款业务、借款业务、金融机构往来业务等。

3.表外业务

表外业务,即银行通过代替客户承办支付和其他委托事项而收取手续费的业务。这类业务不涉及动用银行自己的资本金,故也称中间业务。房地产表外业务主要有房地产信托业务、房地产租赁业务、房地产咨询业务和房地产代理业务等。

四、房地产金融的作用

房地产金融是房地产业发展的保障,也是国家调控房地产市场和促进房地产消费的主要手段。具体来讲,房地产金融的作用主要表现在以下几方面:

(1)房地产金融能够保障房地产业的发展。由于房地产业有投资规模大、周期长和商品价值大的特点,房地产的开发、销售等活动都是在金融部门的支持下进行的。为了取得好的经济效益,房地产开发商不是将自己的全部资金都投入到房地产的开发中,而是利用部分自有资金和大量金融机构的融资。另外,由于房地产的价值大,消费者不能像其他商品那样一次性地利用储蓄购买,而是通过金融机构的贷款购买住宅。房地产从开发到销售都是在金融机构的参与下进行的,很多人将金融机构对房地产业的融资看作房地产业的"血液"。没有金融机构的参与,现代房地产活动是很难进行的。由此可见,金融业的参与平衡了房地产的供给和需求,促进并保障了房地产业健康稳定的发展。

(2)房地产金融能够促进居民住房消费的提高。房地产金融可增加房地产消费资金信贷,带动房地产有效需求。居民住房消费与家庭预期收入有直接关系,如果预期收入增加,家庭有可能通过信贷来增加当前的住房消费。住房是一种能够在一个较长时间内提供消费服务的耐用品,住房条件的改变不仅取决于当前收入,还取决于预期收入。在预期收入增加的条件下,居民就可以通过住房抵押贷款来购买住房,家庭的福利得到增加。

(3)利用房地产金融政策可对房地产业进行宏观调控。房地产金融被称为房地产市场的"调节器"。金融业可利用信贷、利率等金融杠杆以及各种金融政策,对房地产业的发展进行调节,即对国家支持发展的房地产领域,金融业以优惠的信贷和利率政策予以经济支持,而对于国家限制发展的房地产,金融业则提高融资成本,限制发放贷款。

单元三　房地产金融基础知识

一、利率

利率是借款人付给放款人所借款项的租金。利率是在一定时期内所获得利息额和所贷金额之比,简单地说,即利息额与本金之比。其计算公式为

$$i=\frac{I}{P}\times100\%$$ (1-1)

式中　i——利率;

I——一定时期的利息;

P——贷款本金。

利率的表示通常有年利率、月利率和日利率等,在计算时,借贷时间的单位要与利率表示的时间单位保持一致。如使用年利率时,要将时间单位换算成年。

1. 单利与复利

利率的计算方法有单利法与复利法两种。

(1)单利法。单利法只以本金计算利息,不考虑利息在投资情况下使用的利率,其计算公式为

$$I = P \times i \times n \tag{1-2}$$

式中　n——借贷时间的单位;

　　　I——一定时期的利息;

　　　P——贷款本金;

　　　i——利率。

(2)复利法。复利法计算利息是把定期结算的利息加入本金,逐期滚动计算。其计算公式为

$$F = P \times (I + i)^n \tag{1-3}$$

式中　F——本利和;

　　　I——一定时期的利息;

　　　P——货款本金;

　　　i——利率。

很显然,在计算利息时,单利法比复利法要简单,但复利法计算利息由于考虑了利息再投资的因素,因此在经济核算方面比单利法更精确。

2. 名义利率与实际利率

(1)名义利率。名义利率也称票面利率,是借款机构所承诺的利率。假设银行对某一债券承诺年利率为10%,期限为4年,那么4年后所有本金一次付清。假设债券面值为100元,则4年后100元一次全部付清,同时每年要付10元利息。这里的10%就是名义利率。

(2)实际利率。由于预测到未来物价会波动,因而利率也随之起伏,这通常会困扰抵押借款人和放款人。由物价上升而导致的利率攀升会增加借款人的资金使用成本,反过来又会降低放款人的收益。实际利率是票面利率经实际或预测的货币购买力变化校正后的利率,它是借(贷)款人所付(取得)利息(利润)率减去通货膨胀率后的利息。名义利率是放款人按当前状况向借款人征收的货币成本,没有剔除通货膨胀的影响。物价指数是通货膨胀的衡量标准,可以说明购买力的变化情况。

(3)名义利率与实际利率的关系。在通货膨胀情况下,对利率状况则要进行分析,有时看起来利率很高,但实际利率却是很低的,甚至是负利率。名义利率与实际利率的关系如下:

$$名义利率 = 实际利率 + 通货膨胀率 \tag{1-4}$$

从上述可知,通货膨胀率越高,名义利率与实际利率之间的差额就越大。如果名义利率小于通货膨胀率,此时的实际利率就为负值。

3. 利率的期限结构

货款期限不同,利率不同,这种差别可以称为期限结构溢价。不同期限贷款的利率不同是由利率期限结构理论所决定的,具体可归纳为以下几方面:

(1)放款人会认为未来物价可能会升高或未来借款人需求更大,结果利率更高。为了弥

补未来更高收益投资机会的损失,放款人会提高长期贷款的利率。

(2)放款人担心资金被长期禁锢。当利率变化时,长期借贷人借贷价值、收益(或成本)都会发生变化,所以放款人为了避免长期放款流通性差有可能造成的损失,对长期贷款要求一个高利率;而借款人为避免以后利率变化可能带来的损失,也愿付较高的利率而长期借款。

(3)金融市场潜在期限的不一致。很多放款人愿意发放长期贷款,以减少风险,而借款人又认为长期贷款更安全,对长期贷款的要求较高,结果就产生了借款人愿支付高的贷款利率,使更多的金融机构进入长期信贷市场。

(4)借款人还必须支付一个随期限增长而增加的期权溢价。因为贷款期长,借款人会在对放款人最不利的时候提前还款,结果会使放款人受损,这种损失为期权溢价。

二、货币的时间价值

1.货币的时间价值的概念

货币的时间价值是指货币经历一定时间的投资和再投资所增加的价值,也称为资金的时间价值。简单地说,货币的时间价值就是如果某投资者要在现在收入 100 元和未来收入 100元之间做出选择,正确的选择应是在今天收入 100 元,这是因为 100 元可被投资于多种产生利率的活动中,这显然比在未来某时收入 100 元更有价值。因此,货币就是具有时间价值的。

2.货币的时间价值的形式

货币的时间价值有两种表现形式,即终值和现值。

(1)终值。终值,又称未来值,是计算一笔存款或投资在未来一定期限后的价值,它包括本金和利息。终值的实现过程也是实现资金时间价值的过程。终值的计算可以按照利率和复利率计算。资金按一定复利借出,若干年后银行所能得到的收益取决于利率、复利形式(年复利、月复利等)和借款期限。终值用公式表示为

$$FV = PV(1+i)^n \tag{1-5}$$

如果是多笔存款或投资,则其终值计算公式为

$$FV = PV_1(1+i) + PV_2(1+i)^2 + PV_3(1+i)^3 + \cdots + PV_n(1+i)^n \tag{1-6}$$

式中　PV——现值,即本金或初始资本金;

　　　i——利率;

　　　n——贷款期限或投资年限;

　　　FV——终值,即 n 年之后的本息之和,或 n 年后的价值。

如果将相应的 PV、i 和 n 代入上式,即可求出任何年后的复利终值。这里的 $(1+i)^n$ 称为一次支付复利因子,用 $FVIF$ 表示复利因子,在计算时有复利因子表可供查阅。

【例 1-1】　一笔存款本金为 1 000 元,年利率为 10%,期限为 5 年,求第 5 年末的终值 FV。

【解】　$FV = 1\,000(FVIF, 10\%, 5\,年) = 1\,000 \times 1.610\,51 = 1\,610.51(元)$

【例 1-2】　如果从现在开始,以后每年都可得到 1 000 元的租金收入,为期 10 年,年利率为 12%,则一共可赚多少钱?

【解】　$FV = 1\,000 \times (1+12\%) + 1\,000 \times (1+12\%)^2 + 1\,000 \times (1+12\%)^3 + \cdots + 1\,000 \times (1+12\%)^{10} = 19\,654.50(元)$

进行终值计算时,复利计算时间越长,则复利值越高。在实践中,除年复利外,经常遇到

的是月复利。假设一年可以分成 m 个更短时期,则一期段分摊的利率为 $\dfrac{i}{m}$,那么 n 年内共有复利期段为 mn,则复利终值的计算公式为

$$FV=PV\left(1+\frac{i}{m}\right)^{mn} \tag{1-7}$$

按上式可以计算出 100 元按 10% 利率在第 1 年和第 10 年的终值(表 1-1)。由计算可以看出,复利期段越短则终值越大,期限越长这种差别越大。

表 1-1　不同复利计算方式下 100 元的终值　　　　　　　　　　　　元

序号	计算方式	终值	
		1 年	10 年
1	年复利	110	259.37
2	半年复利	110.25	265.33
3	月复利	110.47	270.70
4	连续复利	110.52	271.83

(2)现值。现值是将某项投资的未来收益按照某一利率折现为现在的价值。将未来价值转变为现值的过程为贴现,计算未来收益的现值使用贴现率。一般以投资的必要收益率为其未来投资收益的贴现率。

对于一定期限收益的贴现,计算过程较为简单,实际上就是终值计算的逆运算。

未来收益贴现值的计算公式为

$$PV=\frac{FV}{(1+i)^{n}}=FV(1+i)^{-n} \tag{1-8}$$

式中　i——贴现率;

　　$\dfrac{1}{(1+i)^{n}}$——贴现因子。

现值的计算同样可以查现值因子表求出,其中的 $(1+i)^{-n}$ 称为现值系数或贴现系数。

【例 1-3】　一笔投资,预计五年后收入 100 000 元,年收益率为 12%,求现值 PV。

【解】　$PV=\dfrac{FV}{(1+i)^{n}}$

　　　　　　$=\dfrac{100\,000}{(1+12\%)^{5}}$

　　　　　　$=56\,742.74(元)$

由此看出,投资者要想以 12% 的年收益率在五年后得到 100 000 元,那么,现在必须付出 56 742.74 元的投资。

多年收益的贴现值实际上是各年份收益贴现值之和。由一年贴现公式可以推导出多年收益的贴现公式,计算公式为

$$PV=\frac{FV_{1}}{1+i}+\frac{FV_{2}}{(1+i)^{2}}+\frac{FV_{3}}{(1+i)^{3}}+\cdots+\frac{FV_{n}}{(1+i)^{n}} \tag{1-9}$$

式中　PV——现值;

　　FV_{n}——n 年的年收益;

　　$\dfrac{1}{(1+i)^{n}}$——各年的贴现因子;

　　i——年贴现率。

【例 1-4】　如果一项房地产投资贴现率为 15%，保证可以得到下面的一系列租金收入(表 1-2)，那么投资者现在愿意投入多少资金呢?

表 1-2　投资年份及租金收入　　　　　　　　　　　　　　　元

序号	年数	租金收入
1	1	1 000
2	2	1 000
3	3	1 000
4	4	1 000
5	5	1 000

【解】　$PV = \dfrac{1\ 000}{(1+15\%)} + \dfrac{1\ 000}{(1+15\%)^2} + \dfrac{1\ 000}{(1+15\%)^3} + \dfrac{1\ 000}{(1+15\%)^4} + \dfrac{1\ 000}{(1+15\%)^5}$

　　　　$= 3\ 352.16(元)$

未来多年收益的贴现是使投资者未来等期等额获得收入的一种投资行为。

3. 年金终值与现值的计算

(1)年金的概念及形式。年金是指在某一确定的时期里，每期都有一笔相等金额的收付款项，如折旧、租金、利息、保险金、退休金等。年金实际上是一组相等的现金流序列。年金按付款时间可分为后付年金(也叫作普通年金)、先付年金(也叫作当期年金)两种基本形式。

(2)普通年金的计算。普通年金又称后付年金，是指每期期末有等额的收付款项的年金。现实生活中，这种年金最为常见，如银行的零存整取存款。

1)普通年金的终值。普通年金的终值是指一定时期内每期期末收付款项的复利终值之和。年金终值的计算，是利用复利终值的计算公式，将各期的现金流复利计算到 n 期期末，然后将其加总求和。假设每一期期末都支付 A 元，计息次数为 n，利率为 i，则用 A 表示年金，FVA_n 表示年金终值，n 表示计息次数，每笔款项(A)的支付(或收入)都在每年年末进行，n 年期之内均计复利。最后一笔款项不计利息，这是由于它的支付(或收入)发生在最后一年年末。则其终值计算公式为

$$FVA_n = A \cdot \sum_{t=1}^{n}(1+i)^{t-1} = A\left[\frac{(1+i)^n - 1}{i}\right] \qquad (1\text{-}10)$$

上式中，$\dfrac{(1+i)^n - 1}{i}$ 称为年金终值系数，可通过查"普通年金终值系数表"得到，这样年金终值即年金与年金终值系数的乘积。

【例 1-5】　假设每年年末投入 1 000 元，期限为 5 年，按年利率 5% 计复利，那么第 5 年年末年金的总额是多少?

【解】　$FVA_n = 1\ 000 \times (1+5\%)^4 + 1\ 000 \times (1+5\%)^3 + 1\ 000 \times (1+5\%)^2 + 1\ 000 \times (1+5\%)1 + 1\ 000$

　　　　$= 5\ 525.63(元)$

2)普通年金的现值。普通年金的现值是将未来不同时期的现金流贴现计算现值，然后把这些现值加起来。如在每一期期末都支付 A 元，计息次数为 n，利率为 i，则其计算公式为

$$PVA_n = \frac{A}{(1+i)^1} + \frac{A}{(1+i)^2} + \cdots + \frac{A}{(1+i)^n}$$

$$= A \cdot \sum_{t=1}^{n} \frac{A}{(1+i)^t} \tag{1-11}$$

$$= A \cdot \frac{1-(1+i)^{-n}}{i}$$

上式中,字母的含义与前面相同。其中 $\sum_{i=1}^{n} \frac{1}{(1+i)^t}$ 称作年金现值系数,可通过查"普通年金现值系数表"得到。

【例1-6】　某项投资如分期进行,每年末需投入 10 000 元,共需 10 年,假设年利率为10％,则最初一次性投入多少资金才相当于上述各期投资总和?

【解】　$PVA_n = 10\,000 \times \sum_{t=1}^{10} \frac{1}{(1+10\%)^t} = 10\,000 \times 6.145 = 61\,450$（元）

(3)当期年金的计算。当期年金,又称先付年金,是指在一定时期内,每期期初有等额收付款项的年金。当期年金与普通年金的区别仅在于收付款时间的不同,即前者是在每期期初付款项,而后者是在每期期末收付款项。

1)当期年金的终值。在同样付款次数的前提下,计算当期年金终值时,其计复利次数比普通年金多计算一期利息,因此可以看作先计算普通年金的终值,再乘以 $(1+i)$ 便可得出当期年金的终值,其计算公式如下:

$$FVA_n = A\left[\frac{(1+i)^n - 1}{i}\right](1+i) \tag{1-12}$$

【例1-7】　某人年初存入银行 10 000 元,年利率为 8％,则第 6 年年末的本利和为多少元?

【解】　$FVA_n = 10\,000 \times \left[\frac{(1+8\%)^6 - 1}{8\%}\right] \times (1+8\%)$

$$= 10\,000 \times 7.336 \times 1.08$$

$$= 79\,228.8（元）$$

2)当期年金的现值。就现值计算来看,当期年金又恰好比普通年金少贴现一期利息。为求出当期年金的现值,可在求出普通年金现值后,再乘以 $(1+i)$。也可在 $n-1$ 期普通年金现值的基础上,加上一期不需要贴现的收付款求出当期年金的现值。其计算公式为

$$PVA_n = A \cdot \frac{1-(1+i)^{-n}}{i} \cdot (1+i) \tag{1-13}$$

【例1-8】　某公司租用写字楼,每年年初需支付租金 10 000 元,其预期租期为 10 年,年利率设为 6％,则这些租金现值为多少元?

【解】　$PVA_n = 10\,000 \times \frac{1-(1+6\%)^{-10}}{6\%} \times (1+6\%)$

$$= 78\,016.00（元）$$

三、投资收益率

投资收益率通常被表示为一个复合年百分率,表明了投资项目在某一计算周期内的连续收益能力。折现率是收益率的一种类型,是一个将未来收益或收入转换成现值的收益率。

1. 内部收益率

内部收益率代表了某一固定资本投资在其持有期内实际获得的或预期可获得的收益率。它是一个使该项投资未来收益的现值等于其当前所投入资本价值的收益率。内部收益率可以用来衡量任何资本投资的回报水平,包括所得税前和所得税后。其计算公式为

$$\sum_{t=0}^{n}(C_i - C_0)_t (1 + IRR)^{-t} = 0 \tag{1-14}$$

式中　C_i——现金流入量;

　　　C_0——现金流出量;

　　　$(C_i - C_0)_t$——项目在 t 年的净现金流量;

　　　$t = 0$——项目开始进行的时间点;

　　　n——计算期。

2. 权益收益率

权益收益率是衡量投资者投入自有资本或自有资金收益水平的指标。它是相对借贷资本回报率而言的,借贷资本的回报率通常指利息率。权益收益率是投资者在投资项目中所投入的自有资本的内部收益率,它考虑了还本付息对自有资金现金流的影响。其计算公式为

$$Y_E = \frac{(Y_0 - M \cdot r_M)}{(1 - M)} \tag{1-15}$$

式中　Y_E——权益收益率;

　　　Y_0——全部投资收益率;

　　　M——贷款价值比率,即抵押贷款额占房地产价值的比率;

　　　r_M——抵押贷款利率。

3. 全部投资收益率

在计算某个投资项目的全部投资收益率时,允许在投资持有期间内各年的收益发生变化,也允许投资者在持有期末获得净转售收入。然而,它不考虑还本付息的影响,假设全部投资都是投资者的自有资金。因此,全部投资收益率可以认为是权益资本收益率和借贷资本收益率的合成。其计算公式为

$$Y_0 = M \cdot r_M + (1 - M) \cdot Y_E \tag{1-16}$$

式中字母含义同上,全部投资收益率反映了全部已投入资本的收益水平。

四、担保贷款

在市场经济条件下,银行为了使自己借出的资金具有良好的安全性,往往要求借款人在借款的同时提供一定的还款保证方式,这种贷款为担保贷款。担保贷款按担保方式的不同可以分为保证贷款、质押贷款、抵押贷款和抵押(或质押)加保证贷款四种方式。

(一)保证贷款

保证是指第三人为债务人的债务履行作担保,由保证人和债权人约定,当债务人不履行债务时,保证人按照约定履行债务或者承担责任。保证贷款是在贷款人出现违约时,由第三人提供保证和贷偿的贷款方式。

1. 保证的内涵

保证的内涵可归纳为以下几方面:

(1)保证是一种合同。保证是由保证人和债权人约定的,是保证人与债权人之间的债权债务关系,需依双方意思表示一致而成立。

(2)保证是担保他人履行债务的合同。保证以他人债务的履行为担保对象,是一种单独成立的特别担保,不同于债务人本身财产的一般担保。

(3)保证责任表现为代为履行债务或承担责任。

2. 保证参与人及其关系

保证涉及保证人、债权人和债务人三方当事人。

(1)债权人与债务人之间的主债权债务关系。这种债权债务关系是保证关系成立和存在的前提,主债权债务关系的内容实际上便是保证关系需要予以保证的内容。因此,主债权债务关系是这三重法律关系的基础。

(2)主债务人与保证人之间的关系。这是保证人与主债务人之间的内部关系,与债权人无直接关系。债权人不管保证人与主债务人之间的约定如何,只要其债权得到保证即可。

(3)保证人与债权人之间的保证合同关系。这种关系基于保证人与债权人之间的保证合同而生,是保证责任赖以产生的基础。狭义的保证法律关系即指这种法律关系,是担保法调整的重点。

3. 保证的特征

保证作为一种担保方式,具有从属性、相对独立性、无偿性和单向性、补充性四个特征。

(1)从属性。保证因担保而设,因而具有从属性,主要表现在:保证的成立和有效以主债的成立和有效为前提;保证的范围原则上应小于主债;保证随主债的转移、变更、消灭而转移、变更、消灭。

(2)相对独立性。保证债务虽从属于主债务,依主债务之存在而存在,随主债务之消灭而消灭,但是保证债务毕竟是主债务之外的另一债务,而非主债务的一部分,因此,保证债务仍具有独立性。相对于保证债务的从属性而言,这种独立性又是相对的。

(3)无偿性和单向性。在保证关系中,仅保证人对债权人负保证债务,债权人对保证人并不负对价给付义务。即使存在反担保,也不能因此而使保证成为双向法律行为。

(4)补充性。保证是保证人和债权人约定,当债务人不履行债务时,保证人按照约定履行债务或者承担责任的行为,因此,保证人的保证责任相对于债务人的履行责任而言,是第二位的,具有补充性。只有在债务履行期届至而债务人不履行债务时,保证人才负保证责任。

4. 保证人的条件

保证人是在保证关系中负有担保义务的人,它既可以是自然人,也可以是法人。无论是自然人,还是法人或其他组织,保证人应满足以下两个基本条件:

(1)保证人应具有民事主体资格。具体表现为:

1)自然人。自然人的民事主体资格主要表现为具有完全的民事行为能力。我国法律规定年满18周岁的公民是完全民事行为能力人,16周岁以上不满18周岁的公民以自己的劳动收入为主要生活来源的,视为完全民事行为能力人。只有完全行为能力的人才能担当保证人,而无民事行为能力、限制民事行为能力的人则不能成为他人的保证人。

2)企业法人。企业法人是以营利为目的的法人。企业法人作为保证人,以其所有的或经营管理的财产承担保证责任。但是,企业法人分支机构不能充当保证人,企业法人的职能部门不能充当保证人。

3)机关法人。根据《中华人民共和国担保法》（以下简称《担保法》）的规定，学校、医院等以公益为目的的事业单位、社会团体，即使是独立的事业法人，也不得充当保证人。机关法人是国家权力的行使机构，它以国家的名义行使着管理社会的职能，《担保法》也规定国家机关不能担任保证人。不具有法人资格的合伙组织，只要经过核准登记，可以合伙名义进行民事活动，充当保证人。

（2）保证人应具有清偿能力。由于保证人可能以自己的相应财产承担保证责任，因此，保证人应具有清偿能力。可以按主债务的履行期限作为判断保证人清偿能力的标准，如合同订立时，保证人无相应财产担保，但只要在主债务人履行时，保证人能取得足以代偿全部债务的足够财产，也应认为保证人有清偿能力。

（二）质押贷款

1. 质押的含义

质押也称为质权，是债权人所享有的通过占有债务人或第三人移交的质物而使其债权优先受偿的权利。设立质押的人为出质人，享有质权的人为质权人。利用动产或其他权利做质押而取得的购房贷款为质押购房贷款。

质权的法律性质具体表现为以下几方面：

（1）质权是一种物权。质权人有权直接对质物的价值加以支配，并可以对抗第三人，在债务人不履行债务时，质权人有权直接从质物的变价中受偿实现其债权。由此可见，质权是一种支配权、绝对权，是一种物权而不是债权。

（2）质权是一种他物权。质权虽为物权，但与所有权不同，质权人并不享有占有、使用、收益及处分权利，而是享有在他人财产上设定的权利。因此，质权是一种限制性物权、他物权。

（3）质权是一种担保物权。质权设立的目的不在于取得质物的使用价值，因而不是用益物权，而是为了担保债权的受偿，即债权人通过控制质物的价值，并最终通过变价实现自己的债权。

2. 质押的特征

质权为担保物权的一种，除具有担保物权的共同属性外，还具有以下特征：

（1）质权人对质押财产享有占有权。质押要求债务人或第三人将其占有的出质财产，如有价证券等，移转给债权人（质权人），这是占有的转移，是质权不同于其他担保方式的重要特点。

（2）质权人对质押物所生的孳息享有收益权。由于质权人对债务人或第三人出质的财产享有占有的权利，所以，由质权人收取出质财物所生的孳息则更为便利。但是，质权人收取的孳息必须用来清偿债权。

（3）质权人有决定拍卖或变卖质押财产的权利。这里的有权是指在债务届满时，债权人未能清偿的情况下，质权人在同出质人协商后，最终有权在质物折价、拍卖和变卖三种方式中任选一种，而不需经过法院裁决。

（4）质权人享有妥善保管质押财产的义务。由于质权人依法占有债务人或第三人出质财产的权利，当然也就产生妥善保管质押物的义务。因质权人保管不善而产生的质押财产灭失或损坏，质权人应当承担民事赔偿责任；质押财产转移给质权人占有时，质权人在此期间所支付的必要的保管等费用，应由出质人支付。

3.质押的方式

质押的方式主要有动产质押和权利质押两种类型。

(1)动产质押。动产质押是指债务人或第三人将其动产移交债权人占有,将该财产作为债权的担保。动产质押的标的物是出质人必须移交质权人占有的财产,但并非所有的财产均可以成为动产质押的标的物。作为质押标的物的财产必须有可让与性。质权人的权利重在对动产的交换价值的支配权。质权即变价权,若以不可让与或不能让与的财产为质物,质物无法变价,质权也就无法实现。因此,不可让与的财产或法律禁止流通的财产不能成为质物。

(2)权利质押。权利质押是指以所有权以外的可让与财产权为标的而设定的担保。可以质押的权利可分为票据等有价证券、股票和股份、知识产权、其他权利。

(3)动产质押与权利质押的区别。动产质押与权利质押的区别主要表现在以下几方面:

1)质押的标的不同。动产质押的标的是有形动产,而权利质押的标的是没有物质实体的无形动产或权利。

2)质押设定的方式不同。动产质押设定时,转移动产占有的方式只有一种,即出质人向质权人交付出质的动产。而权利质押设定时,转移权利占有的方式有两种:第一,以票据等有价证券设质时,质押自权利凭证交付之日起生效;第二,以股份、股票或知识产权设质时,依法进行质押登记才意味着转移了入质股份或知识产权的占有。

3)质权保全和实现的方式不同。保全动产质权的主要方式是质权人对入质动产的实际掌握、控制;而保全权利质权的主要方式是对出质人处分入质权利的法律限制。如规定非经质权人同意出质人不得转让入质权利或缩小入质权利内容。在质权实现方式上,折价、拍卖或变卖入质财产并从处分价款中优先受偿,是动产质权人实现质权的方式。而权利质权的实现除上述实现方式外,还可取代出质人的地位,直接行使入质权利。

(三)抵押贷款

借款人将预购房屋或其他房屋作为抵押物向银行借款的方式称为抵押贷款。抵押房屋的价值作为还款保证,如遇有违约等情况贷款行可以向法院申请拍卖,拍卖款用于弥补自己的债务,弥补或减少违约损失。抵押贷款相关知识将在本书第三章进行介绍。

单元四 我国房地产金融的产生和发展

房地产金融的产生和发展是以房地产业的产生与发展为基础,是金融业与房地产业相融合的产物。

一、我国房地产金融发展历史

(一)我国房地产金融的产生

我国房地产金融业务有着悠久的历史。鸦片战争以来,金融业与地产业已产生了较强的联系,金融业开始积极参与房地产的开发和经营活动。1897年5月27日,中国通商银行成立。该行是由清政府督办、全国铁路事务大臣盛宣怀奏准清廷后成立的,是中国人自办的第一家银行,也是我国第一家发行纸币的银行,总行设在上海。到 20 世纪 30 年代,我国金融业务有着较大的发展,上海、天津等大城市金融业比较发达,房地产经营活动比较活跃,不少银行都介入房地产的投资开发经营和从事与房地产有关的贷款等业务。这些银行把投资开发经营房地产作为树立银行形象、吸引客户存款、获取高额利润、降低资产风险的一个重要手段。例如,当时旧中国银行界的代表"北四行"(盐业银行、金城银行、大陆银行、中南银行)、"南三行"(浙江兴业银行、浙江实业银行、上海商业储蓄银行)以及"四行储蓄会",它们不仅向房地产开发商提供贷款,还直接进行房地产开发、经营活动。1932 年,"四行储蓄会"用于土地开发和房产开发方面的抵押放款占存款总数的 44.9%。

(二)我国房地产金融的停滞、萎缩

新中国成立初期,房地产经营还活跃了一阵,房地产金融也维持了一定阶段。1956 年,为配合国家实施的自建公助,鼓励职工个人建造住宅的政策,建设银行在辽宁、四川、内蒙古等 18 个省、市、自治区试办了一年的贷款总款为 400 万元的建造住宅贷款,由职工所在企业出面统一向建设银行经办行办理申请,由企业负责按期归还。但由于计划经济的推行,城镇住房建设投资转由国家财政拨款建设,住房作为福利近似无偿分配。住房实行供给制,房地产市场不复存在,房地产金融业务也随之消失。

(三)我国房地产金融的复苏

1978 年,我国投资体制和金融体制开始进行一系列的重大改革,城镇住房制度开始进行改革,提出了住房商品化的概念。住房商品化的政策开始实施,从而为房地产金融业务的恢复和发展带来了机遇。1979 年,中央决定将基本建设投资由财政拨款改为银行贷款,这标志着房地产金融业的诞生。拨款改贷款后,无偿的财政资金转变为有偿有息的信用资金,住房投资逐步转向信用化运行轨道。

1981 年,建设银行总行投资组建了中国房屋开发公司,用经济办法经营包括住宅、中小型旅游宾馆、综合性业务楼和公共建筑等房地产项目。从 1982 年起,为配合一些试点城市住房制度的改革,建设银行和人民银行加大了房地产金融业务的力度,为购房者提供贷款服务,人民银行提出了试办购房储蓄贷款业务,把发展储蓄同支持住房流通、促进住房消费结合起来。1984 年,国务院印发了《关于基本建设和建筑业管理体制改革座谈会纪要》,该纪要提出各地应组建房地产综合开发公司,对城市建设实行综合开发,并规定房地产综合开发公司所需周转资金由建设银行提供。按照国务院的要求,建设银行于 1985 年将其该年开始发放的土地开发和商品房贷款单列计划,把支持房地产开发、推行房屋商品化作为一项主要业务进行开拓。1986 年,以提租补贴为特征的住房改革在烟台、蚌埠等城市试点,为配合提租发券的改革,办好相应的结算和住宅贷款等工作,实现多渠道、多层次筹集和融通住房资金的目的,烟台和蚌埠两市于 1987 年开始组建住房储蓄银行,烟台和蚌埠两家住房储蓄银行相继成立,并承担了当地的房改金融业务。

(四)我国房地产金融的发展

1. 调整发展时期

1988 年 2 月,国务院颁布《关于在全国城镇分期分批推行住房制度改革的实施方案》(国发〔1988〕11 号)。明确指出:住房体制改革,按广泛而有效的筹集和融通资金建立一套科学的

结算办法,金融体制必须进行相应的配套改革。除烟台和蚌埠两市,"其他城市可由当地政府委托银行设立房地产信贷部,专门办理有关住房生产、消费资金的筹集、融通和信贷结算等业务"。此后,以住房金融为代表的房地产金融业务得到了进一步的发展。

1992年年末,中国工商银行、中国建设银行系统先后成立了房地产信贷部,制定了职工住房抵押贷款管理办法。各银行开始大规模进入住房金融领域。与此同时,上海市借鉴新加坡的经验,按照"住房委员会决策、住房公积金管理中心动作、银行专户管理、财政监督"的原则率先建立了住房公积金制度。住房公积金管理中心按职工月工资一定比例,分别从职工和所在单位归集住房公积金,此外,单位住房基金、住房补贴以及城市住房基金和住房建设债券都由管理中心统一运作。住房公积金管理中心执行优惠的存贷款利率,存贷款业务委托商业银行办理。上海的公积金制度很快推广到全国,有效地提高了职工家庭解决自住住房的能力。

1994年7月,《国务院关于深化城镇住房制度改革的决定》(国发〔1994〕43号)提出"全面推行住房公积金制度"。1995年,中国人民银行颁布《商业银行自营性住房贷款管理暂行规定》(银发〔1995〕220号),对商业银行自营发放住房贷款作出明确规定,它标志着以商业银行自营性住房信贷业务和委托性住房存贷款业务并存的住房信贷体系基本确立。

2. 规范发展时期

1996年,全国完成房地产开发投资3 247亿元,比上年增长3.05%,扣除价格因素,实际工作量减少1.80%,增幅回落20.34个百分点。房地产开发资金来源合计4 906亿元,其中国内贷款936亿元,占本年资金来源的23.91%;贷款额度比上年增加6%。各级政府把住房公积金制度的建立和住房资金管理的规范作为1996年房改工作的重点,采取措施抓好住房公积金的归集和管理。东南沿海等发达地区住房公积金归集率达到了90%左右,其他省、市住房公积金归集率也达到了70%左右的目标。截至1996年年底,全国住房公积金归集额已达393亿元,比1995年年底增加近1倍。住房公积金的法制化工作已经开始起步,有关部门在抓紧起草《住房公积金管理条例》。在逐步健全住房公积金管理制度的同时,各地普遍建立了职工购房政策性抵押贷款制度,按照低存低贷的原则向职工个人发放贷款,大大增强了职工的支付能力。到1996年年底,全国已累计发放职工政策性抵押贷款42亿元,其中上海、北京、天津等市发放15.12亿元。从各城市抵押贷款的实际看,购、建房贷款需求很大,抵押贷款发展很快,还贷情况也很好。1997年4月,中国人民银行颁布了《个人住房担保贷款管理试行办法》。这是中华人民共和国成立后第一个适用于全国的有关房地产金融方面的部门规章,该办法的出台规范了个人住房贷款的运作,对增加社会有效需求,促进房地产成为新的经济增长点起到一定的作用。2001年6月,针对房地产金融业务尤其是住房金融业务发展中出现的一些问题,中国人民银行发布了《关于规范住房金融业务的通知》,明确了商业银行在开展住房金融业务中所应遵守的有关规范,整顿了房地产信贷市场的秩序,维护了金融机构的公平竞争,从而促进了房地产金融的健康发展。

3. 调控时期

2003年6月,中国人民银行发布了《关于进一步加强房地产信贷业务管理的通知》,明确加强房地产开发贷款管理,引导规范贷款投向,严格控制土地储备贷款的发放,规范建设施工企业流动资金贷款用途,加强个人住房贷款管理,重点支持中低收入家庭购买住房的需要,强调对贷款人申请个人住房贷款购买第一套自住住房的,首付款比例仍执行20%的规定,对购买第二套以上(含第二套)住房的,提出应适当提高首付款比例。此外,还提出要强化个人商业用房贷款管理,充分发挥利率杠杆对个人住房贷款需求的调节作用,加强个人住房公积金委托贷款业务的管理等。

2004年一季度全国固定资产投资继续保持高增长,房地产投资活跃,在此背景下,国务院、中国人民银行、中国银行业监督管理委员会(以下简称银监会,2003年4月28日成立)等部门加大政策力度,出台了多项房地产金融调控政策,如实行差别存款准备金率制度、实行再贷款浮息制度、发布《商业银行房地产贷款风险管理指引》、上调金融机构存贷款基准利率等。

2005年9月,银监会办公厅下发了《关于加强信托投资公司部分业务风险提示的通知》,提示信托投资公司要密切关注房地产业务风险,规范经营行为,并对房地产信托作出了房地产项目必须"四证"齐全、开发企业资质不低于二级以及项目资金比例不低于35%的规定。2006年5月,为贯彻落实《国务院办公厅转发建设部等部门关于调整住房供应结构稳定住房价格意见的通知》(国办发〔2006〕37号),抑制投机和投资性购房需求,进一步加强个人住房转让营业税征收管理,财政部、国家税务总局又发布了《关于调整房地产营业税有关政策的通知》。2007年9月27日中国人民银行、中国银监会联合下发了《关于加强商业性房地产信贷管理的通知》,对房地产投资市场进行调控。从紧货币政策措施的不断出台给房地产金融市场带来了深远影响。

4.创兴时期

为积极应对国际金融危机对中国的不利影响,实现"保增长、扩内需、调结构"目标,国务院于2008年12月出台了进一步扩大内需、促进经济增长的十项措施,国务院办公厅相继印发《关于当前金融促进经济发展的若干意见》《关于促进房地产市场健康发展的若干意见》等政策措施,明确加快保障性住房建设,鼓励住房合理消费,促进房地产市场健康发展,要求商业银行加大对居民购买普通自住房和改善性住房的信贷支持力度,加大对保障性住房建设和棚户区改造的信贷支持。

这一阶段,住房货币化政策极大地推动了城镇商品住房建设和居民住房消费的积极性,带动了商业银行房地产信贷业务的大发展,个人住房贷款规模开始迅猛增长。2010年6月8日,中国人民银行发布的《2009年中国区域金融运行报告》显示,2009年全国个人住房贷款累计发放2.2万亿元,累计支持购买住房707.1万套。其中,新建房和再交易房贷款累计发放额分别为1.6万亿元和0.6万亿元。2009年,全国个人住房贷款累计发放额占同期住房销售额的53.8%。报告认为,个人住房贷款增长较快,发挥了支持鼓励居民普通自住房消费、促进扩大内需的作用。2009年年末,全国中外资金融机构人民币个人住房贷款余额达4.4万亿元,同比增长47.9%,个人住房贷款在各项贷款中的占比为11.0%。分地区看,东部地区在全国个人住房贷款余额中占比最高,而西部和东北地区增速较快。2009年,全国共完成房地产开发投资3.6万亿元,同比增长16.1%。从资金来源看,2009年房地产开发企业资金面趋宽松,全国房地产开发到位资金5.7万亿元,增长44.2%,其中以定金及预收款为主的其他资金同比增长71.9%,国内贷款同比增长48.5%,构成房地产开发投资的主要资金来源。2009年年末,全国主要金融机构商业性房地产贷款余额7.3万亿元,同比增长38.1%,增速比2008年同期高27.7个百分点,超过同期各项贷款增速6.7个百分点。

同时,为配合和支持国家深化住房制度的改革和居民的住房消费,商业银行房地产金融业务的经营管理逐步规范,在产品种类、业务范围和经营模式等方面有了长足发展。房地产金融不仅发挥了资源配置作用,自身也在不断发展壮大,房地产金融机构体系逐步完善,并形成了全面覆盖房地产各个环节的金融产品和服务体系。在该阶段,中国住房公积金制度进入改革和调整的关键阶段,房地产信托业务也在不断创新和试点,房地产信托投资基金也在逐渐起步。

近年来,虽然房地产调控政策比较频繁,房地产行业周期波动越来越明显,三年一周的规律逐步显现,但在城市化大潮之下,房地产市场整体仍然呈现了较为繁荣的景象。与之相伴随的,在越来越复杂的监管要求之下,金融机构房地产金融产品越来越丰富,除了传统的贷款、信托、债券等之外,包括夹层融资、通道业务在中国方兴未艾。特别是随着互联网金融的兴起和存量房(二手房)市场的扩大,大量非金融机构借助互联网进入了房地产金融领域,其中尤其以二手房交易市场为盛,一些二手房中介机构通过 P2P 方式发行所谓的理财产品,给买房人提供"首付贷""赎楼贷"等贷款和垫资服务。由于其中隐藏着较大的金融风险,"首付贷"已经被相关部门叫停。

二、我国房地产金融发展展望

从房地产业的发展来看,随着住房制度改革的不断推进、住房商品化的发展、居民住房消费的增加,住房建设和消费已开始逐渐成为新的经济增长点。此外,近几年中国境内外的经济活动更趋频繁,也将刺激商业用房和居住用房的需求,这些都离不开大量的资金投入和相关的风险保障,使得社会公众对房地产金融产生了新的需求。目前,我国房地产金融仍然以一级市场为主,二级市场尚未真正建立起来。一级市场体系中虽已包括商业银行、住房储蓄银行、非银行金融机构、住房公积金中心等机构,但仍以商业银行为主,其他机构发展并不充分或仅处于起步阶段。因而房地产融资渠道仍然以银行信贷为主,其他金融方式如上市融资、信托融资、债券融资以及基金融资等占比仍不高。尽管房地产金融的发展存在一些问题,应当看到,在日益从紧的宏观调控政策的作用下,我国房地产金融已经进入了创新和房地产融资多元化的时代。可以预见到,在房地产金融政策指导下,中国的房地产金融将会进一步完善和发展壮大。

案例分析

涉房地产开发金融借贷纠纷的调研报告

近日,山东省济宁市任城区人民法院针对近年来受理的涉房地产开发金融借贷纠纷案件进行了专题调研(表1-3)。

表1-3　2013-2017 年涉房地产开发金融借贷案件

主要案由立案情况

案由 年度	金融借款	民间借贷	企业借贷	保证合同
2013	11	47	3	0
2014	23	126	4	3
2015	25	195	7	4
2016	72	493	24	9
2017	38	174	11	4

一、涉房地产开发金融借贷纠纷案件基本情况与特点

一是集团诉讼案件多，标的额大。如任城区人民法院审理的市属某国有控股建筑工程公司近五年涉及民间借贷案件达569件，涉案金额达3亿余元；审理的某街道房地产开发公司为开发城区一住宅小区项目，引发民间借贷案件达274件，涉案群众500余名，涉案资金2亿余元。

二是涉案主体多元化。案件涉案人数一般多达几十甚至上百人，其中既有银行、担保公司，也有购房户、农民工，有民间借贷的出借人，还有一部分系施工企业和材料供应商。一旦利益受损，极易引发群体性事件。

三是调解困难。经营困难的房地产企业大多管理混乱，一旦形成纠纷，诉诸法律后，往往采取消极的方式应诉，法定代表人不出面，而授权处理诉讼事务的委托代理人因没有赋予相应处置权限，导致人民法院无法居中调解。而且在此类诉讼中，原告一般抱有早诉讼、早调解或早判决，以争取早执行，尽可能减少损失的心态，因此在诉讼中往往申请人民法院进行财产保全，而房地产公司一般系多个案件债务人，已资不抵债，原告希望通过财产保全减少损失的预期破灭后，导致双方诉讼对立进一步加剧。

四是双方当事人矛盾尖锐，维稳压力大。2013年以来，任城法院受理的涉房地产开发金融借贷案件中，原告特别是购房者"抱团"维权的情况较为普遍，动辄采取上访、静坐、冲击政府机关等极端方式维权。

二、引发纠纷的案件原因分析

引发涉房地产开发金融借贷纠纷原因是多方面的，主要有：

从外部环境来看，近年来，伴随宏观经济持续下行与产业结构调整、经济增速放缓带来的影响，在经济下行、社会总需求下降以及货币环境总体趋紧的大背景下，很多实体企业生产经营困难，群众投资渠道不畅，受到高利息的诱惑，将钱投放到房地产市场以期取得高额回报。一旦遇到建筑原材料价格上涨、银根紧缩融资贷款难度加大和房地产市场遇冷等情况，部分房地产开发商企业资金链紧张甚至断裂，就会引发恐慌性群体诉讼。

从房地产开发企业来看，企业过度扩张以及存在金融投机行为是引发矛盾纠纷的导火索。审理中发现，有些房地产企业因前几年的盲目扩张，造成资金链断开，引发了资金危机，增加了金融风险。有些房地产企业违规拆借资金的案件较多。比如某街道房地产开发公司为开发城区一住宅小区项目，让职工违规联保骗取银行贷款用于房地产开发；让职工拉存款，违规吸收资金，因项目出现问题造成群众恐慌，引发集团诉讼，造成较大的社会影响。

从金融机构来看，有的金融机构未对借款人、投资项目等事项深入考察，对借款人的申请仅流于形式审查即盲目放贷。有的金融机构对借款人、担保人缺少贷后跟踪监督措施，不能及时跟踪发现借款人或担保人的资信变化，错过回收时机。个别银行甚至存在关系贷款、人情贷款。

三、防范化解涉房地产金融借贷纠纷的对策建议

一是严格市场准入，构建长效机制。加强银行信贷审查。银行在审查按揭贷款时，严格审查借款人主体资格，对于开发商企业本单位员工申请按揭贷款的要严格审查，防止开发商以假按揭骗取贷款。金融监管部门要加强对银行按揭贷款的监管，防止开发商利用虚假房屋买卖合同实施贷款诈骗。加强对房地产交易市场监管，提高房地产开发市场准入门槛，防止自有资金有限的企业单纯依靠银行项目贷款、按揭贷款以及民间借贷方式从事房地产开发。要建立健全防范房地产开发风险的预警机制、联动机制和长效处置机制，房地产、国土、建设等主管部门要通过开展经常性的房地产市场整顿，努力营造"有信者荣，失信者忧"的市场氛围，促进行业自律。

二是审慎稳妥审理,力促案结事了。对诉至法院的涉房地产开发企业案件,人民法院要积极探索诉调对接机制,从维护企业正常生产经营的角度出发,兼顾房地产开发企业和债权人权益,因案制宜采用不同的调解方案,引导双方理性面对金融危机的负面影响,通过提供担保、协商还款期限、房屋抵押变现等方式力促双方和解。对进入执行程序的案件,要穷尽执行措施,加大执行力度,及时与房产管理部门、土地管理部门进行联系沟通,查明被执行人房屋、土地和其他资产的详细情况,发挥失信被执行人名单的威慑效应,及时与银行等金融机构对接,定期向金融机构公开所审理的涉房地产开发金融借款纠纷案件,及时执行变现,竭力维护合法债权人权益。

三是坚持能动司法,促进社会资源配置。人民法院要强化能动司法理念,针对因金融危机爆发引发的企业发展困难情况,积极运用企业破产法,加快推进破产企业审理从"一破了之"向"拯救企业、促进企业再生"的转型,从单纯保护债权人利益向实现社会利益最大化转型。针对烂尾楼工程一般难以拍卖变现,且成交价格不高,长期搁置将进一步贬值的风险,要通过引进资金封闭运作的方式进行接盘,建成后进行出售或租赁,盘活企业资产。对资金链断裂,但有一定发展前景、存在重整和和解可能的破产房地产企业,要放水养鱼,通过债转股、引进资金或战略投资者,积极创造重整的有利条件,恢复项目建设。

四是延伸司法职能,促进诚信交易。人民法院要通过公开开庭、发布典型案例等方式,加强普法宣传。选取涉房地产金融借贷纠纷案件中比较典型的案例,以案说法,宣传其高风险性和社会危害性,提高公众和房地产开发企业的法制观念。

资料来源:https://www.chinacourt.org/article/detail/2017/10/id/3014340.shtml

模块小结

随着房地产在国民经济发展中地位的不断提升和金融业对房地产业发展推进作用的日益突出,房地产金融已不仅仅是一门专业知识,其大部分内容已成为广大房地产开发商和房地产消费者必须了解的常识。本模块主要介绍房地产业与金融业的基本概念、分裂及特征等基础知识。

思考与练习

一、填空题

1._____是指土地及固着在土地之上的建筑物和其他附属物的总称。

2._____是指从事房地产投资、开发、经营、物业管理和房屋中介服务的总称。

3.我国房地产金融包括_____和_____。

4.利率是在一定时期内所获得_____和_____之比率。

5._____是指货币经历一定时间的投资和再投资所增加的价值,也称为资金的时间价值。

6._____是将某项投资的未来收益按照某一利率折现为现在的价值。

7._____是计算一笔存款或投资在未来一定期限后的价值。

8. 年金按付款时间可分为 _____、_____ 两种基本形式。

9. _____ 是收益率的一种类型,是一个将未来收益或收入转换成现值的收益率。

10. 质押的方式主要有 _____ 和 _____ 两种类型。

二、选择题

1. 中国房地产金融包括( )。

    A. 政策性房地产金融　　　　B. 地方性房地产金融　　　　C. 市场性房地产金融

    D. 债券性房地产金融　　　　E. 商业性房地产金融

2. 利率的计算方法有( )。

    A. 单利法　　　　　　　　　B. 复利法　　　　　　　　　C. 名义利率

    D. 实际利率　　　　　　　　E. 等级利率

3. 货币的时间价值有两种表现形式,即( )。

    A. 现值　　　　　B. 终值　　　　C. 单利法　　　　D. 复利法

4. 担保贷款按担保方式的不同可以分为( )。

    A. 保证贷款　　　　　　　　B. 质押贷款　　　　　　　　C. 抵押贷款

    D. 抵押(或质押)加保证贷款

三、简答题

1. 房地产在拍卖中,其拍卖标的存在为哪三种形态?

2. 简述房地产业与金融业的关系。

3. 什么是房地产金融?

4. 房地产金融的作用主要表现在哪几方面?

5. 保证人应满足哪两个基本条件?

房地产金融市场与房地产金融机构

案例导入

美国的住房抵押贷款大致分为三个层次:第一层次是优质贷款,面向信用等级高,收入稳定可靠,债务负担合理的优良客户。第二层次是"Alt-A"贷款,客户既包括信用分数在620~660的主流阶层,也包括少部分分数高于660的高信用度客户,这部分客户信用记录良好但无法提供收入证明,利率比优质贷款产品普遍高1%~2%。第三层次是次级贷款,为信用分数低于620分,收入证明缺失,负债较重的人提供的贷款。这种针对信用记录较差的客户发放的贷款利率相应地比一般抵押贷款高很多。因此,具有高风险、高收益的特征。

通常情况下,个人贷款者是向抵押贷款公司而不是直接向银行申请抵押贷款。为了提前回笼贷款、转移风险,抵押贷款公司将抵押贷款出售给商业银行或者投资银行,银行将抵押贷款组成资产池,重新打包成抵押贷款证券后再出售给购买抵押贷款证券的投资者,这些投资者主要是共同基金、养老基金、对冲基金等机构投资者,这就是抵押贷款支持的证券,如果是次级抵押贷款支持的债权,这些债券就形成了次级债。

次级债的产生促进了美国房地产业的发展,解决了大批中低收入家庭住房问题,使美国的房屋拥有率在过去的10年中从64%上升到69%,超过900万的家庭拥有了自己的房屋,这其中许多借贷者为低收入或信用不佳者。

讨论:结合材料和我国房地产金融市场体系,你认为美国次级债危机带给我国房地产金融市场改革的启示是什么?

单元一　房地产金融市场

一、房地产金融市场的概念

通常而言,任何一种有关商品和劳务的交易机制都可以形成一种市场。在现代经济社会中,房地产业广泛而活跃的融资活动必须通过市场关系才能进行。房地产金融市场是指为房地产资金供求双方运用金融工具进行各类房地产资金交易的场所与行为的总和。它可以是一个固定的场所,也可以是无形的交易方式。交易的方式可以是直接的,也可以是间接的。其业务范围包括房地产贷款、房地产信托、房地产证券、房地产保险、房地产典当等多种房地产金融活动。通过多渠道、多层次的金融活动,房地产金融市场不断地优化资金配置,提高了资金利用的经济效益,广泛且及时地传递和反馈着各种房地产产业信息和金融信息。此外,政府可以通过房地产金融市场对房地产业和金融业实施宏观调控。

二、房地产金融市场的作用

房地产金融市场是金融市场的主要组成部分,对房地产市场的发展起着十分重要的作用,主要表现为以下几方面:

(1)聚集和分配资金。房地产金融市场通过各种金融工具的买卖交易为资金供求者提供了多种多样的选择机会,以适应其不同的投资和融资要求。因此对资金供应者来说,金融交易既能增加资产流动性,使资金转手方便,又可多得收益;对资金需求者来说,可以根据自身经营状况、资金需求的性质和数额有选择地在金融市场上筹措各类资金,降低筹资成本,提高筹资效益。

(2)转化和融通资金。在房地产金融市场上,参与者可以根据自己的需要用现金购买有价证券或其他金融资产,使流通手段转化为长短期投资,把消费基金转化为生产基金;也可以把有价证券或其他金融资产卖掉,变为现实购买力,以解决即期支付的需要;还可以通过市场交易变换投资、筹资方式。

(3)优化经济资源配置。经济资源的有效配置是发展经济的一个重要的问题,它关系到整个国民经济的发展前景。房地产金融市场表现为一种较高层次的资金运动,它通过房地产金融资产价格机制和利率机制这个神经中枢来调节资金的流量、流向和速度,使资金重新组合,优化配置。

(4)分散和转移风险。房地产金融市场为长期资金提供了流动性,为投资者和筹资者进行对冲交易、期货交易、套期保值交易提供了便利,使其得以转移和规避风险。此外,房地产金融市场作为一种有组织的市场,有完善的法规和制度,交易行为是规范的和有秩序的,从而增强了交易的安全性。

三、房地产金融市场的分类

房地产金融市场可以按不同的标准进行分类,见表2-1。

表 2-1　房地产金融市场的分类

序号	分类标准	内容
1	按市场交易层次划分	（1）一级市场。房地产金融一级市场是房地产金融资产创造和发行的市场，主要包括房地产贷款发放、房地产股票和债券发行、房地产投资信托创设等金融交易。 （2）二级市场。房地产金融二级市场是房地产金融资产再交易市场，除了房地产股票、债券二级市场以外，住房抵押贷款证券化被认为是房地产金融二级市场的最主要组成部分
2	按服务对象不同分类	（1）房产金融市场。房产金融市场是指银行及其他金融机构为房屋再生产进行资金融通的市场。其中，住宅金融市场在房产金融市场中占据非常重要的位置。根据金融体制的不同模式，住宅金融市场一般可分为自由的住宅金融市场和国家指导的住宅金融市场。 （2）地产金融市场。地产金融市场又称土地金融市场，是以土地为媒介进行资金融通的市场，主要包括发生在土地开发、利用、经营过程中的贷款、存款、投资、信托、租赁、抵押、贴现、保险、证券发行与交易以及土地金融机构办理的各类中间业务等活动。土地金融又包括农地金融与市地金融两大类。前者以农地为媒介，后者以市地为媒介。 　房产金融市场和地产金融市场并不是截然分立的，两者有着紧密的联系，它们相互影响相互作用，共同构成完整的房地产金融市场
3	按承担的政策目标划分	（1）政策性房地产金融。保障基本住房需要是政府的社会公平目标的一个重要内容。而实现住房公平目标的一种重要手段是金融。利用贴息贷款或者政府提供贷款担保等方式，中低收入家庭在购房的时候享受住房补贴。提供这种金融服务的机构或者这部分金融业务不以营利为目的，这就是政策性金融。因此政策性房地产金融往往作为国家住房政策的一部分，承担一定的政策目标。 （2）商业性房地产金融。商业性房地产金融机构不承担特定的政策目标，而是追求资产的安全性、流动性和营利性。商业性房地产金融市场规模远远大于政策性房地产金融市场规模
4	按有无中介机构参与划分	（1）直接房地产金融市场。直接房地产金融市场是指资金需求者直接从资金所有者那里融通资金的市场。具体来讲，主要包括房地产开发企业或建筑企业通过发行债券或股票等方式在金融市场上筹集资金，或者房地产金融机构直接向房地产业投资，参与企业的开发、经营等活动。 （2）间接房地产金融市场。间接房地产金融市场是资金的供求双方通过银行等金融机构作为信用中介进行资金融通的市场，主要包括金融机构展开的各类房地产信贷业务。在间接融资过程中，不论资金最终归谁使用，资金所有者都将只拥有对信用中介机构的债权而不能对最终使用者具有任何权利要求
5	按融资工具不同划分	（1）房地产抵押贷款市场。房地产抵押贷款市场是指企业或个人以具有合法产权的房地产作为归还借款保证的抵押，向房地产金融机构融通资金的市场。其中又包括个人购房自住的消费性信贷和企业个人为房地产开发经营的投资性信贷。 （2）房地产证券市场。房地产证券市场是指从事房地产股票和债券交易关系的总和，按照交易工具不同又可以细分为股票市场、债券市场和投资基金等市场。 （3）房地产保险市场。房地产保险市场是指经营与房地产业有关的保险业务的市场。 （4）房地产信托市场。房地产信托是指房地产所有者受托委托他人代办房地产的买卖、租赁、保险等代管代营业务。 （5）房地产租赁市场。房地产租赁是指房地产所有者为融通资金，在不改变房地产所有权的前提下，将房地产交给他人使用，到期收回，转移的是房屋的使用权，所有权不发生变动。 （6）房地产咨询市场。房地产咨询市场是指为房地产投资者提供规划设计、投资组合、营销策划等方案以及为房地产消费者提供房地产交易、房地产法规基础知识咨询的服务市场

四、房地产金融市场的特点

由于房地产行业具有较强的特殊性，因此房地产金融也具有与一般金融市场不同的特征，具体表现为以下几方面：

（1）资金需求量大，融资数额高。相对于一般商品而言，房地产价格高昂。特别是在城市化进程较快、经济发展水平较高的城市和地区。房地产在其生产和消费过程中需要投入的资金量大，无论是房地产开发商，还是购房者，需要融通的资金数额都较其他商品更高。

（2）证券化要求高。房地产信贷资金存在存短贷长的问题，开展此类信贷业务的银行等金融机构可能面临资金的流动性风险。通过房地产抵押贷款证券化，可以使这部分长期资产短期化，流动性得到极大改善。同时由于资金需求量大且回收期长，房地产开发商青睐于以发行房地产股票、债券或借助房地产投资信托基金等方式从证券市场募集资金，特别是当面临银根紧缩的融资困境时。因而，与一般金融市场相比，房地产金融市场中以各种有价证券的形式进行资本融通的需求更高。

（3）专业性强。房地产金融市场是为房地产业的发展融通、筹措资金的市场，所筹集的资金定向投于房地产领域，解决困扰房地产业的资金短缺问题。

（4）受宏观政策影响大。住房具有商品和社会保障品的双重属性，即使是自由的市场经济国家，也不会完全听凭市场机制对住房市场进行调节。世界各国或各地区政府都会结合本国或本地区情况，制定各项住房政策，促进住房市场的发展。其中住房抵押贷款的贴息、贷款担保制度等住房金融政策对住房市场通常产生较大影响。由于金融市场与房地产市场互相根值关系，信贷等金融政策也多成为政府对住房市场进行宏观调控的重要手段。

（5）融资市场格局多元化。随着房地产行业的不断发展和融资政策的逐步放宽，以银行信贷为主导的单一融资格局将会逐步被多元化的融资格局所替代，除银行信贷之外的信托、上市、债券、基金等融资渠道的发展空间将被进一步打开。

五、房地产金融市场的构成要素

房地产金融市场的构成要素通常包括市场主体、市场客体、市场交易价格和市场规则。

1. 市场主体

市场主体是指房地产金融市场的参与者，包括房地产资金供给者、资金需求者、中介人和管理者在内所有参加交易的单位、机构和居民个人。

（1）居民个人。随着经济水平和收入水平的提高，居民个人可能会将日常消费支出后的结余部分用于银行储蓄投资，或者直接用于购买房地产股票、债券、专门的住房储蓄等，也可能由于购房资金不足而向银行等金融中介机构申请房地产抵押贷款。因此居民个人既是房地产金融市场上重要的资金供给者，也是房地产金融市场上最大的资金需求者。

（2）企业。在房地产金融市场上，企业是重要的资金供给者。在一个企业开发和经营的不同时点上，都会出现资金的盈余。企业可以将这部分资金通过房地产金融市场购得房地产金融工具，或存入房地产金融机构，其身份便转化为房地产市场的资金供给者。资金的需求者主要指房地产开发经营企业。因为房地产开发经营要求投入大额资金，并且资金的回收期长，因此房地产企业在开发经营过程中会出现某些时点上资金的短缺和不足。这样，企业可以向金融机构借款或自己发行股票、债券，以获得自己所需的资金。

（3）金融机构。金融机构在市场上承担着市场中介的作用。有的国家设立了专门的房地产金融机构，有的国家就由一般的金融机构来从事房地产资金的融通，还有的则由专门的房地产金融机构和一般的金融机构共同经营。金融机构主要包括各类存款性金融机构和非存款性金融机构。前者如商业银行、储蓄机构、信用合作社，后者如保险公司、养老基金、投资银行、投资基金等。金融机构一方面可以通过广泛吸收存款或发行金融工具等方式筹措资金；另一方面也可以发放各类房地产贷款，或从金融市场中购进房地产有价证券或其他金融工具。此外，还可以提供房地产金融咨询、代理发行房地产证券等中间服务。

（4）政府。在各个国家和地区的房地产金融市场上，政府都充当着资金的供给者、需求者和监管者等多重角色。一方面政府可能拨专款支持房地产的发展；另一方面，为弥补财政资金的不足，政府可以通过发行债券从房地产金融市场筹集资金用于房地产建设；此外，政府可以通过经济、行政、法律等多种手段对房地产金融市场进行宏观调控，如利率的变动、房地产税收政策的变化、信贷额度的调整、金融机构业务范围的规定等。

2.市场客体

市场客体就是指在房地产金融市场上用于交易的金融工具，与商品市场上的交易对象是实物不同，金融市场上的交易对象是各种金融契约，如商业票据、房地产金融证券、住房抵押贷款契约等。在金融市场上，资金盈余方和资金短缺者是通过签订具有法律效力的金融契约来进行资金交易的，金融工具的出售者或发行人要承担相应的债务，而金融工具的购入方或持有者就要享有相应的债权。

房地产金融市场的金融工具可以分为以下两类：

（1）一般金融市场所共有的，如股票、债券、商业票据。房地产企业或个人可以将自己拥有的各种股票、债券、商业票据、银行存单通过金融市场变成自己所需的资金，投放房地产的相关领域。

（2）房地产金融市场所特有的，如房地产企业或房地产金融机构发行的债券、股票、住房抵押贷款契约、房地产抵押债券、住房存款单等。

3.市场交易价格

市场交易价格是指能反映房地产市场每次金融交易的各种成交价格，通常以利率表示。利率是利息率的简称，即利息与产生利息的本金的比率。其中利息是资金的使用者为获取一定量资金在一段时间内的使用权而付出的资金成本，包括资金借出者因推迟消费遭受的损失以及借出资金因通货膨胀而发生的购买力损失两部分。在金融领域中，利率的概念通常是各种利率的统称，它常用各种金融工具的到期收益率计算。在激烈的市场竞争推动下，各类房地产金融交易也受到供求规律的支配，其交易价格由金融工具代表的交易价值决定。因此，金融工具的估值成了判断价格高低的关键。

4.市场规则

市场规则是指在房地产经济的运行过程中，进入房地产金融市场的市场主体从事交易活动所应共同遵循的行为规范。它是由政府以制度、法律和法规的形式加以确认和规范，并由政府部门加以监督、管理和贯彻实行的行为准则，主要包括进出规则、竞争规则、发行和交易规则、仲裁规则。

（1）进出规则。进出规则是指市场主体和市场客体进入或退出市场的法律规范和行为。规则具体又细化为市场进入规则和市场退出规则。哪些市场主体可以进入或退出市场，哪些市场客体可以进入或退出市场,都必须由市场规则给予明确规定。进出规则具有规范市场主体的作用。

（2）竞争规则。竞争规则是指在市场经济中,各个经济行为主体之间为自身利益而相互展开竞争,由此形成的经济内部的必须联系和影响。在金融市场运行过程中,存在着众多的资金供给者和需求者,其融资利益必须按照竞争规则来选择和实现。由于竞争规则通过价格或非价格竞争优胜劣汰,激励市场参与者最大限度地发挥各自的主动性和创造性以确保自身的生存和发展。

（3）发行和交易规则。发行和交易规则是证券市场即长期金融市场运行的重要规则。其中,证券发行规则是初级证券市场出售信用工具、筹集资金的市场机制;证券交易规则是二级证券市场提供流通和转让有价证券的规则。这两种证券市场规则相辅相成、共同作用,既满足了房地产企业和房地产金融机构面向社会公开筹资的需求,也为社会公众的投资创造了便利条件。

（4）仲裁规则。在各市场主体进出市场、开展竞争与进行交易的过程中,难免会发生矛盾或纠纷,为了协调与解决这些矛盾,需要有市场仲裁规则,这个规则必须体现公平原则。执行这个规则的机构是市场仲裁机构,对买卖双方一视同仁,不能偏袒任何一方。

阅读材料

政府在房地产金融中的宏观调控

政府要想在房地产金融发展中有效地发挥作用,首先必须给自己一个准确的定位。当前我国确立的经济体制改革目标是建立社会主义市场经济,其基本特征是参与市场交易的各主体地位都是平等的。如果政府作为一交易主体参与市场,则必定与其他市场主体处于不平等的地位,这是由政府拥有市场的管理权性质决定的。所以政府作用的定位应该是在市场中为各主体顺利进行交易提供支持和保障,只有这样,才能保证市场行为的公平、公正和公开。从世界各国房地产金融的发展来看,一般都是以市场机制为基础,即金融机构的资金大部分通过市场来筹集,且贷款对象、贷款偿还期限、偿还方式、贷款利率等也不是由政府指定的,政府的作用体现在对房地产金融的支持上。

政府扶持和干预市场有两种方式:一种是直接干预,政府不仅直接出巨资来参与房地产融资活动,而且通过制定利率等措施来对房地产金融市场实行多方面的干预。另一种是间接干预,主要有两种形式:一是制定详尽的法律法规来规范和引导市场的发展;二是通过为抵押贷款提供保险和发起设立若干准政府机构,并通过它们的市场活动来影响抵押贷款市场的发展。从我国经济改革目标和政府定位来看,我国政府干预市场应该采取第二种方式,即转变一成不变的指令性的监管为积极的引导,通过完善市场的基础设施和体制建设来促进改革的深化,并尽可能避免扭曲市场信息和破坏市场在资源配置方面的基础功能。

单元二　房地产金融机构

房地产金融机构是房地产金融运营的载体,是房地产资金融通过程中处于资金供应者和资金需求者之间的信用中介组织。此外,房地产金融机构还包括为房地产资金融通提供直接服务和配套服务的其他金融组织。中国房地产金融机构主要由非专业性房地产金融机构构成，包括银行型房地产金融机构和非银行型房地产金融机构(住房公积金管理中心、信托投资公司、房地产信托投资基金、房地产投资基金、保险基金、住房置业担保有限公司、小额贷款公司、金融资产管理公司、典当行等)。其中以行业银行和各类基金公司为主。

一、商业银行

商业银行作为存款性金融机构，它的资金来源主要依靠吸收存款，并为工商企业和其他客户提供中短期贷款以及从事短期投资。我国的商业银行主要包括四大国有商业银行、股份制商业银行、城市商业银行等。目前，商业银行是房地产金融市场上最重要的资金供给者，特别是四大国有商业银行的市场份额最大。

1. 中国建设银行

中国建设银行是我国四大国有商业银行之一，成立于 1945 年 10 月 1 日，当时的名称为中国人民建设银行，总部设在北京。中国建设银行与房地产业务关系密切，是我国房地产金融业务最主要的机构之一。其房地产金融业务主要包括以下内容：

(1)办理企、事业单位购买商品房抵押贷款业务。

(2)办理居民个人住房储蓄和住房贷款业务。

(3)办理城镇住房资金存款，企、事业单位住房基金存款和个人住房资金存款(包括住房公积金存款)。

(4)办理开户企、事业单位以房地产为抵押的各类贷款。

(5)对适应房改的单位购买、建造职工住房发放抵押贷款。

(6)对于缴纳公积金的职工发放购、建、大修自住房屋抵押贷款。

(7)办理住房建设债券存款、合作建房存款、集资建房存款。

(8)办理房地产业务的银行结算等业务。

2. 中国工商银行

中国工商银行正式成立于 1984 年 1 月 1 日，是我国办理工商信贷和城镇储蓄业务的国家专业商业银行。中国工商银行的主要职能除了办理工商企业的流动资金、技术改造资金的贷款以及资金结算和各种存款业务外，在房地产金融方面的业务内容主要包括：

(1)办理工商企业和机关、团体、部队、学校等单位的有关建房基金的存款。

(2)办理国有工商企业、城镇集体企业有关建房和购置商品房的贷款以及居民与储蓄挂钩的购房贷款。

(3)办理城镇居民各种类型的购房储蓄。

(4)办理房地产业务的结算。

(5)办理银监会委托的有关房地产金融的其他业务。

3. 中国农业银行

中国农业银行是四大国有控股商业银行之一。它的主要职能除了办理农村企事业、机关、学校及农户的存款、贷款业务和结算、汇总等业务外，还办理房地产金融业务，主要内容包括：

(1)办理房地产业务的银行结算。

(2)办理开户企、事业法人以房地产为抵押的各类贷款。

(3)办理农村居民购房、建房的储蓄业务。

(4)办理农村企、事业单位和农户建房和购置商品房贷款,以及乡镇房地产开发经营企业的流动资金贷款。

(5)办理政府和中国人民银行委托的其他房地产金融业务。

4.中国银行

中国银行也是四大国有控股商业银行之一。中国银行的房地产金融业务主要包括:

(1)办理有关房地产业投资和非贸易的国际结算,如进口建房投资用的材料、设备时的国际结算等。

(2)办理中外合资房地产开发经营业务贷款、国际银团在中国房地产业的联合贷款以及华侨、外商购买外汇商品房的贷款业务。

(3)承办国际房地产业的信托投资、信用担保、房地产金融租赁、经济咨询等业务。

(4)组织和筹集房地产开发外汇资金,发行房地产外币债券和有关房地产经营、开发、建设的其他有价证券。

(5)办理购置外汇、侨汇商品房的外币存款及与房地产业外汇业务有关的人民币存款业务。

(6)办理侨汇商品房有奖储蓄以及人民币储蓄。

🏠 二、住房公积金管理中心

住房公积金,是指国家机关、国有企业、城镇集体企业、外商投资企业、城镇私营企业及其他城镇企业、事业单位、民办非企业单位、社会团体(以下统称单位)及其在职职工缴存的长期住房储备金。

工资性是住房公积金的本质属性,是住房分配货币化的重要形式。单位按照职工工资的一定比例为职工缴存住房公积金,实质是以住房公积金的形式给职工增加了一部分住房工资,从而达到促进住房分配机制转换的目的。《住房公积金管理条例》规定,职工个人缴存的住房公积金和职工所在单位为职工缴存的住房公积金,属于职工个人所有。

住房公积金是当前中国最基本的住房保障资金之一,具有一定的政策性房地产金融的功能。具体而言,住房公积金管理中心的主要职责:①编制、执行住房公积金的归集、使用计划;②负责记载职工住房公积金的缴存、提取、使用等情况;③负责住房公积金的核算;④审批住房公积金的提取、使用;⑤负责住房公积金的保值和归还;⑥编制住房公积金归集、使用计划执行情况的报告;⑦实施国务院《住房公积金管理条例》。

关于住房公积金制度的作用,主要有以下几种表现:

(1)有利于刺激职工住房有效需求,促进住房商品化的实现。改变原有的无偿分配、低租金使用的住房制度,形成新的住房机制,逐步实现住房商品化,这是住房制度改革的要求,但是相对于现在的房地产市场,中国城镇职工的住房购买力明显不足,而住房公积金的建立为解决住房问题找到了一条捷径。因为住房公积金制度通过个人努力、国家和单位支持,以长期储蓄的形式,不仅能为职工购房准备好一笔相当规模的首期付款,同时,由于公积金的来源稳定、成本较低,发放长期、低利率的政策性抵押贷款成为可能。因此住房公积金制度不仅能够提高住房的支付能力,刺激职工住房的有效需求,而且能加快住房商品化的实现。

(2)有利于筹集建房资金,扩大建房规模,从而提高职工居住质量。我国几十年的实践表明,要较好地解决广大城镇居民的住房问题,单纯依靠国家投资和企业投资是远远不够的。目前我国人均居住面积相对较小,若要尽快改善居民的住房条件,需要庞大的投资规模,客观上也需要多种融资渠道并行。而住房公积金制度的建立能够较好、较快地解决住房建设资金问题,扩大筹资数额,而且住房公积金筹资成本低,因而降低了住房建设成本。全面推广公积金制度之后,每年归集的住房公积金总额将达到数千亿元,这将是城镇建房资金的最重要的来源。

(3)有利于推动住房货币化进程,促进住房信贷机制的完善。通过单位资助职工建立住房公积金,把实物分配全部转化为职工货币工资收入,有利于推进住房分配的货币化进程,在很大程度上能调动职工生产积极性,增强职工个人购房能力,加快实现住房商品化。同时通过住房公积金的积蓄,为实施个人住房长期抵押贷款提供了资金保证,有利于住房信贷机制的完善。

(4)有利于优化家庭消费结构,抑制通货膨胀。在低租金制度下,住房消费占居民生活消费的比重过低,居民将用于住房的消费转向住房以外的消费领域,不仅严重扭曲了住房结构,致使住宅产业及其相关产业的发展停滞不前,而且使不合理的社会消费资金加大,增加通货膨胀的压力。建立住房公积金,就是强制性地使居民的住房支出维持一个合理的比例,有利于整个国民经济的协调运行,促进国民经济健康发展,这也是广大居民的根本利益所在。

三、信托投资公司

信托业务发源于英国,由于其特殊的制度功能,迅速被其他国家引进并得到发展壮大,已成为与银行、证券和保险并举的现代金融业四大支柱之一。信托投资公司则是以受托人的身份,主要经营信托业务的非银行金融机构。

1979年10月4日,中国国际信托投资公司的成立是我国信托业起步的标志。之后,我国信托业的发展一度出现膨胀过快、政出多门、业务混乱的局面。至1989年,各地信托投资公司约有1 000家。自1982年至今,我国先后对信托业进行了六次整顿,为信托业的发展奠定了坚实的基础。到目前为止全国批准保留的信托投资公司不到60家,原则上每个省(直辖市)、自治区保留一至两家。《中华人民共和国信托法》《信托投资公司管理办法》和《信托投资公司资金信托业务管理暂行办法》的相继颁布和实施,为我国信托投资公司的发展提供了更为坚实的法律保障。

信托投资公司业务特点是收益高、责任重、风险大、管理复杂等。国际上信托投资公司的投资业务大多分为两类:以某公司的股票和债券为经营对象,通过证券买卖和股利、债息获取收益;以投资者身份直接参与对企业的投资。现代信托业是在英国的土地尤斯制的雏形下发展起来的,因此,信托业与房地产业的融合由来已久。近年来,由于业务范围广、筹资方式灵活多样、筹资规模大,信托投资逐渐成为国内外房地产金融市场的融资新宠。目前我国信托投资公司开展的与房地产有关的业务主要包括:资产管理业务、部分投行业务、自营业务及其他中间业务。详细内容见本书第六章"房地产信托"。值得关注的是,信托投资公司并不等于信托,它只是直接运用信托制度和信托法律关系的金融机构之一。

四、房地产信托投资基金

房地产信托投资基金(Real Estate Investment Trusts,REITs)是以信托方式组成而主要投资于房地产项目的集体投资计划。它是指信托公司通过制订信托投资计划,与投资者(委托人)签订信托投资合同,通过发行信托受益凭证或股票,受托投资者资金,然后进行房地产投资或房地产抵押贷款投资,并委托、聘请专业机构和人员实施具体经营管理的一种资金信托投资方式,一般以股份公司或者封闭式契约型信托的形式出现。有关基金旨在向持有人提供来自房地产的租金收入的回报,它主要是拥有并营运带来收益的房地产,例如办公楼、购物中心、酒店、公寓和工业厂房。

REITs 按基金财产的不同用途,可分为权益型、抵押型和混合型三种类型。权益型 REITs(Equity REITs)拥有并经营收益类房地产,主要靠租金获得收入;抵押型 REITs(Mortgage REITs)用于直接或间接发放房地产抵押贷款;混合型 REITs(Hybrid REITs)兼有以上两种业务。目前,无论在数量还是在市值方面,权益型 REITs 均占绝对主导的地位,约占所有 REITs 的 96%,权益型基金面向社会公众发行的金融产品,主要投资于能够产生租金收入的房地产,且积极买卖房地产是受限制的。也就是说,权益型基金是公开发行基金份额,通过购买或持有房地产,继而出租来获取基金收益。

对于房地产开发商来说,REITs 是一个良好的融资工具,除了通过银行、证券市场外,资金信托的方式也可以为房地产开发筹集到大量的资金,在融资渠道得到拓展的同时也因为竞争机制的引入减少了相关的融资成本。同时,权益型 REITs 还可以改变房地产开发商的经营模式,由以前短期的投资开发向长期的自主经营管理转变,增加房地产的盈利周期。

房地产信托投资基金是房地产基金中最出色的代表,也是目前房地产基金中唯一可以公募的基金。它和证券投资基金极为相似,不同之处在于证券投资基金是投向证券的,而 REITs 是投向房地产及其相关权利的。和私募的房地产基金相比,它存在一些约束条件。例如,基金财产的投资对象应为能产生稳定现金流的房地产或其相关权利,如公寓、购物中心、写字楼、旅馆和仓储中心等。美国要求至少 75% 投资在房地产业;中国香港《房地产投资信托基金守则》规定,"寻求证监会认可的房地产投资信托基金必须专注投资于可产生定期租金收入的房地产项目"。再如,投资收益大部分来源于租金收入,如美国要求至少 75% 的利润来自房地产的租金收入,中国香港要求 90%,新加坡和韩国则低一些,为 70%。此外,REITs 通常要求基金每年将收入的 90% 甚至更高比例以股息方式分配给受益人,购买的房地产的持有期限不得低于一定年限,另外,REITs 在信托税收、不动产登记、房地产过户与买卖等方面享有一定的政策优惠。

五、房地产投资基金

房地产投资基金是一种主要投资于房地产或房地产抵押有关公司发行股票的投资基金。按照是否直接投资于房地产可以将其划分为两类:一类是直接投资房地产公司发行股票的基金;另一类是间接投资房地产业的基金,即房地产抵押基金,该基金主要是通过投资房屋抵押市场而间接投资房地产。

美国是世界上最早成立房地产投资基金的国家之一。20 世纪 60 年代,为克服房地产投资专业性要求高、资金需求大、地域性强、流动性差等不利因素,美国出现了由房地产专业机构管理的房地产投资信托基金,在汇集众多投资者的资金后进行房地产投资。随着房地产基金运作模式的不断成熟和运作规模的不断扩大,当前房地产基金几乎已经渗入美国每一个大中城市的房地产经营活动中。房地产投资基金的发展不仅为广大投资者提供一种金融投资工具,还为房地产业的发展提供了高效的融资渠道,成为连接金融和房地产两大行业的纽带。

美国房地产投资基金有开放式基金和封闭式基金的区分,采用互惠基金的共同基金组织形式的房地产投资基金基本属于开放式基金,而采用有限合伙制度组织形式的房地产投资基金多为封闭式基金。其中,以有限合伙制房地产投资基金最为普遍,而采用开放式基金模式的相对较少,约占30%。这是因为在美国,对开放式房地产投资基金的投资方向有所限制,该类基金一般不能直接投资于房地产资产,而是要通过投资于房地产投资信托股票、房地产相关债券等房地产相关金融产品来参与房地产产业的投资,并且要求其在房地产方面的投资比例达到基金规模的90%以上。

在中国,房地产投资基金的发展晚于国外。自2000年以后,外资房地产投资基金开始在中国开展大量业务,到2003年以后有明显增加。外资公司中欧美公司占大部分,新加坡其次,以投资银行和金融财团为主,投资涉足中高档住宅、酒店式公寓、办公楼和部分综合项目。外资进入中国的房地产领域后,在买入持有上以办公楼和商场为主,在开发和销售环节以中高档住宅为主。据测算,外资在中国房地产市场中所占的比例约为10%～15%。外资房地产基金主要以两种方式进入中国市场:第一种是投资开发型,即从前期就开始介入项目的开发,如新加坡政府投资公司、凯德置地、摩根士丹利、德意志银行、荷兰国际房地产、澳大利亚麦格理银行;第二种是投资收益型,即购买有稳定租户的成熟物业,长期持有收租盈利,如美国国际集团(AIG)、新加坡政府投资公司、新加坡腾飞基金、投资银行高盛、摩根士丹利、澳大利亚麦格理银行等。

目前,房地产投资基金在中国具有强大的生命力和远大发展前景,中国的城市化进程和房地产业的发展离不开房地产投资基金。首先,房地产投资基金动员巨额的社会资金参与城市化进程和房地产开发中。通过增加供给,增大存量,缓和供求矛盾,平抑房价来降低中国城市化的经济和社会成本。其次,房地产投资基金在增加房地产基金的同时,促进行业分工细化,可以分化出房地产开发、投资、基金管理、营销和物业管理,促进行业健康、精细、平稳发展。再次,房地产投资基金在自身发展中也会从私募走向公募,并且演化出各种品种,从而丰富房地产金融市场,分享房地产金融收益,分担房地产金融风险。最后,房地产投资基金使中小投资者能够从源头上进入房地产开发,分享城市和房地产开发红利,减少盲目投资需求,增加理性投资需求。

六、保险基金

房地产保险是整个社会保险的组成部分。所谓房地产保险,主要是指以房屋设计、营建、销售、消费和服务等环节中的房屋及其相关利益与责任为保险标的的保险,属于财产保险的范畴。保险公司承担的房地产风险是纯粹风险,带有偶然性、意外性和不可测定性。房地产虽然风险较少,但并不是毫无风险,因自然灾害和意外事故造成房屋毁损的可能性随时都存在。一旦这种可能性转化为现实性,那将会给房屋所有者带来经济损失甚至人员伤亡。因此,为了尽量规避风险、减少经济损失,购买房地产保险很有必要。

房地产保险的建立或发展,对房地产业的经营和管理提供了保障和支持。房地产商品是一种高价值资产,在设计、营建、销售、分配和使用的各个环节中一旦遭受意外事故,则损失巨大,但如果参加了房地产保险,就能将损失程度降到最低。因为房地产保险将众多投保人的保险费集中到一起,建立起强大的经济后备,可以为遭受损失的投保单位提供必要的资金补偿,从而为房地产资金的正常运用提供良好的条件,在一定程度上能起到资金融通的作用。因此,房地产保险也是房地产金融的重要内容。

房地产保险的组成要素,即房地产保险运行的必备条件,主要有以下三项。

一是保险基金。保险基金是指专门从事风险经营的保险机构根据法律或合同规定,以收取保险费的办法建立的、专门用于保险事故所致经济损失的补偿或人身伤亡的给付的一项专用基金,它是保险人履行保险义务的条件。房地产保险基金是房地产保险公司向投保人收取的保险费,或称保险付款的总和,是专为应付房地产意外事故的损失而做经济补偿之用的特殊资金,是房地产保险业务经营的必要条件。保险费主要依据房地产的保险金额、保险费率及保险期限来确定。

二是房地产投保人。房地产投保人是指对保险房地产具有保险利益,与保险人订立保险契约,并缴纳保险费的人,可以是法人,也可以是公民自然人。房地产投保人必须是被保险房地产的所有人或经营管理人,或者是对保险房地产有利害关系的人。

三是房地产保险人。房地产保险人是与房地产投保人订立保险契约,收取保险费和在房地产出险后负责赔偿的人,如保险公司、房地产保险公司以及承办保险业务的银行等金融机构。

目前,中国内地与房地产金融有关的保险公司主要有中国人民保险公司、中国太平洋保险公司和中国平安保险公司等。保险公司承担的房地产金融业务主要局限于房屋财产保险范畴。具体来说,各保险公司推出的与房地产业相关的保险险种主要有房屋建筑工程保险、房地产人身保险、房地产财产保险、房地产责任保险和个人住房贷款保险。

七、小额贷款公司

小额贷款公司是由自然人、企业法人与其他社会组织投资设立的,不吸收公众存款而经营小额贷款业务的有限责任公司或股份有限公司。小额贷款公司是企业法人,有独立的法人财产,享有法人财产权,以全部财产对其债务承担民事责任。小额贷款公司股东依法享有资产收益、参与重大决策和选择管理者等权利,以其认缴的出资额或认购的股份为限对公司承担责任。作为非银行型房地产金融机构,小额贷款公司应遵守国家法律、行政法规,执行国家金融方针和政策,执行金融企业财务准则和会计制度,依法接受各级政府及相关部门的监督管理;应执行国家金融方针和政策,在法律、法规规定的范围内开展业务,自主经营,自负盈亏,自我约束,自担风险,其合法的经营活动受法律保护,不受任何单位和个人的干涉。

八、典当行

典当行,俗称当铺,是专门发放质押贷款的非正规边缘性金融机构,是以货币借贷为主和商品销售为辅的市场中介组织。典当行的主营业务为典当业务,其法律性质几乎等同于商业银行的短期抵押贷款业务。但是与商业银行的贷款相比,典当具有当物多样化、手续便捷、当金使用不受限制等优势。因此,典当行完全可以通过细分市场,与商业银行展开错位经营,从而发挥其比较优势,为中小企业和公民救急解困提供商业银行无法比拟的个性化服务。

阅读材料

房地产金融机构的性质

房地产金融机构产生、存在和发展的过程中呈现出以下固有特性:

1.金融性

房地产金融机构是以经营和管理货币资金为主营业务的专业机构。与其他金融机构一样,信用也是其生存的基础和前提。在金融管理上,需要接受银监会、证监会、保监会等相应监管部门的监督管理。

2.企业性

除监管机构外,大多数房地产金融机构是办理货币信用的经济实体,借助各种金融工具从事货币资金的保管、结算、兑换、出纳、贷放及证券发行、管理等经营活动,实行独立的经济核算,并在资金融通过程中实现资金的增值,获取经营利润。

3.行业性

随着住房制度和土地使用制度改革的深化,国家不断完善房地产金融机构体系,旨在通过金融专业化,分离、转化和筹集房地产特别是住房建设资金,促进房地产业的发展,解决居民住房问题,同时贯彻国家的各项房地产政策。因此,房地产金融机构必须突出行业特色,以房地产业及相关产业为服务对象,集中资金支持房地产业的发展。在办理房地产资金结算、贷放及发行和管理各类房地产证券时,必须结合房地产企业特点和房地产商品属性,相比一般金融业务而言专业性更强。

4.政策性

房地产金融机构不仅应当认真贯彻执行国家的各项金融政策方针,而且肩负着支持住房建设和住房制度改革的重要使命,因此其业务具有较强的政策性。除市场化的房地产金融业务外,房地产金融机构还参与房改,承担各项政策性房地产金融业务,如受托管理住房公积金、特定条件下提供优惠的住房抵押贷款等。此外,通过房地产金融机构的金融服务活动贯彻执行各项房地产金融政策也是国家对房地产金融市场进行宏观调控的重要途径。

【案例分析】

近期,多地金融监管部门排查经营贷挪用,严堵资金违规入楼市。受访专家认为,对经营贷等资金违规流入房地产市场的严格监管,无疑会产生强大的震慑力,经营贷将回归服务小微本质,房地产调控政策效果也将得到进一步体现。

1.用经营贷套利买房,已形成灰色产业链

经营用途贷款是以中小企业主或个体工商户为服务对象的融资产品,原本是给企业主补充流动性用,之前的利息并不低,期限大多是1~2年。

为了缓解新冠肺炎疫情给经济带来的影响,政府加大了对小微、民营企业的融资支持。各大银行纷纷抛出低息经营贷,甚至直接给经营贷贴息。在疫情防控期间的特殊政策下,经营贷的周期越来越长,最长可以达到20年。

经营贷业务的初衷本是好的,但有人借机钻了空子,用经营贷的钱买房,享受更低的利率,更长的还款期限。经营贷的利率低于按揭贷款,经营贷利率为3%~4%,而按揭贷款利率为5%~6%。比如,同样是贷款300万元,20年时间,经营贷的利息比按揭贷款的利息少了82万元。

据了解,在上海、杭州等地,经营贷买房甚至成为不少中间商眼中的新生意,银行、担保公司和助贷机构由此打造了一条完整的灰色产业链。尤其自去年以来,用经营贷炒房几乎成了公开的秘密。

北京市房地产法学会副会长兼秘书长赵秀池认为,各类贷款的用途有专门规定,应该专款专用。如果商业银行明知经营性贷款流入房地产市场而不加以禁止,违反了商业银行法的规定；而企业或个人将经营用途贷款违规流入房地产市场，也违反了《个人贷款管理暂行办法》《流动资金贷款管理暂行办法》。

3月1日至26日，中国银保监会公布了21张处罚银行涉房贷款违规的罚单，合计罚没1 910万元，涉及中国银行、交通银行、建设银行、中国农业银行、浙江瑞安农村商业银行等14家银行。信贷违规流向楼市是处罚的重点。

3月26日，为了进一步防止经营用途贷款违规流入房地产领域，中国人民银行、中国银保监会、住房和城乡建设部办公厅三部门联合印发《关于防止经营用途贷款违规流入房地产领域的通知》（以下简称《通知》），要求各银保监局、地方住房和城乡建设部门、人民银行分支机构联合开展经营用途贷款违规流入房地产问题专项排查。具体包括加强借款人资质核查、信贷需求审核；贷款期限、贷款抵押物管理，加强联合惩戒。

2. 资金流向监控困难，违规流入影响楼市

经营用途贷款违规流入房地产领域背后原因众多。

华东政法大学房地产政策法律研究所所长杨勤法告诉《法治日报》记者，由于房地产市场价格近年来基本保持上涨趋势，许多不具备购房能力的人也想尽快从房地产市场分一杯羹，从而将企业经营资金挪用购房，很多企业的经营性贷款并没有真实的经营需要。一些中介机构为获取房地产交易的佣金，不惜进行虚假宣传，制造了房地产市场的恐慌情绪，许多缺乏购房资金的刚需用户也提前进入房地产市场。因资金不足，这些用户会通过各种途径获取企业经营资金作为首付，以尽快实现购房计划。

赵秀池说，有些中介机构甚至会提供套现等服务并明码标价，为客户提供"经营贷"转房贷的通道；在一些银行内部由于监管不严等原因，也会出现信贷员违规将经营贷款放给购房者的现象。

在杨勤法看来，企业为逃避资金流向监管，会在银行多头开户，然后在各个账户之间周转资金，增大资金收付的结算量，使监管部门的工作量大为增加。企业从银行贷取的首笔款项走向容易监管，当资金继续流动、特别是跨行流动后，贷款银行难以监管。此外，一旦银行对资金流向监管过严，企业就会转向其他银行开户，这在一定程度上也迫使银行业放松对资金流向的监管。

杨勤法认为，经营用途贷款违规进入楼市，或将推高房地产价格，增加房地产市场的调控难度，同时可能会损害那些原本需要贷款企业的正常发展。

3. 部门联动加强监管，注意甄别真实需求

据了解，《通知》从加强借款人资质核查、加强信贷需求审核、加强贷款期限管理、加强贷款抵押物管理、加强贷中贷后管理、加强银行内部管理等方面，督促银行业金融机构进一步强化审慎合规经营，严防经营用途贷款违规流入房地产领域。《通知》还要求，进一步加强中介机构管理，建立违规行为"黑名单"，加大处罚问责力度并定期披露。

《通知》下发后，多地金融监管部门积极采取行动，聚焦经营贷，防止经营用途贷款违规流入房地产领域。

北京辖内银行对2020年下半年以来发放的个人经营性贷款等业务合规性开展自查，自查发现涉嫌违规流入北京房地产市场的个人经营性贷款金额约3.4亿元。北京银保监局会同相关部门选取重点机构进一步开展专项核查，已发现涉嫌违规流入房地产市场信贷资金约3 000万元，并启动对4家银行的行政处罚立案程序和调查取证工作。

4月2日，深圳市银保监局、深圳市住建局、人民银行深圳市中心支行发布公告，将根据

《通知》要求开展防止经营用途贷款违规流入房地产领域联合排查行动。

4月5日,合肥市住房保障和房产管理局发布《关于进一步促进我市房地产市场平稳健康发展的通知》,要求加强个人住房贷款首付资金来源、最低首付比、偿债收入比、贷款资质的审查,严肃查处经营用途贷款违规流入房地产市场行为。

面对越来越严的金融监管态势,有公众表示担忧:自己正常的购房贷款会不会因此受到影响?

赵秀池对此解答说,《通知》针对的是违规发放的贷款,不影响房地产贷款的正常发放。"应当注意的是,如果违规使用经营贷,购房人有可能纳入信用'黑名单'而无法申请购房贷款。"

赵秀池说,在目前情况下,要想真正防范经营用途贷款违规流入房地产领域,金融机构、金融管理部门要与住房和城乡建设部联动,从借款人的贷款期限和贷款流向来判断是否违规流入房地产领域。中小微企业贷款一般比较短,如果续短为长,大笔资金用于购买住房或者支付买房前后的借款,就有一定问题;也可以通过建立信用黑名单制度,由借款人作出承诺,起到防范风险的作用。

杨勤法提醒,在防范的同时,要注意甄别真实需求与违规流入的区别。"银行业金融机构要进一步提升对小微企业的支持力度,持续加大对经济社会发展重点领域和薄弱环节的资金供应,深入贯彻落实党和国家关于金融支持小微企业发展的战略部署,保持小微企业信贷支持政策的连续性、稳定性,发挥经营用途贷款支持实体经济的积极作用。"

资料来源:https://baijiahao.baidu.com/s? id=16968165565873921015&wfr=spider&for=pc

模块小结

房地产金融市场是与房地产业有关的筹资、融资和结算等金融活动的市场,它是金融市场的重要组成部分。房地产金融机构是房地产金融运营的载体,是房地产资金融通过程中处于资金供应者和资金需求者之间的信用中介组织。本模块主要介绍房地产金融市场的基本概念及房地产金融机构。

思考与练习

一、填空题

1._____是房地产金融运营的载体,是房地产资金融通过程中处于资金供应者和资金需求者之间的信用中介组织。

2._____是当前中国最基本的住房保障资金之一,具有一定的政策性房地产金融的功能。

3._____是专门发放质押贷款的非正规边缘性金融机构,是以货币借贷为主和商品销售为辅的市场中介组织。

4._____是指从事房地产股票和债券交易关系的总和,按照交易工具不同又可以细分为股票市场、债券市场和投资基金等市场。

5. _____是指经营与房地产业有关的保险业务的市场。

6. _____是指房地产所有者受托委托他人代办房地产的买卖、租赁、保险等代管代营业务。

7. _____是指房地产所有者为融通资金,在不改变房地产所有权的前提下,将房地产交给他人使用、到期收回,转移的是房屋的使用权,所有权不发生变动。

8. _____是指为房地产投资者提供规划设计、投资组合、营销策划等方案以及为房地产消费者提供房地产交易、房地产法规基础知识咨询的服务市场。

二、选择题

1. 房地产金融市场可按服务对象不同分为(　　　)。

    A. 地产金融市场　　　　　B. 房产金融市场　　　　　C. 直接房地产金融市场

    D. 间接房地产金融市场　　E. 商业性房地产金融

2. 房地产金融市场也具有与一般金融市场不同的特征,具体表现为(　　　)。

    A. 资金需求量大,融资数额高　　　　　B. 证券化要求高

    C. 专业性强　　　　　　　　　　　　　D. 受宏观政策影响大

    E. 融资市场格局单一

3. 房地产金融市场的构成要素通常包括(　　　)。

    A. 市场主体　　　　　　　B. 市场客体　　　　　　　C. 市场交易价格

    D. 市场规模　　　　　　　E. 市场规则

三、简答题

1. 什么是房地产金融市场? 房地产金融市场的作用主要表现在哪几方面?

2. 房地产金融市场按融资工具不同可分为哪些?

3. 房地产金融市场的金融工具可以分为哪些?

4. 住房公积金管理中心的主要职责有哪些?

5. 中国房地产金融机构主要有哪些?

模块三 房地产信贷

案例导入

由于房地产具有不可移动的特征,房地产投资与其他投资相比更具有不可逆转性,一旦开始投资就难以撤回。如果在开发过程中出现由于决策失误或资金链中断而停工,就会造成"烂尾楼"或"半拉子工程",套牢开发资金。同时房地产的流动性较差,在投资完成之前基本不具备变现能力,改造和变更设计用途难度较大,处置起来非常困难,资金回收的可能性小,所以房地产项目停工后往往一摆就是几年甚至上十年。除此之外,目前越来越多的"圈地""炒地皮"以及施工企业被迫垫资现象更加剧了房地产金融的风险,因而房地产业风险远远高于其他行业。我国房地产开发资金高度依赖于商业银行,房地产业的良好发展前景也使得商业银行不可能放弃对房地产业的信贷投入,这种相互依存的关系使商业银行房地产贷款的总量必然伴随房地产业的发展而迅速增加,导致房地产贷款的风险越来越大。

据统计,我国广东省部分金融机构房地产开发贷款新增额已超过各项贷款新增额的70%以上。这种增长过快的趋势如不加以适当控制,一旦引发风险,后果将不可预料。2010年海南发展银行的倒闭就是一个典型的案例,2009年建设银行广东恩平支行由于房地产开发不良贷款比例过高而导致不能有效兑付,出现挤兑风险,建设银行总行拨了50亿元,才解决了支付危机。历史和现实都表明,房地产信贷是当前我国房地产金融面临的最大风险。

讨论:什么是房地产信贷风险？如何防止房地产信贷风险？

单元一　房地产信用概述

一、信用及信用制度

1. 信用

信用是指经济活动中的借贷行为及相关的责任。具体来说,信用是受信人承诺事后按照约定的期限和其他条件还款而先行获取授信人的商品和服务,或者承诺事后按照约定的期限和其他条件交付商品和提供服务而先行收取授信人的款项的经济关系。其实质是以偿还为条件的价值运动的特殊形式,在市场经济活动中主要表现为货币资金的借贷和商品交易中的赊销与预付。价值以信用形式运动并不发生所有权的转移,只是其使用权在一定条件下让渡,价值的回归伴随着利息收入而实现。

2. 信用制度

信用制度是市场经济的核心制度,是约束信用主体行为的一系列规范与准则。信用制度可以是正式的,也可以是非正式的。正式的信用制度是约束信用主体行为及其关系的法律法规和市场规则,而非正式的信用制度是约束信用主体行为及其关系的价值观念、意识形态和风俗习惯等。自信用产生以来,各国都在不断制定有关信用问题的各种法令法规,且这些法令法规日趋完善。一般来说,信用制度健全与否对整个社会的信用发展乃至经济秩序的稳定至关重要。

二、房地产信用

1. 房地产信用的概念

房地产信用是指房地产产品生产、经营和消费活动中的借贷行为及责任。它是以房地产作为特定对象,产生于房地产生产和再生产过程中的信用形式,它包括房地产的开发、经营和消费过程中发生的货币借贷和房地产交易中的预付与赊销行为。成熟的市场经济中,房地产是价值最高的消费品,房地产信用也成为整体信用经济中最主要的一种信用形式。与一般信用一样,房地产信用也包含接受信用和授予信用两个方面。

2. 房地产信用的分类

按信用提供的主体和在生产与消费环节中的作用的不同,房地产信用可分为以下几种类型:

(1)房地产商业信用。房地产商业信用是指房地产开发企业向消费者提供的一种通过分期付款、延期付款、预付定金和委托代销等方式向购房者销售房地产商品的直接信用交易方式。房地产商业信用在房地产销售中是一种主要的商务信用形式,既包括房地产开发企业直接面向消费者的信用销售,也包括房地产开发企业与企业之间的信用销售。房地产商业信用是指企业之间的赊销商品或服务,以及预付货款或业务款项等形式提供的信用。

(2)房地产银行信用。房地产银行信用是指银行及其他各种金融机构以货币形式,通过存款、贷款等业务活动提供的与房地产有关的信用。房地产银行信用的发展,一方面以存款方式把社会闲置的资金集中起来;另一方面又在社会范围内以贷款方式为房地产企业提供资金,使再生产过程中资金的余缺得到调剂。

(3)房地产国家信用。房地产国家信用又称房地产政府信用,是指国家的某种借贷行为在房地产领域的表现,其主要的接受信用形式是由国家发行政府债券,如住宅建设等房地产开发类政府债券,以筹措资金支持住宅等房地产的开发建设。国家从个人、企业和金融机构取得信用,形成债务,成为债务人。国家授予信用的主要形式是政府贷款,如向安居工程有偿提供资金。

(4)房地产消费信用。房地产消费信用是指经营者或金融机构以房地产产品为对象,向社会消费者提供的信用。房地产消费信用产生于房地产商品交易中的赊销。房地产消费信用主要有个人购房分期付款和个人购、建房贷款两种形式。房地产消费者可以用未来的收入作保证取得当前消费的权利,房地产企业可以其作为促销手段扩大销售额,银行可以其增加资产的收益。房地产消费信用的结果是促进了房地产消费,繁荣了房地产市场。然而,过度的房地产消费信用也会刺激消费者不合理的过度消费,造成房地产市场的剧烈波动,形成虚假的消费需求现象,影响社会和经济的稳定发展。房地产消费信用目前往往是金融机构与房地产销售者结合提供,金融机构绝少单独向购买者提供房地产消费信用。

阅读材料

加强房地产市场信用建设的建议

1.建立和完善房地产市场信用法规体系

加强房地产市场信用建设必须立法先行,完备的信用管理法规体系是信用行业健康规范发展的基础和必然要求。

2.政府应在信用制度建设过程中加强引导和监督

政府应当建立统一、规范、公开的征信体系,加强和完善信息的披露、联合征信制度、信用公示制度、信用评级制度,组建或确定联合征信机构。联合征信机构应当依据国家和房地产行业规定的标准与规范,整合信用信息资源,建立涵盖面广、权威性高、可靠性强、查询便捷的信用信息数据库,增强数据透明度,公开信用信息,实现信用信息资源共享。

同时,政府应当有组织地培育房地产信用服务市场,对各种评估、评级活动进行清理,制定有关评估、评级规定,规范信用评估、评级活动,防止和纠正各种评估、评级活动中出现虚假评估报告和乱收费现象。

3.培育和发展中介机构信用

中介机构是信用体系建设的重要组成部分,加强政府对各类社会中介机构的监管,保证社会信用服务机构的健康发展,建立和完善信用中介机构的市场准入机制和退出机制;加强资源整合力度,规范和充分利用政府信息渠道;限制数量,规范发展,重点培育几个大型综合性的信用中介机构,选择一些综合实力强、有较高知名度和一定的信用产品制造和创新能力的综合性信用中介机构,进行重点培育是必要的和有一定可行性的。政府可以考虑对其进行部分资金支持和信息一定程度上的开放,也可以考虑制定资格认证标准,确定哪些评级机构和征信机构有资格使用信息等。而从长远来看,政府则应重视企业的市场化运作,为其创建制度环境和体制保障。

4.推动行业协会建设,充分发挥行业协会的作用

为了推进房地产信用信息服务业的健康发展,应该尽快组建房地产业信用服务业行业协会。

通过行业协会来搭建信用服务机构与政府之间联系的平台,发挥沟通、咨询、中介、服务的功能,加快我国信用体系建设的进程。经国家社团主管部门批准,中国信息协会信用信息服务专业委员会即将组建。它将是我国信用行业第一个正式成立的社团组织,标志着我国信用行业从分散经营、盲目竞争到联合经营、协调发展的开始。信用行业开始用整体的声音与政府沟通,对推动技术标准的统一,促进信用数据的共享,减少重复建设,在全国形成良好信用环境都将起到积极的作用。

【案例分析】

信用记录直接影响购房贷款

案例一:中国工商银行某分行在审查一笔120万元的个人商业住房贷款时,查询个人征信系统发现,该客户在其他银行有一笔23万元的贷款,还款付息正常。查询结果与客户本人声明相符,间接证实了客户的信用度。

银行举措:结合客户提供的抵押物、还款能力进行综合分析后,该行作出放贷决定,贷款额度确定为100万元。使用个人征信系统使原来需一个多月的贷款时间缩短为两周。

点评:信用好审批迅速简单。

案例二:某客户向中国银行某分行申请个人住房按揭贷款,该行查询个人征信系统发现,该借款人过去在其他银行办理的一笔贷款曾经出现过逾期(指到约定还款时间而借款人未能及时还款)半年的情况。

银行举措:鉴于该客户个人经济状况良好且已将该贷款结清,该行同意发放该借款人的住房按揭贷款,但提高了首付款的比例。该客户表示非常后悔自己过去的失信行为,提高了还款的自觉性,再没有出现过不良信用记录。

点评:曾有逾期记录减少贷款量。

单元二 房地产信贷基本知识

一、房地产信贷的基本概念

信贷是一种以偿还本金和支付利息为条件的借贷行为,表示债权人(贷款人)和债务人(借款人)之间发生的债权债务关系。在商业银行的经营活动中,信贷也被称为贷款业务。

信贷业务是商业银行中最为重要的业务之一。在市场经济条件下,信贷的发生主要是银行贷给那些信誉好、经济实力强的借款人,因为只有这样的借款人才能保证银行资金的安全性,并使银行取得一定的收益。

房地产信贷主要是指银行或金融机构以房地产为服务对象,围绕房地产再生产各环节发放贷款的借贷活动。这一借贷活动的具体实务是指银行和金融机构通过各项信用手段,把动员和筹集起来的社会闲散资金的支配权让渡给土地和房屋的开发、经营者和住房消费者。严格来说,房地产信贷应该包括房地产信贷资金筹集和运用两个方面。

二、房地产信贷的特征

房地产行业是国民经济的支柱行业,与许多行业密切相关,而房地产信贷是目前我国房

地产行业的主要融资形式,因此,房地产信贷与国民经济发展有着密切的相关性。与一般信贷业务相比,房地产信贷主要具有以下特点:

(1)贷款收益高。房地产信贷可提高商业银行的经营效率,降低营销成本,使商业银行形成长期稳定的收益,此外,房地产信贷对于房地产开发企业的财务杠杆作用非常突出。合理使用商业银行信贷资金是保障房地产项目开发资金需求的重要途径。

(2)贷款期限较长。受项目开发周期的制约,房地产开发贷款期限可达 1～3 年,甚至长达 5 年;而个人住房贷款的合同贷款期限可长达 20～30 年,平均实际贷款期限也可达 5～10年。期限较长的贷款对贷款银行贷后管理的要求则更高。

(3)贷款投向控制严格。商业银行对房地产开发贷款严格要求投向具体的房地产开发项目,一般不允许开发商将贷款资金挪至其他项目,进行所谓"滚动开发",因此,贷款银行往往对房地产信贷资金账户进行严格的管理。

(4)贷款规模与资金占一定限制。为控制房地产信贷风险,房地产开发贷款一般要控制在商业银行全部信贷资产的 10% 左右。近年来,由于个人住房贷款具有高收益、低风险的特点,商业银行一般均希望提高个人住房贷款在其信贷资产中的占比。目前我国商业银行的个人住房贷款占比一般为 10%～15% 或更高一些。

三、房地产信贷的分类

1. 按贷款主体划分

按贷款主体划分,房地产信贷可分为房地产企业贷款和个人贷款。

(1)房地产企业贷款。房地产企业贷款包括房地产开发贷款和经营性持有物业贷款。其中,经营性持有物业贷款,一般简称为法人按揭贷款,是指商业银行向物业经营机构或其他企、事业单位发放的,用于购置自营商业用房或自用办公用房的,期限较长、分期还款的法人贷款。

(2)个人贷款。个人贷款包括个人住房贷款、个人商业用房贷款及其附属信贷产品和衍生信贷产品,如二手房贷款、转按揭、加按揭等。

2. 按信贷资金来源划分

按信贷资金来源划分,房地产信贷可分为自营性房地产贷款和委托性房地产贷款。

(1)自营性房地产贷款。自营性房地产贷款的资金来源是商业银行吸收的各类银行存款。

(2)委托性房地产贷款。委托性房地产贷款的资金来源是其他非银行机构自有或根据相关规定募集的资金。委托性房地产贷款按委托贷款主体又分为房地产开发委托贷款和个人住房委托贷款。

四、房地产信贷风险

1. 信贷风险的基本概念

信用风险是在经济信用行为中,交易双方主观或客观上产生的违约行为而造成的交易活动失败和经济损失。信贷风险,是指商业银行的贷款业务遭受各种直接或间接损失的可能性,以及损失程度与范围的不确定性。

房地产信用是房地产经济运行的主要支柱。房地产销售行为往往出现在房地产成品形成之前,其信用建设就愈发重要。在没有成品的情况下,要想预先把产品销售出去,客户购买其产品的主要参照就是企业的信用。在世界房地产市场竞争日益激烈的今天,我国房地产企业要想在房地产市场上立足并发展,就必须有良好的信用;而房地产企业要有良好的信用,就必须健全房地产市场信用体系。

2. 信贷资产风险分类

信贷资产风险分类也称贷款风险分类或贷款分类,是指商业银行的信贷分析和管理人员,或监管当局的监管人员,利用能够获得的全部信息,进行综合分析判断,依据贷款的风险程度对贷款质量状况作出分类评价。

中国人民银行《贷款风险分类指导原则》规定,按风险程度,贷款风险可分为五个级别,通常称为"五级分类",具体定义如下:

(1)正常类。借款人能够履行合同,有充分把握能够按时足额偿还贷款本息。

(2)关注类。尽管借款人目前有能力偿还贷款本息,但存在一些可能对偿还产生不利影响的因素。

(3)次级类。借款人的还款能力出现了明显的问题,依靠其正常经营收入已无法保证足额偿还贷款本息。

(4)可疑类。借款人无法足额偿还贷款本息,即使执行抵押和担保,也肯定造成一部分损失。

(5)损失类。在采取所有可能的措施和一切必要的法律程序之后,贷款本息仍然无法收回或只能收回极少部分。

阅读材料

房地产信贷的积极效应

1. **房地产信贷具有储蓄功能**

这可以从以下两个方面去理解和得以说明:

储蓄功能之一,表现为负债储蓄。居民获得住房贷款以后,必须逐月偿还贷款本息。就个人而言,偿还贷款可以看成是一种负债储蓄,有的规定在取得住房贷款以前,必须有一定的储蓄额,一定的储蓄额便成为住房贷款的必要条件。因此,住房贷款便具有了强制储蓄的功能。总之,没有住房贷款也就不会产生这种负债储蓄,也可以称其为负储蓄。储蓄功能之二,表现为替代储蓄。住房信贷提前实现了住房储蓄的长期目标。对于一个普通家庭来说,有支付能力的住房需求者总是极少数。一个居民若要购买住房,必须首先进行长时期的储蓄。而住房信贷的推行,便节省了原来个人储蓄的时间,使住房需求能提前实现,即把个人通过长期储蓄积累的购买力转变为通过信用方式的现实的购买力。所以说,住房信贷具有吸引储蓄的功能,也称其为替代储蓄。

2. **房地产信贷具有很强的增值功能和再生能力**

房地产信贷的有偿使用和还本付息的机能,以及随着经济的发展房地产自身的增值性决定了房地产信贷的增值功能,而且具有很强的再生能力。这种再生能力,极大地提高了住房投资的社会效益。许多国家都规定,住房信贷和投资由指定的专业银行经营,这就可以为住房投资吸收社会资金,又可以集中使用房地产信贷资金,做到专款专用。对于分期回收的贷款本金和利息又可以聚集起来及时进行再贷款,以收到更大的社会效益。

3.房地产信贷的有偿性能促进住房资金的合理运行

房地产信贷资金按有偿使用原则运行,有借有还,按期还本付息,绝不能亏本经营,这是信贷资金的客观属性决定的。

房地产信贷资金的广泛筹集和运用,能在更大程度上解决资金短缺,减少国家财政负担,改变只采用财政拨款来进行住房投资,资金利用效率低下,甚至亏本经营的局面,在很大程度上保证了住房资金的合理运行。

4.房地产信贷能促进消费结构的改善

发展房地产信贷能大量吸引社会闲散资金,将居民的消费需求导向住房投资,这为建立合理的消费结构创造了良好条件。

世界上凡实行公有住宅出租和低租金制度的国家,其住房费用在个人消费支出中所占比重都很低,这样必然导致以下两种不合理现象的发生:一方面是国家财政对住房投资的负担日益加重;另一方面是居民消费需求结构畸形发展。住房信贷的建立,一方面可把闲置的消费基金集中起来用于住房建设;另一方面也为扩大住房消费创造了条件,同时也疏导了其他消费需求,特别是相对缩减了对高档消费品的需求,促进居民消费结构的合理化。

5.住房信贷的发展有利于推进住房商品化进程

信贷是商品经济发展的产物,住房信贷的建立和发展必将推进住房的商品性经营,促进住房商品化的实现。因为住房是普通家庭拥有的价值最大的财产,居民难以承受一次性付款的经济压力,而采用住房信贷这一积少成多的有效形式是解决居民购房资金不足的捷径。因此,住房信贷就成了住房商品化、自有化的强有力的杠杆。

单元三　房地产信贷资金的筹集

一、房地产信贷资金的概念及特征

房地产信贷资金是指专门用于房地产开发、经营和消费的资金,是运用金融手段筹集到的,建立在信用基础上,以偿还为条件的借贷资金。

房地产信贷资金与一般信贷资金相比具有以下特征:

(1)资金来源分散,渠道广泛。房地产信贷资金的来源主要有国家资金、企业资金、个人资金和国外借入资金等。房地产金融机构为了充分发挥筹资和融资的功能,将各级政府,企、事业单位和个人等相对分散的资金集中起来,以房地产信贷的方式,融通到房地产开发、经营和消费的各个环节,以保证房地产业的开发、经营和消费顺利进行。

(2)资金用途确定,期限较长。房地产信贷资金的使用应符合当地政府发展房地产业的指导思想,以及消费者的消费需要,确定资金的使用方向。因此,房地产信贷资金只能以房地产业为特定的信贷对象,围绕房地产开发、经营和消费过程提供信贷资金,以满足消费者日益增长的消费需求。房地产商品的价值大,生产、使用的周期长等特点,决定了房地产信贷资金运用的中长期性。

(3)资金的运用受国家宏观调控的影响。房地产信贷是房地产金融的重要组成部分,房地产信贷资金的运用与管理直接受到国家宏观经济政策的影响。因此,政府会定期制定措施,加强和改进银行业金融机构房地产信贷管理,促进房地产市场持续健康发展。

二、房地产信贷资金筹集的意义

房地产信贷资金是房地产金融机构业务发展的基础,没有信贷资金,金融机构就无法参与房地产业的发展。因此,房地产信贷资金的筹集具有十分重要的现实意义,具体表现在以下几方面:

(1)扩大再生产,促进房地产业的发展。金融业与房地产业最直接的关系就是资金的关系。这种关系实际上是房地产业再生产过程中资金来源构成比例关系的反映。我国国民经济的快速发展、人民群众消费水平的提升、和谐社会的构建必然形成生产和消费逐年扩大的趋势,房地产业长期占用资金需要逐年增加,这必须要通过扩大和增加积累的方式来筹集房地产信贷资金,以满足房地产业扩大再生产的需要,促进房地产业的发展。

(2)促进房地产业结构调整,体现政府对房地产业的调控。筹集房地产信贷资金、发放房地产贷款在很大程度上是国家产业政策的体现,是国家调控房地产投资的重要手段之一。银行信贷对房地产的调节,主要是通过调节房地产业资金供求关系实现的。

房地产信贷资金的筹集实质上是房地产物质资料的筹集,通过房地产信贷资金的合理分配,能够集中再生产过程中的一部分物资进行重新分配,以保证在符合国家产业政策的前提下,调整房地产业结构,促进房地产业良性发展。

(3)理顺房地产资金关系,加强房地产资金管理。房地产业和金融业的关系从再生产角度来看,就是资金运用与资金来源的关系。房地产信贷资金只有顺利地转化为生产、流通和消费性质的资金,才能够进入房地产信贷资金的回收、增值、投放的安全循环运行轨道,其关键是金融业如何合理分配房地产信贷资金,并通过房地产信贷资金的筹集、运用,理顺房地产资金关系,强化对房地产信贷资金的管理。

(4)促进银行规模效益的提升和专业化发展。银行筹集房地产信贷资金的过程,也是房地产企业资金集聚的过程,房地产资金的逐步积累与分次投入为银行带了较为稳定的资金来源,特别在银行信贷资金管理实现专款专用的监督下,房地产项目的资金得到了相应保证,有利于扩大银行的信用规模;另外,银行负债规模的扩大,必然导致其资产规模的扩大,银行投资房地产的信贷实力逐步增强,房地产金融机构办理中长期投资信用的特征更加明显,必然促进其专业化经营。

(5)满足房地产业发展的物质需要。房地产信贷资金的运动过程,就是房地产业物质资料生产、流通、消费的价值运动过程。房地产信贷资金的筹集实质上是房地产业物质资料的筹集。通过房地产信贷资金的合理分配,使集中在生产过程中的一部分物资得以再分配。因此,房地产信贷资金在筹集过程中,已经具有定向性,从而保证房地产开发、经营、消费活动的顺利进行,为房地产业的发展奠定物质基础。

三、房地产信贷资金筹集的原则

房地产信贷资金筹集应遵循以下原则:

(1)与当地政府发展房地产业的规划相一致。发展房地产金融业,筹集房地产信贷资金,必须与当地政府发展房地产业的战略目标和政策相结合。目前,我国房地产业的发展主要是在国家法律监督下,由各级政府制定有关的政策,金融机构依据有关政策和规定来实际操作运行的,这就要求房地产金融机构在从事房地产信贷过程中,必须密切与当地政府部门的关系,与当地房地产业的发展规划保持协调一致。

（2）与城镇住房制度改革相结合。城镇住房制度改革是发展房地产业、建立房地产市场、促进我国市场经济发展的重要阶段。住房制度改革的目标是把住房纳入商品生产的领域，通过住房制度改革加快城市住房建设，通过发展住房商品化达到建立房地产市场的目的。住房制度改革产生了房改金融，房改金融是房地产金融的初级表现形式，房改金融将在房地产市场体系建立之后逐步转变为房地产金融。

（3）与城市发展规划相结合。城市发展的总体规划是城市房地产业发展的依据和基础。城市的规划问题是一个需要各部门综合考虑、慎重研究的重大问题。筹集房地产信贷资金、与城市规划结合的关键是坚持实事求是、量力而行的方针，在规划的基础上，统筹安排资金计划和资金投向，合理确定负债规模。

（4）与当地经济发展水平相适应。目前，由于受到地域位置和自然条件的制约，我国各地的经济发展水平差异很大，对于房地产开发的规模和消费水平差异也很大。因此，筹集房地产信贷资金应结合当地经济发展水平、生产力布局、消费水平，使房地产信贷资金筹集符合当地经济发展的实际需要，与当地经济发展水平相适应。

四、房地产信贷资金的筹集渠道

房地产信贷资金的筹集有多种渠道，大致可归纳为以下几种：

（1）金融机构吸收的各类储蓄存款。主要是指银行等金融机构为了支持房地产业而开展的住房专项存款和个人购建房储蓄业务。它是房地产信贷资金的基本来源。其主要的资金渠道是单位住房基金、部分单位预算外资金、福利基金以及个人急需购房、建房的储蓄存款。

（2）国家财政划拨的房地产信贷资金。主要是指国家为了从宏观上调节房地产的发展，增加住房信贷资金的流动性而划拨的信贷资金，是扩大住房信贷资金的重要来源。

（3）金融机构的自有资金。商业银行的自有资金也称自有资本，是银行投资者实际投入银行用于经营活动的各种资金、财产或物资的总和。商业银行自有资金可分为两个部分：国家拨入资金与其他股东投入的部分；商业银行在其经营活动中资金增值部分的银行留成部分。自有资金与非自有资金相比具有稳定性、增值性和安全性等特点。

（4）通过金融机构之间的融资筹集的资金。这种融资筹集方式主要是采用借款和贴现的两种形式。借款主要是指抵押贷款。金融机构以房地产抵押票据为抵押品，向其他金融机构借款，借款的金额与抵押票据面额相一致。通过这种贷款方式，就可以实现房地产信贷经营者加速房地产信贷资金的周转，强化它的流动性要求，从而及时取得房地产信贷资金。贴现主要是指房地产信贷经营者将未到期的房地产抵押票据出售给其他金融机构，从而获得现款。贴现的金融机构要扣除贴现利息，即自贴现日至期票到期日之间的利息。因此，虽然票据出售者得到的实际现款数额只是票据面额与贴现利息之差，但却加速了资金的融通。

（5）发行房地产金融债券。房地产金融机构承担着证券筹集媒介的职能，代理各级政府、房地产开发经营企业，以及房地产金融机构自身发行房地产债券，归集房地产债券资金。房地产债券是房地产金融机构为解决房地产信贷资金，而向投资者开具的具有借款证书性质的有价证券。从房地产信贷资金筹集的实际情况看，房地产债券是筹集房地产信贷资金的重要方法之一。发行房地产债券作为直接融资的主要手段，其发行是有严格的程序和条件的。房地产债券发行主体虽然不同，但是所筹集的资金都是用于房地产开发建设的。

【案例分析】

中国东方：商业银行房地产不良贷款增加　区域性中小银行风险值得重点关注

四大资产管理公司（AMC）之一的中国东方管理股份有限公司（以下简称"中国东方"）日前

发布《中国不良资产市场调查报告》(以下简称《报告》),这是中国东方第14年发布该《报告》。

从调研结果来看,目前新冠肺炎疫情形势和外部环境仍存在诸多不确定性,我国经济恢复性增长仍然面临挑战,金融体系风险总体可控,但存量风险尚未完全暴露,区域性中小银行风险、信托等非标准化债权风险、地方国有企业信用风险等值得重点关注。2021年,我国经济仍将面对地方政府融资平台债务高企、房地产企业违约频发等"灰犀牛"式风险,以及美国对华政策不确定性和新冠肺炎疫情反弹等"黑天鹅"式风险。

中国东方课题组预计,2021年商业银行不良资产包转让价格基本持平,2021年商业银行不良贷款走势为双升的趋势,2021年商业银行处置不良贷款的紧迫性较2020年更加紧迫,2021年商业银行处置不良资产最主要的方式为不良资产转让。

2021年不良资产处置压力最大的银行类型是城商银行,2021年中小银行风险较2020年变化小幅上升,2021年四大资产管理公司应采取的发展策略是中性策略,适度扩张,2021年不良资产二级市场投资机构不良资产收购价格变化是小幅下降(图3-1)。

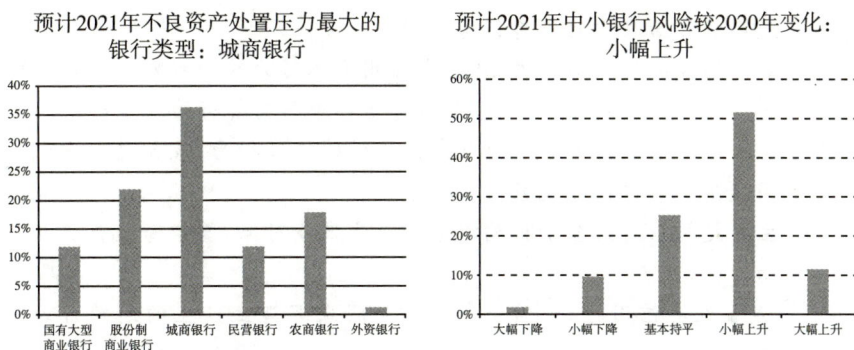

图3-1 房地产不良贷款率和余额"双升"

(资料来源:中国东方课题组报告)

2021年不良贷款规模将显著增加的行业是房地产、制造业。尤其值得关注的是,从商业银行年报披露情况看,大型国有商业银行、股份制商业银行房地产不良贷款余额显著上升,由2019年486亿元升至2020年729亿元,增幅50%,同时期,房地产贷款余额由4.64万亿元升至5.17万亿元,增幅11%。

此外,房地产不良贷款率和余额出现"双升"。中信银行、渤海银行、交通银行、工商银行、浦发银行房地产不良贷款率升幅显著高于平均水平。

《报告》称2021年个人贷款风险较企业贷款风险略低,个人贷款类不良资产的有效处置方式是批量转让、不良资产证券化。其中城市商业银行的不良资产处置压力最大。

在各类因素和动机中,考核压力是影响商业银行选择处置方式的最主要因素,降低不良贷款率是商业银行处置不良贷款的最主要动机。从新增投放来看,与2020年相比,2021年商业银行新增信贷规模将小幅增长,其中信贷投放增长最快的行业将是制造业,新增信贷风险最集中的行业将是建筑业与房地产业。从中长期来看,风险和收益难平衡是商业银行在服务实体经济过程中面临的最大挑战。

资料来源:https://baijiahao.baidu.com/s?id=1697551381981271077&wfr=spider&for=pc

模块小结

　　房地产信贷是房地产金融学最为重要的内容之一,尤其是在资本市场尚处于发展阶段,房地产行业融资渠道相对单一的我国,商业银行的房地产信贷显得更为重要。本模块主要介绍房地产信用的基本概念、基本知识和房地产信贷资金的筹集。

思考与练习

一、填空题

1. _____是指经济活动中的借贷行为及相关的责任。

2. _____是市场经济的核心制度,是约束信用主体行为的一系列规范与准则。

3. _____是指房地产产品生产、经营和消费活动中的借贷行为及责任。

4. _____是一种以偿还本金和支付利息为条件的借贷行为,表示债权人(贷款人)和债务人(借款人)之间发生的债权债务关系。

5. _____主要是指银行或金融机构以房地产为服务对象,围绕房地产再生产各环节发放贷款的借贷活动。

6. _____是在经济信用行为中,交易双方主观或客观上产生的违约行为而造成的交易活动失败和经济损失。

7. _____是指商业银行的贷款业务遭受各种直接或间接损失的可能性,以及损失程度与范围的不确定性。

8. _____是指专门用于房地产开发、经营和消费的资金,是运用金融手段筹集到的,建立在信用基础上,以偿还为条件的借贷资金。

二、选择题

1. 按信用提供的主体和在生产与消费环节中的作用的不同,房地产信用可分为( )。
  　A. 房地产商业信用　　　　B. 房地产银行信用　　　　C. 房地产国家信用
  　D. 房地产地方信用　　　　E. 房地产消费信用

2. 与一般信贷业务相比,房地产信贷主要具有( )特点。
  　A. 贷款收益高　　　　　　B. 贷款期限较长　　　　　C. 贷款额度大
  　D. 贷款投向控制严格　　　E. 贷款规模与资金占有一定限制

3. 按贷款主体划分,房地产信贷可分为( )。
  　A. 房地产企业贷款　　　　B. 个人贷款　　　　　　　C. 组合贷款
  　D. 自营性房地产贷款　　　E. 委托性房地产贷款

三、简答题

1. 按中国人民银行《贷款风险分类指导原则》规定,风险程度可分为哪几个级别?

2. 房地产信贷资金的筹集具有十分重要的现实意义,具体表现在哪几方面?

3. 房地产信贷资金筹集应遵循哪些原则?

4. 房地产信贷资金的筹集有多种渠道,大致可归纳为哪几种?

模块四

房地产开发贷款

知识目标

1. 了解房地产开发贷款的概念、分类及特点。
2. 掌握房地产开发贷款的操作流程。
3. 了解房地产开发贷款项目评估的概念；熟悉房地产开发贷款项目的财务评价指标和分析方法。
4. 了解房地产开发贷款风险的含义；掌握房地产开发贷款的主要风险、识别及防范措施。

能力目标

能够明确房地产开发贷款的操作流程；具有识别房地产开发贷款风险识别及防范的能力。

案例导入

某信用等级为 AA 级的房地产开发企业现有一限价商品房开发项目,该项目现正在建设中,该项目预计需要资金 2 亿元人民币,企业现有资金 7 500 万元人民币,尚需资金 12 500 万元人民币,企业想用一栋写字楼向银行申请抵押贷款。经审查该抵押物符合相关法律规定,可以设定抵押权,房地产价格评估机构评估的抵押价值为 1.2 亿元人民币。根据该银行最高贷款价值比率的规定(贷款金额不得超过抵押房地产价值的 70%)只能贷给企业 8 400 万元人民币,其余资金为同业间的借款。

银行根据该项目建设文件、市场和产品分析以及财务评价的结果(略),确定该项目风险等级为 A 级。经过银行和房地产相关部门的审查,签订了房地产开发项目借款合同和抵押合同。借款合同的主要条款:贷款金额为 8 400 万元,贷款期限为 2 年,贷款的年利率为 6.75%,且在整个贷款期限内固定不变,还款方式采用按季度等额本息支付。

讨论:该企业和银行在办理贷款时应该考虑哪些问题?

单元一　房地产开发贷款的概念及分类

一、房地产开发贷款的概念

房地产开发贷款是指商业银行向房地产开发商发放的用于开发、建造向市场销售与出租等用途的房地产项目的贷款。它是商业银行公司类贷款中最为重要的贷款类别之一。房地产开发贷款的借款人是经工商管理部门注册的,政府主管部门认定并拥有一定资质的,合法具有房地产开发、经营权的企业。

二、房地产开发贷款的分类

商业银行提供房地产开发贷款的种类按不同的标准有不同的划分方法。

1. 按房地产类型分类

(1)住房开发贷款。住房开发贷款是指商业银行向房地产开发企业发放的用于开发建造向市场销售住房的贷款。其中,又分为普通商品房开发贷款与经济适用住房开发贷款。这类贷款只能用于房地产企业正常建造商品房及其配套设施所需的资金,一般包括土地征用、拆迁补偿、前期工程、基础设施建设、建筑安装、装修费等费用的支出。

(2)商业用房开发贷款。商业用房开发贷款是商业银行向房地产企业发放的用于宾馆、写字楼、大型购物中心、综合商业设施及其配套设施等商用房地产项目建设的贷款。此外,对非住宅部分投资占总投资比例超过50%(含)的综合性房地产开发项目,其项目贷款也属于商用房地产开发贷款。

(3)商用房地产抵押贷款。商用房地产抵押贷款是商业银行向房地产企业发放的,以其自有的商用房地产作为抵押物,并以该商用房地产的经营收入和该企业其他合法收入作为还本付息来源的贷款。它只用于满足企业在商用房地产经营期的资金需求。

2. 按贷款用途分类

(1)房地产开发企业流动资金贷款。房地产开发企业流动资金贷款是商业银行向为社会提供房地产产品的房地产开发企业发放的用于生产周转的流动资金贷款。这种贷款为短期贷款,主要用于垫付城市综合开发、商品房开发、土地开发以及旧城改造等项目所需的生产性流动资金。房地产开发企业开发经营周转资金不足的部分,可向银行申请贷款。

(2)房地产开发贷款。房地产开发贷款是商业银行向房地产开发企业开发的房地产项目发放的贷款。由于房地产开发项目开发期长,相应占有资金时间也较长,这种贷款属于中长期贷款。

3. 按房地产开发贷款的客户分类

目前,商业银行一般根据房地产企业的规模、融资模式和经营特点将房地产开发贷款的借款企业分为以下几类:

(1)一类客户:企业资金实力强大,融资渠道多元化,一般同时开发多个房地产项目,现金流充裕,主要依靠企业综合收益归还贷款的大型房地产企业集团或上市公司。

(2)二类客户:企业资金实力较强,但融资渠道单一,依赖银行信贷资金对同一房地产项目进行同物业类型或不同物业类型的多期滚动开发,可依靠项目开发的整体收益归还贷款。

(3)三类客户:企业资金实力一般,项目投资中自有资金占比较低,主要依赖银行信贷资金对单一项目进行开发,完全依靠项目收益归还贷款。

三、房地产开发贷款的特点

房地产开发贷款与其他商业贷款相比,主要具有以下特点:

(1)以项目为贷款对象。房地产开发贷款一般是借款人按开发项目申请贷款,商业银行按该项目的生产周期及其资金占用量核定贷款额度,只能用于规定的工程项目,借款不能自行将贷款转移到其他开发项目中使用。

(2)贷款额度大。房地产开发项目资金占用量一般较大,少则几千万,多则几个亿。土地购置和开发成本、建筑物开发成本、税费及利润,决定了项目开发成本高、价值量大。由于房地产开发项目需要投入大量的资金,所以开发商要借助金融机构的支持,贷款成为其主要的融资手段。

(3)贷款周期长。房地产的生产经营活动具有生产环节多、建设周期长、室外作业受季节影响等特点。房地产开发产品的生产涉及土地征用、前期开发、工程建设、设备配置等复杂环节,因此房地产在生产建设阶段资金周转速度慢,在经营销售阶段,资金是分期分批回收的,其速度也较慢,这都决定了其占用贷款的时间周期较长。

(4)贷款风险较大。由于房地产的开发、销售易受经济和政策等诸多因素的影响,而房地产开发贷款的偿还主要来源于项目的租售收入,当宏观经济形势或市场环境有较大变动时,项目的租售收入有可能无法正常实现,往往造成贷款难以收回。因此房地产开发贷款的风险较大,要求商业银行必须高度重视。

单元二 房地产开发贷款的操作流程

目前,我国商业银行进行房地产开发贷款的程序通常包括房地产开发贷款申请、房地产开发贷款受理调查、房地产开发贷款项目评估、房地产开发贷款审查及审批、房地产开发贷款发放、房地产开发贷款贷后管理等。

一、房地产开发贷款申请

房地产开发贷款的申请可以是开发企业主动到银行申请信贷业务,也可以是银行受理人员向开发企业营销信贷业务。贷款申请的内容涉及贷款合同当中的一些主要条款,如贷款金额、贷款方式、贷款用途、使用期限和还款方式等。

1.贷款申请的条件

借款人申请房地产开发贷款应具备以下基本条件:

(1)借款人是经工商行政管理机关(或主管机关)核准登记的企(事)业法人、其他经济组织;有经工商行政管理部门核准登记并办理年检的法人营业执照或有权部门批准设立的证明文件。

(2)经营管理制度健全,财务状况良好;信用良好,具有按期偿还贷款本息的能力。

（3）按规定办理各类证件的年检手续,并持有中国人民银行颁发的年审合格的贷款卡或贷款证;在贷款银行开立基本结算账户或一般存款账户,办理全部或部分结算业务。

（4）贷款项目已纳入国家或地方建设开发计划,其立项文件合法、完整、真实、有效。贷款项目实际用途与项目规划相符,符合当地市场的需求,有规范的可行性研究报告。

（5）借款人已经取得建设用地规划许可证、建筑工程规划许可证、国有土地使用权证、建设工程开工证。

（6）贷款项目工程预算报告合理、真实。企业计划投入贷款项目的自有资金不低于银行规定的比例,并能够在使用银行贷款之前投入项目建设。

（7）贷款人规定的其他条件。

2.贷款申请的资料

借款人向商业银行申请房地产开发贷款时必须提交公司和贷款项目的相关资料,主要包括下列内容:

（1）单位资料。

1）经年检并核准登记的法人营业执照复印件、法定代表人或其授权代理人证明书及签字样本、借款授权书(股份制企业)、贷款证年检证明复印件、贷款证(卡)及复印件。

2）单位章程、成立批文。

3）经会计师事务所验审的近三年年报及本期财务报表。

4）工商管理部门的注册验资报告、开户许可证及有效税务登记证正副本复印件。

5）法人代码证复印件、年检报告。

6）房地产企业开发经营资质证书。

7）贷款申请报告。

8）公司最高权力机构或授权机构同意申请贷款的决议。

9）若属第三者提供信用担保方式的贷款,保证人亦须提交前五项资料并报贷款担保承诺书;若属抵押或质押担保方式的贷款,须提交抵押物或质物清单、估价报告、所有权或使用权证书及有处置权人同意抵押或质押的承诺证明。

10）公司主要领导人简历及工作人员文化结构等清单。

（2）项目资料。

1）可行性研究报告及项目预算报告。

2）项目立项批文复印件及环评报告书。

3）国有土地使用证、建设用地规划许可证、建设工程规划许可证、建筑工程施工许可证复印件。

4）商品房销售许可证、房地产预售许可证复印件、土地出让合同及规划红线图、地价款缴交凭证复印件。

如为合作项目,还需提供合作开发合同或有关部门批准合作开发的批件。

阅读材料

房地产开发企业的资质

为了加强房地产开发企业资质管理,规范房地产开发企业的经营行为,2000年3月建设部颁布了《房地产开发企业资质管理规定》(建设部令第77号),其中将房地产开发企业按条件划分为一级、二级、三级和四级共四个资质等级。2015年5月,住房和城乡建设部根据新的

《中华人民共和国公司法》，对《房地产开发企业资质管理规定》进行了修订，各级企业的资质标准如下。

1. 一级资质

(1) 从事房地产开发经营 5 年以上。

(2) 近 3 年房屋建筑面积累计竣工 30 万平方米以上，或者累计完成与此相当的房地产开发投资额。

(3) 连续 5 年建筑工程质量合格率达 100%。

(4) 上一年房屋建筑施工面积达 15 万平方米以上，或者完成与此相当的房地产开发投资额。

(5) 有职称的建筑、结构、财务、房地产及有关经济类的专业管理人员不少于 40 人，其中具有中级以上职称的管理人员不少于 20 人，持有资格证书的专职会计人员不少于 4 人。

(6) 工程技术、财务、统计等业务负责人具有相应专业中级以上职称。

(7) 具有完善的质量保证体系，商品住宅销售中实行了《住宅质量保证书》和《住宅使用说明书》制度。

(8) 未发生过重大工程质量事故。

2. 二级资质

(1) 从事房地产开发经营 3 年以上。

(2) 近 3 年房屋建筑面积累计竣工 15 万平方米以上，或者累计完成与此相当的房地产开发投资额。

(3) 连续 3 年建筑工程质量合格率达 100%。

(4) 上一年房屋建筑施工面积达 10 万平方米以上，或者完成与此相当的房地产开发投资额。

(5) 有职称的建筑、结构、财务、房地产及有关经济类的专业管理人员不少于 20 人，其中具有中级以上职称的管理人员不少于 10 人，持有资格证书的专职会计人员不少于 3 人。

(6) 工程技术、财务、统计等业务负责人具有相应专业中级以上职称。

(7) 具有完善的质量保证体系，商品住宅销售中实行了《住宅质量保证书》和《住宅使用说明书》制度。

(8) 未发生过重大工程质量事故。

3. 三级资质

(1) 从事房地产开发经营 2 年以上。

(2) 房屋建筑面积累计竣工达 5 万平方米以上，或者累计完成与此相当的房地产开发投资额。

(3) 连续 2 年建筑工程质量合格率达 100%。

(4) 有职称的建筑、结构、财务、房地产及有关经济类的专业管理人员不少于 10 人，其中具有中级以上职称的管理人员不少于 5 人，持有资格证书的专职会计人员不少于 2 人。

(5) 工程技术、财务等业务负责人具有相应专业中级以上职称，统计等其他业务负责人具有相应专业初级以上职称。

(6) 具有完善的质量保证体系，商品住宅销售中实行了《住宅质量保证书》和《住宅使用说明书》制度。

(7) 未发生过重大工程质量事故。

4.四级资质

(1)从事房地产开发经营 1 年以上。

(2)已竣工的建筑工程质量合格率达 100％。

(3)有职称的建筑、结构、财务、房地产及有关经济类的专业管理人员不少于 5 人,持有资格证书的专职会计人员不少于 2 人。

(4)工程技术负责人具有相应专业中级以上职称,财务负责人具有相应专业初级以上职称,配有专业统计人员。

(5)商品住宅销售中实行了《住宅质量保证书》和《住宅使用说明书》制度。

(6)未发生过重大工程质量事故。

由于上面的资质条件比较烦琐,为了便于记忆,我们将房地产开发企业的四级资质等级通过表 4-1 加以简要总结。

表 4-1　房地产开发企业的资质等级

资质等级	一级资质	二级资质	三级资质	四级资质
从事房地产开发经营时间	≥5 年	≥3 年	≥2 年	≥1 年
房屋建筑面积累积竣工	≥30 年平方米/近 3 年	≥15 年平方米/近 3 年	≥5 年平方米	—
竣工建筑工程质量合格率	连续 5 年 100％	连续 3 年 100％	连续 2 年 100％	100％
上一年房屋建筑施工面积	15 万平方米	10 万平方米	—	—
有职称的专业管理人员	≥40 人	≥20 人	≥10 人	≥5 人
业务负责人具有相应专业中级以上职称	√	√	√	√
具有完善的质量保证体系	√	√	√	√
未发生过重大工程质量事故	√	√	√	√

二、房地产开发贷款受理调查

商业银行在受理房地产开发企业贷款申请时,一般要求对企业提交申请贷款的相关资料进行初步审查,并展开对申贷企业和开发项目的贷前调查。银行为把握房地产开发项目的实际情况,需要了解企业的经营管理状况、资信状况、资质等级和法定代表人的素质,判断项目市场前景等,以此作为决定"是否贷款"和"贷多少"的依据。

(一)贷前调查的方法

无论是房地产开发贷款还是一般贷款,在进行贷前调查的过程中,都有大量的信息可供选择,这就需要经办人员利用科学、实用的调查方法,通过定性与定量相结合的调查手段分析银行可承受的风险,从而为贷款提供可靠的决策信息。贷前调查一般有以下三种方法。

1.现场调查

现场调查是银行进行贷款调查时必不可少的手段。一方面,通过现场调查可以掌握企业或项目的第一手材料,发现有价值的细节信息,而这些信息往往很难在企业提交的贷款申请材料中体现出来。另一方面,现场调查也是对企业贷款申请材料真实性的最好检验方法。

现场调查工作习惯上包括现场会谈和实地考察两个部分。现场会谈时要尽可能地约见包括行政、财务、市场、生产、销售等多个部门在内的企业各层管理人员。会谈应当侧重收集关于企业经营发展的思路和内部管理的状况,从而获取对借款企业高层管理者的感性认识。

在实地考察时,调查人员必须亲自参观企业的生产经营场所、厂房设备以及财务会计部门,着重调查企业生产运行情况、实际生产能力、产品结构、应收账款和存货情况,必要时还需审查企业的明细账目。完成现场调查后,经办人员须及时撰写现场检查报告,从而为进一步评估做好准备。

2. 间接调查

间接调查的手段很灵活,一般可以通过搜集各种媒介中有价值的相关信息展开调查。这些媒介包括杂志、书籍、报刊、专著、网上资料以及政府部门的会议精神、政策法规等。在进行间接调查时应当注意信息来源的权威性、可靠性和全面性。此外,银行经办人员还可以向申请贷款企业的上下游关联企业、竞争对手、行业协会、政府职能管理部门等侧面了解其在业内的口碑、信誉等不易通过现场调查获知的信息。

3. 委托调查

委托调查是指银行把调查的借款人及需调查的事项详加列明,委托专业的征信调查机构代为调查。征信调查机构是一个调查企业和个人信用、资力和商业信誉等情况,分别核定其信用等级,向委托的客户提供所得到的信用资料,并收取一定的征信服务费用的专门咨询机构。

把上述来源获得的信用分析资料加以整理,形成银行的征信调查报告。它是银行贷款及有效经营的重要工具。对征信调查报告的审读是银行贷款决策部门进行贷款决策的前提。

(二)贷款调查的内容

1. 借款人情况调查

银行应对申请贷款的房地产开发企业进行深入调查审核,包括企业性质、股东构成、资质信用等级等基本背景,近三年经营管理和财务状况,以往的开发经验和开发项目情况,与关联企业的业务往来等。

(1)企业基本情况。这主要包括公司的历史沿革、股权结构、法人代表任职经历、主要经营管理者情况等。

(2)股东背景情况。其中对于公司的股东应追溯至最终控制人。

(3)企业授信情况。

1)申贷企业在本行的授信情况;

2)申贷企业在他行的授信情况;

3)申贷企业在本行的个人住房贷款情况;

4)申贷企业在他行的个人住房贷款情况和授信条件。

(4)财务情况分析。调查分析企业的资产负债结构及配比情况、重点科目的明细及变动情况。

2. 开发项目情况调查

(1)应详细了解项目基本情况。核对贷款项目是否纳入国家或地方建设开发计划,其名称及立项文件是否合法、完整、真实、有效,实地考察项目地理位置、社区环境、占地面积、容积率、建筑面积、楼宇结构与栋数、户型设计及工程进展情况。

（2）了解项目前期准备与可行性操作方案、计划开工与竣工日期。审查基建报批手续是否完整、有效、合法，批文内容是否前后一致，"四证"是否齐全。

（3）审查项目建设的可行性及抗风险能力，交通条件、环保指数、配套工程、市政设施、物业管理及其施工队的资质情况等。

（4）核查贷款项目工程预算报告是否合理真实。要了解项目总投资概算与各项费用支出明细及相应投入日期、资金来源与到位计划。

（5）项目市场前景、经济效益预测与敏感性分析。这主要包括进行同等位置项目的比较分析与市场预测；测算销售收入与利润；根据量本利分析法进行敏感性估算等。

3. 担保情况分析

（1）如果借款人所申请的贷款类型属第三者提供信用担保方式的贷款，银行还要核实保证人出具的贷款担保承诺书的真实性和有效性，了解其资信状况、担保资格与能力，初步确定担保额度、期限条件及索赔方式等。

（2）如果属抵押或质押担保方式的贷款，银行要对抵押物或质物、权属证明、有处分权人同意抵押或质押的证明及有权部门出具的抵押物估价证明进行核对，审查产权的合法性、完整性及有效性。

（3）查验土地出让合同及土地、房屋产权证是否真实有效，了解地价款的缴交及土地抵押状况。

（三）贷款调查报告的撰写

1. 贷款概况调查

贷款调查报告的第一部分是对借款人基本情况的介绍，主要包括成立时间、组织形式、产权构成、注册资本和资本金构成（实物出资还是现金出资）、主营范围、经济实力、法人代表、经营管理机制、业务范围、资质等级、完成项目的能力、企业自身具备的优势等。此外还应当介绍企业主要负责人的工作履历、职业素质以及学历背景等方面的信息。另外，在这部分还应当介绍借款人所申请的贷款额度、期限、利率等情况。

2. 借款人资信情况

借款人的资信情况，特别是其在各家银行的贷款额度、还款记录是十分重要的信息。这些信息对于商业银行来说曾经是比较难以获取的，因为各家银行之间往往缺乏有效的沟通渠道。现在贷款经办人员可以通过查询企业的贷款卡来获得这些信息，因此贷款经办人员要经常地关注企业贷款卡信息的变化，及时查看企业的信用报告，并在调查报告中予以体现。

3. 借款人财务状况分析

若借款人为项目公司，并且属于新建项目的开发前期，可以仅简要介绍其财务状况；若借款人以往有楼盘开发项目，则可以进一步具体分析各种财务指标。除此之外，还要关注该企业的财务管理和经济核算制度是否健全，特别是通过近三年和最近一期的财务报表估算其运营能力、盈利状况及还本付息能力，并在此基础上对企业进行信用评级。

4. 项目概况

详细介绍项目的基本情况，包括：是否纳入国家或地方的建设开发计划；项目可行性研究报告批复机关、时间、批文文号；项目总投资、投资构成及来源；项目的地理位置、社区环境、占地面积、容积率、建筑面积、楼宇结构与栋数、户型设计及工程进展情况;项目的前期准备与可行性操作方案、计划开竣工日期;详细说明各项批文手续是否齐备、"四证"是否齐全,对于证件尚不齐备的要重点说明原因并提出解决方案;施工单位资质等级;配套工程、市政设施和物业管理的情况。

5.项目市场分析

项目市场分析主要包括对项目的竞争力分析和销售前景分析。

项目竞争力分析要包括:①项目区域:介绍项目所处地理位置、周边环境、所处地区的房地产开发状况;②建筑规划与房型设计:介绍项目楼盘分布、建设内容、房型种类等;③销售价格:介绍楼盘销售价格,以及与周边地区楼盘价格的比较;④结论。

6.投资估算与资金筹措安排

投资估算与资金筹措安排应当包括银行对项目总投资、投资构成及来源的评估结果;项目资本金的落实情况;在各家银行申请的贷款金额、比重、用途、期限、利率;投资进度;贷款的用款计划五个部分。

7.项目效益预测及还款能力分析

项目效益预测及还款能力分析通常包括相关财务指标分析、盈亏平衡点分析、敏感性分析等内容。在此基础上,着重介绍贷款的还款来源、分析借款人是否会发生私法还贷的情况,并制订还款计划。

8.担保情况分析

属于保证担保的,需要介绍保证人的基本情况,包括注册资本金、主营业务、财务状况、资产负债情况、保证能力以及与借款人之间的关系。

属于抵押担保的,需要介绍抵押物情况、分析抵押率并且评价抵押物的变现能力。

9.银行收益预测

计算房地产开发贷款利息收入和手续费收入,分析未来与之相配套的住房按揭贷款规模及收入。有的还应当计算贷款的资金成本。

10.结论

说明是否同意提供贷款,明确贷款金额、期限和利率,最后是其他附加条件。

三、房地产开发贷款项目评估

房地产开发贷款项目评估是指项目建设情况评估、项目市场评估、项目投资估算与融资方案评估等。

1.项目建设情况评估

房地产开发项目建设情况评估的内容见表4-2。

表4-2 房地产开发项目建设情况评估

序号	项目	内容
1	项目建设的必要性评估	调查项目提出的背景和建设目的、项目地理位置、"四至"、用途、主要建设指标(占地面积、建筑总面积、建筑密度、容积率、绿化率、土地使用年限等),以及项目的动迁安置计划,结合项目所在地区有关房地产开发的政策环境、发展规划和发展状况,初步分析项目的社会和经济意义,确定项目是否有建设的必要性

序号	项目	内容
2	项目建设条件评估	确定调查项目是否得到政府相关部门的立项批复,明确土地使用权获取的方式,如果是出让,是否签订了土地出让合同,是否足额缴纳了土地出让金,并办理了国有土地使用权证,是否获得拆迁许可证、建设用地规划许可证和建设工程规划许可证,是否已就城市基础设施的供应(如水、电、煤气、供热等)得到政府有关部门的承诺,是否已取得建设工程开工(施工)许可证和商品房屋销(预)售许可证,是否享有各项优惠政策
3	项目建设的实施进程评估	了解分析项目从立项、进行可行性研究、下达规划任务、征地拆迁、委托规划设计、取得开工许可证直至开工的进程状况。对未开工项目要分析预测项目开工、竣工时间及其进度安排;对已开工项目要调查了解工程建设的形象进度、投资完成情况、各项资金到位情况,项目预计竣工时间,已取得《商品房屋销(预)售许可证》并对外销售的,说明销(预)售情况;对追加投资的项目要着重分析设计变更、概算调整情况
4	项目建设的施工条件评估	调查项目工程建设的招投标方式,以及是否符合有关部门的规定;了解施工单位和建设监理单位的资质等级与能力;了解项目施工力量的组织计划,项目建设所需材料的采购方式和供应计划,施工期间动力、水等条件的保障程度等
5	项目建设的环境保护条件评估	调查项目建设地区的环境状况,分析项目是否可能引起周边生态环境的变化,了解项目为环保所采取的措施,以及其方案的批复情况

2.项目市场评估

房地产开发项目市场评估的内容主要包括:

(1)市场供需状况与发展趋势分析,特别是项目特点分析、同类项目供需分析、消费者的收入与消费偏好分析、品质与价格比较、政策影响分析等。

(2)市场竞争力分析,其中包含项目品质、位置、户型、功能、居住环境、配套设施、价格、物业管理,以及销售策略等。

3.项目投资估算与融资方案评估

房地产开发项目投资估算与融资方案评估中项目总投资评估主要针对开发成本和当期费用进行;融资方案评估主要是审查分析项目各资金来源,特别是项目自有资金的规模和比例。

四、房地产开发贷款审查及审批

(一)贷款审查

贷款审查是银行的贷款审查部门根据贷款"三性"原则和贷款投向政策,对贷款调查部门提供的资料进行核实,评价贷款风险,提出贷款决策建议,提供给贷款决策人参考。

1.贷款审查的要求

房地产开发贷款审查应满足下列要求:

(1)收到信贷业务报批材料后的2个工作日内进行合规性审查并提出合规性审查意见。

(2)对规定的合规性审查内容要进行全面、细致的审查;报批材料应达到完整、准确、翔实、有效的标准。

(3)合规性审查对合规的信贷业务填写合规性审查意见单;对审查不合规的申报资料,合规性审查人员有权要求有关人员修改和补充,直至符合要求为止。否则记录合规性审查情况,并将不合规的审查意见通知有关人员,退还其材料。合规性审查合格的信贷项目原则上在 3 个工作日内提交审批。

2.贷款审查的主要内容

(1)审查调查部门提供的数据、资料是否完整。

(2)根据国家产业政策、贷款原则审查贷款投向是否符合规定。

(3)审查贷款项目是否需要评估,有无评估报告,是否超权限评估,评估报告是否已批准,项目情况是否可行。

(4)审查贷款用途是否合法合理,贷款金额能否满足项目的需要,利率是否在规定的上下限范围内,借款人的还款能力及是否有可靠的还款来源。

(5)审查贷款期限。住房开发贷款期限一般不超过三年,商用房开发项目全部用于出租、自营的,贷款期限最长不得超过五年(含);商用房开发项目全部或部分用于出售、转让的,贷款期限最长不得超过八年(含)。

(6)审查担保的合法性、合规性、可靠性。

(7)复算贷款风险度、贷款资产风险度。

(8)审查该笔贷款发放后,企业贷款总余额有无超过该企业贷款最高限额,授信额有无超过单个企业贷款占全行贷款总额的最高比例。

(9)按照授权、授信管理办法,确定该笔贷款的最终审批人。

(10)其他需要审查的事项。

(二)贷款审批

房地产开发类贷款实行审贷分离制度,审批管理坚持严谨、科学、高效的原则。信贷经营部门负责开拓市场、发展客户、受理贷款申请、调查评估、信贷发放与回收等前台业务,不参加贷款的审批决策;信贷审批部门专职负责贷款审批、督促贷款相关条件落实等后台业务。

房地产开发贷款的审批要根据贷款审批权限及项目评估权限来执行。具体要求如下:

(1)贷款签批人在授权范围内签批贷款,并决定贷款种类、金额、期限、利率和方式。

(2)凡是要上报上级行审批的贷款均要由下级行向上级行审查岗提交本级行信贷审查委员会对贷款项目调查的初审意见,并由行长签署上报。上级行审查岗审查后按审批权限提交信贷审查委员会或有权签批人签批。上级行审查岗的审查内容基本上与贷款上报的审查岗内容相同。

(3)贷款经批准后,由调查部门办理贷款发放手续。审查或审批人不同意贷款的,要说明理由,有关资料退还给贷款调查部门,并由贷款调查部门通知企业。

五、房地产开发贷款发放

当房地产开发贷款获得审批通过后,贷款人将通知借款人、担保人正式签订贷款合同、担保合同或抵(质)押合同,并按照规定办理各种手续。贷款的发放一般包括以下环节:

(1)签订借款合同。借款合同中应约定贷款种类、用途、金额、利率、期限、还款方式,以及借贷双方的权利、义务、违约责任和共同约定的其他事项。

合同经有权签字人签字,加盖公章后生效。

(2)落实担保。连带责任保证方式担保的,应在核保的基础上,另外签订保证合同,保证合同与借款合同同时生效。若属抵押（质押）担保方式，借款人应将抵押物（质物）权属及其有关登记证明文件、保险单等交贷款人收押保管，并由贷款人出具收条给借款人。借款人需使用被贷款人收押的证明文件或资料办理相关的销售手续时，须出具借条，待手续办理完毕即退还贷款人。

（3）发放贷款。贷款审查部门对贷款合同、有关协议、签章等全部贷款手续核实无误后，由信贷员填写贷款划拨凭证，经借款企业认定，并逐级审批签发后，交由会计部门，根据项目进度情况及有关约定条款，分期、分批款项直接转入企业在贷款银行开立的账户。

六、房地产开发贷款贷后管理

贷后管理是商业银行实施贷款风险管理的重要环节。鉴于房地产开发贷款的特殊性，商业银行一般会对房地产开发贷款进行专项的贷后管理，主要包括以下几点。

1. 监控信贷资金流向

房地产开发贷款发放后，贷款银行应在一定时限内对企业账户内的大额资金化转进行监控，防止信贷资金被挪用，保证贷款的合理使用。

2. 实地查访借款企业与项目情况

房地产开发贷款发放后，且借款企业发生对外支付的 7 个工作日内，贷款银行应对贷款的直接用途进行查访，注意收集付款凭证、发票等，作为查访报告的附件留档；在贷款期限内，应按期进行实地查访，包括现场了解工程进度及抵押物变动情况、企业账户收支和现金流量变化情况、施工企业工程款支付情况、项目建设与销售情况、借款企业资产负债变化情况等，根据查访了解情况作定期监控或查访报告。

3. 定期收集重要信息

定期收集与借款企业相关的各类客观信息（如贷款卡信息、网上预售信息、重大经营事件等）。特别是在项目开盘销售后，贷款银行应要求借款企业按月报送项目销售额、项目销售率、销售资金回笼情况、个人住房贷款发放额、本行个人住房贷款比例和销售回笼资金的使用情况等信息。

如果发现借款企业发生以下情况之一的，须及时采取相应风险控制措施，防止贷款出现风险。

（1）项目建设计划出现重大调整；

（2）企业自筹资金或企业其他融资渠道发生重大变化；

（3）企业违反法律、法规或政策从事经营；

（4）企业存在隐瞒、欺骗或重大违约行为；

（5）企业财务或经营出现严重问题；

（6）开发项目潜在或显现严重问题；

（7）企业出现欠息、表外业务垫款；

（8）贷款为不良贷款形态；

（9）企业有形成较大风险的其他行为。

4. 项目工程概算、预算、决算管理

贷款银行应高度关注并尽量参与贷款项目概算、预算、决算审查及项目建设工程招标和竣工验收等工作。项目竣工后要求借款人提交竣工验收备案表和工程决算报告。

5. 档案管理

贷款银行应在房地产开发贷款发放后，及时做好贷款资料的立卷、归档和日常管理。

6. 逾期贷款的专项检查与催收

贷款到期前，借款企业可根据自身经营情况选择按期偿还贷款本息，或清偿利息后申请贷款展期。贷款银行收到企业展期申请，一般应按照新授信进行审查审批。

当借款企业未申请展期，或申请展期未得到批准的，贷款到期后的第一日起，贷款即为逾期。

贷款发生逾期，贷款银行应立即进行实地调查和内部检查。调查和检查的主要内容包括，贷款逾期的形成原因；贷款状态转化的可能性；催收、转化、处置及保全方案或措施；内部流程各环节有无失误及相应责任等。

在逾期贷款专项检查的基础上，贷款银行应采取各种积极有效的措施，催收逾期贷款。

7. 不良贷款的管理

当贷款逾期超过贷款银行规定的时限等控制标准，贷款即为不良贷款。贷款银行应对不良贷款实施专项管理，采取包括债务重组、以物抵债、法律诉讼等清收处置措施，直至风险资产转化。

单元三　房地产开发贷款项目评估与分析

一、房地产开发贷款项目评估的概念

房地产开发贷款项目评估，是指商业银行根据贷款效益性、安全性和流动性的要求，运用定量和定性分析相结合的方法，在房地产开发项目贷款决策前期工作中对借款人和拟开发项目的盈利水平、偿债能力、建设条件、市场环境及各种不确定因素所作的全面、系统的评估，对开发项目进行比较全面、客观、公正的经济技术论证及评价。

阅读材料

房地产项目评估与房地产开发贷款项目评估的不同

房地产开发企业在开发某一具体项目前也要进行周密的项目评估，以便判断该项目是否具有投资建设的价值。此类项目评估被称作房地产项目评估，它与房地产开发贷款的项目评估在本质上是不同的。具体表现在：①评估主体不同。房地产开发贷款的评估主体是商业银行。贷款经办人员要以银行在实现盈利的同时还能有效控制风险作为评估的出发点，重点评估贷款项目的财务状况、借款人信用状况和抵押担保情况，预测贷款的盈利能力，估计潜在的风险隐患并制定可靠的风险防控手段。而房地产项目评估的主体则是开发企业，其评估的重点是项目的收入与成本，建设可行性与销售卖点等。②评估在房地产开发贷款审批中的作用不同。房地产项目评估的成果——可行性研究报告，是申请贷款的必备材料之一，是贷款调查人员与审批人员的重要参考文件。贷款调查时，银行经办人员要以房地产项目评估的可行性研究报告为基础，结合自身的现场调查和间接调查成果对房地产贷款项目自主作出评估，并撰写贷款调查报告，而这正是广义上的房地产开发贷款项目评估。

二、房地产开发贷款项目财务评价指标和分析方法

财务评价是指根据国家现行财税制度和价格体系,分析、计算项目直接发生的财务效益和费用,编制财务报表,计算评价指标,考察项目的盈利能力、清偿能力以及外汇平衡等财务状况,据以判断投资项目财务的可行性。财务评价是投资项目经济评价中的微观层次,它主要从微观主体的角度分析项目可以给银行带来的效益以及投资风险。

(一)房地产开发贷款项目财务评价指标

财务评价所使用的指标可分为两类(图4-1):一类是贴现指标(也称为动态指标),即考虑了资金时间价值因素的指标,它主要包括动态投资回收期、财务净现值及财务内部收益率;另一类是非贴现指标(也称为静态指标),即没有考虑资金时间价值因素的指标,它主要包括静态投资回收期、借款偿还期、投资利润率、投资利税率、资本金利润率和财务比率等指标。

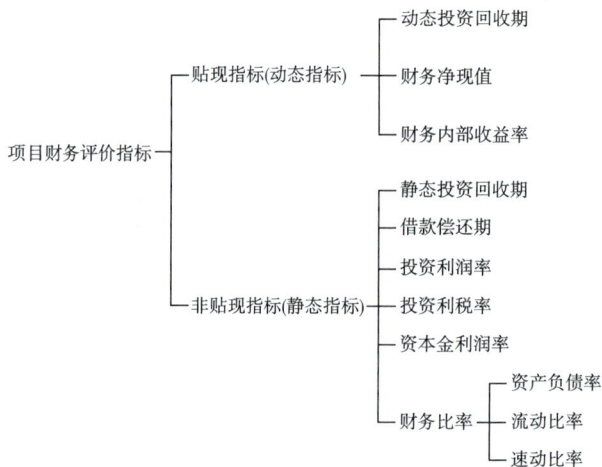

图 4-1　房地产开发贷款项目财务评价指标的构成

房地产开发贷款项目财务评价指标根据其在决策中所处的地位,还可以分为主要指标(如财务净现值、财务内部收益率等指标)、次要指标(如静态投资回收期指标)以及辅助指标(如投资利润率指标)。

1.偿债能力指标

偿债能力是指企业偿还到期债务(包括本息)的能力。偿债能力分析包括短期偿债能力分析和长期偿债能力分析。短期偿债能力是指企业偿还流动负债的能力,它是衡量企业当前财务能力,特别是流动资产变现能力的重要标志。长期偿债能力是指企业偿还长期债务的能力。企业短期偿债能力分析指标主要有流动比率、速动比率和现金比率等,长期偿债能力分析指标主要有资产负债率、产权比率、已获利息倍数等。

(1)流动比率。流动比率又称营运资本率,是指流动资产与流动负债之间的比例关系,是企业短期偿债能力分析中的一个重要指标。其计算公式为

$$流动比率 = \frac{流动资产}{流动负债} \qquad (4\text{-}1)$$

企业的流动资产包括货币资金、短期投资、应收票据、应收账款和存货等,但待摊费用这

种已经付出的款项不能用来偿债。流动负债包括应付账款、应付票据、短期内到期的长期债务、应交税金或其他应付费用等。

一般来说,流动比率越高,反映企业短期偿债能力越强,债权人的权益越有保证。按照西方企业的长期经验,一般认为2:1的比例比较适宜。它表明企业财务状况稳定可靠,除了满足日常生产经营的流动资金需要外,还有足够的财力偿付到期短期债务。如果比例过低,则表示企业流动资产较少,难以如期偿还债务。但是,流动比率也不可能过高,过高则表明企业流动资产占用较多,会影响资金的使用效率和企业的筹资成本,进而影响获利能力。

(2)速动比率。速动比率是衡量企业近期支付能力的一个指标。其计算公式为

$$速动比率 = \frac{速动资产}{流动负债} \times 100\% \tag{4-2}$$

速动资产是指从全部流动资产中剔除变现能力较差或无法实现的存货、预付账款、一年内到期的非流动资产和其他流动资产等之后的余额,包括货币资金、交易性金融资产、应收账款、应收票据等。即

$$速动资产 = 货币资金 + 交易性金融资产 + 应收账款 + 应收票据$$
$$= 流动资产 - 存货 - 预付账款 - 一年内到期的非流动资产 - 其他流动资产$$
$$\tag{4-3}$$

速动比率比流动比率更能表明企业的短期偿债能力。一般情况下,企业的速动比率至少要等于100%,即每1元流动负债至少要有1元以上能迅速变现的流动资产作为担保。

(3)现金比率。现金比率是企业一定时期的经营现金净流量同流动负债的比率,它可以从现金流量角度来反映企业当期偿付短期负债的能力。其计算公式为

$$现金比率 = \frac{年经营现金净流量}{年末流动负债} \times 100\% \tag{4-4}$$

式中,年经营现金净流量是指一定时期内,由企业经营活动所产生的现金及其等价物的流入量与流出量的差额。现金是指库存现金和银行存款,短期证券主要是指短期国库券。现金比率越高,说明变现能力越强。因此,现金比率也称为变现比率。

(4)资产负债率。资产负债率又称负债比率,是负债总额与资产总额的比例关系,表明负债在企业总资产中所占的比重。其计算公式为

$$资产负债率 = \frac{负债总额}{资产总额} \times 100\% \tag{4-5}$$

式中,负债总额包括流动负债和长期负债;资产总额是指企业全部资产之和,包括流动资产、固定资产、长期投资、无形资产和递延资产及其他资产。

企业资产负债率指标通常应该不超过60%。对商业银行来说,资产负债率反映债权人发放贷款的安全程度,企业资产负债率越低对银行越好,资产负债率过高则说明企业过多地依靠借入资金来经营,其偿债能力就低。

(5)产权比率。产权比率是指特定时期内负债总额与所有者权益总额的比例关系,表明企业资金周转困难时,债权人的利益保障程度和所有者承担风险的大小,也是衡量企业长期偿债能力的指标之一。其计算公式为

$$产权比率 = \frac{负债总额}{所有者权益总额} \times 100\% \tag{4-6}$$

产权比率表明债权人投入的资金受到所有者权益保障的程度,反映企业清偿时对债权人利益的保护程度。从银行角度来讲,产权比率越低越好,因为此时债权人贷款的安全保障程度越高。

(6)已获利息倍数。已获利息倍数是衡量企业是否有充足的收益支付利息费用的能力,这也是一个长期偿债能力指标。其计算公式为

$$已获利息倍数=\frac{税前利润+利息费用}{利息费用} \tag{4-7}$$

已获利息倍数不仅反映了企业盈利能力的大小,而且反映了盈利能力对偿还到期债务的保证程度。它既是企业举债经营的前提依据,也是衡量企业长期偿债能力大小的重要标志。国际上公认的已获利息倍数为3,一般情况下,该指标如大于1,表明企业负债经营能取得比资金成本更高的利润,但这仅表明企业能维持经营,还远远不够;如小于1,则表明企业无力获取大于资金成本的利润,企业债务风险很大。所以该指标越高,表明企业债务偿还越有保证;相反,则表明企业没有足够资金来源偿还债务利息,企业偿债能力低下。

2.盈利能力指标

企业盈利能力是指企业获取利润或资金增值的能力。企业盈利能力分析是衡量企业是否有活力和发展前途的重要内容。对于贷款银行来说,借款企业盈利能力强,其还贷的能力就强,对商业银行融资的安全性就大。反映企业盈利能力的指标主要有销售(营业)利润率、资产总额收益率、净资产收益率、资本保值增值率等。

(1)销售(营业)利润率。销售(营业)利润率是企业一定时期营业利润与营业收入的比率。其计算公式为

$$销售(营业)利润率=\frac{销售(营业)利润率}{销售(营业)收入}\times100\% \tag{4-8}$$

销售(营业)利润率是从企业主营业务的盈利能力和获利水平方面对资本金收益率指标的进一步补充,体现了企业主营业务利润对利润总额的贡献,以及对企业全部收益的影响程度。该指标越高,说明企业的定价工作科学性强,营销策略得当,主营业务市场竞争力强,发展潜力大,获利水平高。

(2)资产总额收益率。资产总额收益率是衡量企业利用资产获取利润的能力。其计算公式为

$$资产总额收益率=\frac{净利润}{平均资产总额}\times100\% \tag{4-9}$$

式中　平均资产总额——$平均资产总额=\dfrac{资产总额年初数+资产总额年末数}{2}$。

资产总额收益率是表明企业总资产利用效果的指标,反映企业总资产在一定时期内的盈利能力。该指标越大,表示企业盈利能力越强。

(3)净资产收益率。净资产收益率也称权益净利率,是指企业一定时期内的净利润同平均净资产的比率。它体现了投资者投入企业的自有资本获取净收益的能力,反映了投资与报酬的关系,是评价企业资金运用效益的核心指标。其计算公式为

$$净资产收益率=\frac{净利润}{平均净资产}\times100\% \tag{4-10}$$

式中,平均净资产是企业所有者权益的期初、期末余额的平均值。

净资产收益率指标越大,表明给投资者带来的收益也越大。

(4)资本保值增值率。资本保值增值率是指企业本年末所有者权益扣除客观因素后同年初所有者权益的比率。资本保值增值率表示企业当年资本在企业自身努力下的实际增减变动情况,是评价企业财务效益状况的辅助指标。其计算公式为

$$资本保值增值率 = \frac{扣除客观因素后的年末所有者权益}{年初所有者权益} \times 100\% \tag{4-11}$$

资本保值增值率充分体现了对所有者权益的保护,通过它,可以及时、有效地发现侵蚀所有者权益的现象。一般来说,该指标越高,表明企业的资本保全状况越好,所有者的权益增长越快,债权人的债务越有保障,企业发展后劲越强。

(二)房地产开发贷款项目财务分析方法

财务分析方法是指考虑货币时间价值的分析评价方法,主要有净现值法、净现值率法、获利指数法、内部收益率法、投资收益率法等。

1. 净现值法

净现值(记作 NPV)是指把房地产开发项目计算期内各年的财务净现金流量,按照一个给定的标准折现率(基准收益率)折算到建设初期(项目计算期第一年年初)的现值之和。净现值是考察项目在计算期内盈利能力的主要动态评价指标。其计算公式为

$$NPV = \sum_{t=1}^{n} (CI - CO)_t (1 + i_c)^{-t} \tag{4-12}$$

式中　NPV——财务净现值;

$(CI - CO)_t$——第 t 年的净现金流量,其中,CI 为现金流入量,CO 为现金流出量;

n——项目计算期;

i_c——标准折现率。

如果项目建成投产后,各年净现金流量相等,均为 A,投资现值为 K_p,则

$$NPV = A \times (P/A, i_c, n) - K_p \tag{4-13}$$

净现值是反映房地产开发项目盈利能力的绝对指标。当财务净现值大于或等于零时,房地产开发项目是可以接受的。净现值越大,房地产开发项目的获利能力越强;反之,当净现值在计算期内小于零时,则说明该房地产开发项目的获利能力还没有达到筹资成本,项目有风险。

净现值中折现率的选择,应根据房地产开发部门基准投资的收益率或房地产开发部门平均资金利润率来确定。对于银行贷款决策部门,一般可按贷款年利率加上 $1\% \sim 3\%$ 来计算。如果折现率选择不合适,净现值不仅毫无意义,而且会导致错误的贷款决策。

2. 净现值率法

净现值率(记作 NPVR)是净现值与全部投资现值的比值,表示项目单位投资现值所产生的净现值。其表达式为

$$NPVR = \frac{NPV}{I_p} \tag{4-14}$$

式中　NPVR——净现值率;

NPV——净现值;

I_p——项目投资现值。

净现值率是一个考虑了货币时间价值的相对量评价指标,其优点是可以从动态的角度反

映项目投资的资金投入与净产出之间的关系,比其他动态相对数指标更容易计算;其缺点与净现值指标相似,即同样无法直接反映投资项目的实际收益率。

3. 获利指数法

获利指数(记作 PVI)也称现值指数,是指房地产开发项目未来现金净流入量的现值之和与原始投资之间的比值,即

$$PVI = \sum_{t=1}^{n} \left[NCF_t / (1+i)^t \right] \div A_0 \tag{4-15}$$

式中 PVI——项目获利指数;

$\quad\quad n$——项目的实施运行时间;

$\quad\quad NCF_t$——在项目实施第 t 年的净现金流量;

$\quad\quad i$——预定的折现率;

$\quad\quad A_0$——原始总投资;

$\quad\quad t$——年序数,$t=1,2,\cdots,n$。

获利指数也是一个折现的相对量评价指标。利用该指标进行投资项目决策的标准:如果投资方案的获利指数大于或等于1,则该方案为可行方案;如果投资方案的获利指数小于1,则该方案为不可行方案;如果几个方案的获利指数均大于1,则获利指数越大,投资方案越好。获利指数的优点是可以从动态的角度反映项目投资的资金投入与总产出之间的关系,缺点是无法直接反映投资项目的实际收益率,计算相对较为复杂。

4. 内部收益率法

内部收益率(记作 IRR)反映的是方案本身实际达到的报酬率,是指当所有现金净流入年份的现值之和与所有现金净流出年份的现值之和相等时的房地产开发项目的报酬率,亦即能够使项目的净现值为零时的报酬率。其计算公式为

$$NPV = \sum_{t=1}^{n} (CI - CO)_t (1 + IRR)^{-t} = 0 \tag{4-16}$$

式中 NPV——净现值;

$\quad\quad CI$——现金流入量;

$\quad\quad CO$——现金流出量;

$\quad\quad (CI-CO)_t$——第 t 年的净现金流量;

$\quad\quad n$——计算期;

$\quad\quad \sum\limits_{t=1}^{n}$——从开始开发第 1 个年份到第 n 个年份该房地产开发项目生命周期的年限总和;

$\quad\quad IRR$——内部收益率。

当房地产开发项目期初一次投资且项目各年净现金流量相等时,内部收益率的计算过程如下:

(1)计算年金现值系数$(P/A, IRR, n) = K/R$。

(2)查年金现值系数表,找到与上述年金现值系数相邻的两个系数$(P/A, i_1, n)$和$(P/A, i_2, n)$以及对应的 i_1、i_2,满足$(P/A, i_1, n) > K/R > (P/A, i_2, n)$。

(3)用差值法计算 IRR:

$$\frac{IRR - i_1}{i_2 - i_1} = \frac{K/R - (P/A, i_1, n)}{(P/A, i_2, n) - (P/A, i_1, n)} \tag{4-17}$$

若房地产开发项目现金流量为一般常规现金流量,则内部收益率的计算过程为:

(1)首先根据经验确定一个初始折现率 i_0。

(2)根据投资方案的现金流量计算财务净现值 $NPV(i_0)$。

(3)若 $NPV(i_0)=0$,则 $=i_0$;若 $NPV(i_0)>0$,则继续增大 i_0;若 $NPV(i_0)<0$,则继续减小 i_0。

(4)重复步骤(3),直到找到这样两个折现率 i_1 和 i_2,满足 $NPV(i_0)>0$,$NPV(i_0)<0$,其中 i_1-i_2 一般在 $2\%\sim5\%$。

(5)利用线性插值公式近似计算财务内部收益率 IRR。其计算公式为:

$$\frac{IRR-i_1}{i_2-i_1}=\frac{NPV}{NPV_1-NPV_2} \tag{4-18}$$

利用内部收益率指标能克服利用净现值、净现值率指标的计算结果受所选用的折现率高低影响大的弊端。采用内部收益率指标能够把房地产开发项目的收益与投资总额联系起来,用以判断项目可以承受的最高利率和预期收益率。判断项目是否可行的内部收益率标准是内部收益率应不低于该房地产开发企业的基准投资收益率,对贷款银行来说,该项目用借款进行开发所可以接受的借款利率的上限就是所计算出的内部收益率。

5. 投资收益率法

投资收益率(ROI)是指在房地产开发项目达到设计能力后,其每年的净收益与项目全部投资的比率,是考察项目单位投资盈利能力的静态指标。其计算公式为

$$投资收益率(ROI)=\frac{年净收益}{项目全部投资}\times100\% \tag{4-19}$$

当房地产开发项目在正常生产年份内预期收益情况变化幅度较大时,可用当年净收益替代年净收益,计算投资收益率。在采用投资收益率对房地产开发项目进行经济评价时,投资收益率不小于房地产开发行业平均的投资收益率(或投资者要求的最低收益率),项目即可行。投资收益率指标由于计算口径不同,又可分为投资利润率、投资利税率、资本金利润率等指标。

$$投资利润率=\frac{利润总额}{投资总额}\times100\% \tag{4-20}$$

$$投资利税率=\frac{利润总额+销售税金及附加}{投资总额}\times100\% \tag{4-21}$$

$$资本金利润率=\frac{税后利润}{资本金}\times100\% \tag{4-22}$$

房地产开发项目的投资收益率越高越好,仅就该指标而言,一般说投资收益率 ROI 大于基准投资收益率 i(事先给定)为可行方案。

投资收益率指标的优点是简单、明了、易于掌握,并且该指标不受建设期的长短、投资的方式、回收额的有无以及现金流量的大小等条件的影响,能够说明各投资方案的收益水平。其缺点是没有考虑货币时间价值因素,不能正确反映建设期长短及投资方式不同对项目的影响,并且该指标的计算无法直接利用净现金流量信息,不能作为房地产开发项目财务评价的主要指标。

三、房地产开发贷款项目敏感性分析

房地产开发贷款项目敏感性分析是通过预计项目不确定性因素发生的变化,分析对项目

经济效益产生的影响,通过计算这些因素的影响程度,判断房地产项目经济效益对于各个影响因素的敏感性,并从中找出对于房地产项目经济效益影响较大的不确定性因素。

房地产开发贷款项目敏感性分析应通过计算分析建造成本、建设周期、租售价格和租售量的变动对项目内部收益率、借款偿还期和偿债保证比的影响程度,确定敏感因素。同时计算当项目处于盈亏平衡等临界状态时的项目产品租售价格和租售量。其计算公式为

$$盈亏平衡点销售房源数量=\frac{年固定总成本}{单位产品价格-单位可变成本-单位产品销售税金}$$

(4-23)

对房地产开发贷款项目进行敏感性分析时,应考虑下列因素的影响:

(1)投资支出因素。由于房地产开发项目投资估算时与项目正式完工要经历前期准备和实际建造这样一段不算短的时间,这段时间内的人工费用、材料价格和取费标准等的变化都有可能造成估算时的投资支出与实际的投资支出不一定相符的情况。

(2)时间因素。主要是房地产的开发期、出租或出售期的变化。

(3)面积因素。主要是实际总建筑面积与评估时总建筑面积的差异,以及实际可供出租、出售或自用的面积与评估时估算的可供出租、出售或自用面积的差异。

(4)租金和售价因素。租金和售价的升降会影响房地产开发贷款项目收益的变化。

(5)营业成本因素。对于出租的房地产开发贷款项目还涉及项目竣工出租营业的成本,其变化也会影响房地产开发贷款项目的效益。

单元四　房地产开发贷款的风险管理

一、房地产开发贷款风险的含义

房地产开发贷款风险是指房地产开发贷款有不能按时、足额(包括本金和利息)收回的可能性。其中,轻者是延期但可以足额收回,严重者是可能"血本无归",中间状况是现在通常所讲的形成"不良资产"。

二、房地产开发贷款的主要风险

(1)市场风险。在一些特殊的时期内,房地产市场将可能出现重大的风险,而当房地产市场出现重大风险时,所有房地产贷款项目将不可避免地或多或少地受到房地产市场风险所带来的负面影响。例如,政府政策的变化、市场投机行为、房地产市场的非有效性、利率和汇率的变动、不合理的市场制度乃至投资者心态的变化,都可能导致房地产市场出现重大的风险。

(2)建设风险。建设风险是指由房地产开发项目的工程建设问题所引发的风险。如果贷款者不能对房地产开发项目的建设风险加以正确地识别,那么贷款人的利益将同样可能遭受重大的损失。

(3)利率风险。对于固定利率的贷款来说,由于贷款利率在整个贷款期间不随市场利率的变化而改变,贷款人承担了全部的利率风险。如果在贷款期间市场利率下跌,借款人有可能选择以当前市场上较低的利率重新借款并提前偿还原来的借款。这样,贷款人就有可能遭

受利息收入的损失。而对于浮动利率的贷款来说，如果在贷款期间市场利率上升，借款人有可能因还款负担的加重而造成违约风险。

（4）违约风险。违约风险是指贷款人因借款人违约而面临的风险。借款人违约是指借款人终止对贷款的偿还，并已达到或超过规定的期限。如在房地产市场价格下跌到一定程度时，借款人继续履行借款合同所带来的损失可能大于其违约所带来的损失，此时借款人就可能采取违约行为。在现实中，还可能由于借款人信用等原因不按期偿还贷款所出现的违约。

（5）抵押价值风险。由于某种原因，在设定抵押时将房地产价值评估过高，会给抵押权人带来风险。另外，如果未来的经济不景气、房地产市场萧条，抵押房地产的价值可能下跌。此外，如果抵押房地产被人为损坏，其价值也会下跌。如果下跌后的抵押房地产的价值不足以清偿剩余贷款的本利和，那么贷款人就可能遭受损失。

（6）不可抗力风险。在抵押贷款期间，由于战争等不可抗力导致抵押房地产灭失或贷款无法收回，从而出现不可抗力风险。

三、房地产开发贷款风险的识别

在房地产开发贷款运用时出现下列情况或存在下列因素时，即可识别到贷款已出现风险：

（1）借款人未按合同约定的日期和金额归还贷款本息。

（2）借款人整个企业经营状况恶化，出现较大亏损或现金流量减少，还贷资金来源不足（贷款方式是信用证担保或等价现金质押除外）。

（3）贷款项目投资超预算，不合理成本费用大幅上涨，造成企业房屋销售困难或严重亏损。

（4）开发贷款和按揭贷款已超过项目总投资的65％，但贷款人仍在继续进行项目融资。

（5）产品建筑质量差、投诉多，受到建设主管部门的处罚，或由于质量问题影响房屋销售。

（6）期房项目未按正常进度完工，或在约定的时间内未能办妥房屋产权证。

（7）借款人投资失误，或者资金被骗，财产受到重大损失。

（8）借款人有违法、违纪等不良行为被追究法律责任，受到行政、经济制裁或处罚，或有其他重大民事经济纠纷诉讼的。

（9）借款人法定代表人有经济或品德问题，或者在民事、经济纠纷中涉讼的，或者法定代表人出逃、被拘留等。

（10）借款人提供虚假的财务报表或虚假材料、信息，拒绝或阻碍贷款人的贷后检查。

（11）借款人有套取银行信用、挪用贷款行为。

（12）借款人或抵押人未经贷款人同意，擅自将已设定抵押权或质押权的财产或权益拆建、出租、出售、股权投资、转让、馈赠或重复抵押。

（13）因抵（质）押物贬值，抵（质）押物价值趋于或低于贷款金额及抵（质）押物或抵（质）押权益受到损害，抵（质）押权难以或不能全部实现。

（14）借款人拖欠工程款，影响银行抵押资产和按揭贷款的安全。

（15）借款企业信用等级比贷款时下降，贷款风险度上升。

（16）借款人因对外提供担保，被担保人无法履行债务，导致借款人承担连带保证责任，或出现借款人财产被查封、处置等情况。

（17）保证人经营出现问题，净现金流量减少，资信等级降低，保证能力下降。

（18）保证人处于被兼并重组、破产状态，保证能力或资格发生变化。

（19）保证人发生重大诉讼，部分或全部财产被法院采取保全或强制执行等措施。

（20）借款人资本结构发生变化，如重组、兼并、解散等，法定代表人更换，影响银行债权的实现。

（21）新法律、法规、司法解释等的出台对借款合同及相关合同的履行产生较大影响。

（22）贷款手续的办理及合同要素的填写不当，影响银行行使合法权利。

（23）贷款档案不齐全，重要文件或凭证遗失，对银行债权实现有实质性影响。

（24）银行在借款合同或担保合同项下的权利超过诉讼时效，或抵押期内未及时起诉，银行权益难以得到保障。

（25）贷款人要求履行保证、保险责任及诉诸法律的其他事项。

四、房地产开发贷款风险防范的措施

目前，由于我国房地产开发以银行借贷融资为主，自有资金和其他融资所占份额较少，因此房地产开发贷款风险大，商业银行应对房地产开发贷款进行严格管理，提高商业银行房地产开发贷款的风险管理能力，从而降低贷款风险。

从有效管理房地产开发贷款风险的角度来看，对房地产开发项目贷款风险进行控制和管理时应采取以下措施。

1. 贷款风险评价

房地产开发贷款风险评价的内容主要包括以下几方面：

（1）商业银行对房地产开发贷款借款人应自行或经银行认可的信用等级评定机构进行企业信用等级评价，并制定相应的等级系数。

（2）商业银行受理企业贷款申请后对贷款项目进行审查和评估，测算主要财务效益指标，并用项目贷款风险等级评价指标，如企业信用等级、资产负债率、流动比率、速动比率、偿债保证率、贷款期限、内部收益率等测算项目的风险等级，同时确定相应的风险等级系数。

（3）根据不同贷款方式，对贷款风险程度的影响大小确定不同的贷款方式风险系数。

（4）根据贷款项目风险等级系数和贷款方式风险系数预测房地产开发项目的贷款风险度。

2. 贷款项目审批

商业银行应严格执行贷款项目审批制度，主要包括以下三个方面：

（1）商业银行应根据房地产贷款的专业化分工，按照申请的受理、审核、审批、贷后管理等环节分别制定各自的职业道德标准和行为规范，明确相应的权责和考核标准。

（2）商业银行在办理房地产开发贷款时，应建立严格的贷款项目审批机制，对该贷款项目进行尽职调查，以确保该项目符合国家房地产发展总体方向，有效满足当地城市规划和房地产市场的需求，确认该项目的合法性、合规性、可行性。

（3）商业银行在选择房地产估价机构进行抵押评估时，应着重于其企业资质、业内声誉和业务操作程序等方面的考核，择优选用，并签订责任条款，对于因房地产估价机构的原因造成的银行业务损失应有明确的赔偿措施。

3. 贷款质量监测和考核

开发项目贷款发放后，贷款银行应定期对贷款的质量及风险程度进行检查、监测、考核。

这种监测和考核主要基于对贷款风险的分类。在我国,金融机构依据借款人的还款能力,划分出正常、关注、次级、可疑、损失五种不同等级的贷款风险程度。其中,后三类被称为不良贷款。在贷款风险分类的基础上,贷款人将通过对借款人现金流量、财务实力、抵押品价值等因素的连续监测和分析,判断贷款的实际损失程度,并依据这种判断采取相应的对策。

4. 风险贷款处置

一般来说,商业银行都会面临房地产开发风险贷款的处置问题。常用房地产开发风险贷款的处置措施如下:

(1)确认实际授信余额;

(2)重新审核所有授信文件,征求法律、审计和问题授信管理等方面专家的意见;

(3)对于没有实施的授信额度,依照约定条件和规定予以终止,依法难以终止或因终止将造成客户经营困难的,应对未实施的授信额度专户管理,未经有权部门批准,不得使用;

(4)书面通知所有可能受到影响的分支机构并要求承诺落实必要的措施;

(5)要求保证人履行保证责任,追加担保或行使担保权;

(6)向所在地司法部门申请冻结问题授信客户的存款账户,以减少损失;

(7)其他必要的处理措施。

【案例分析】

位于西安市××县的帝豪公寓是总建筑面积为 10 万平方米的高档小区,以其地理位置较好、承诺"高品质"、宣扬"豪华理念"等吸引了一大批购房者。2018 年年初却成为该县域最显眼的"金箔烂尾房"。2010 年帝豪公寓批准立项,2010 年 10 月取得预售许可证,紧接着该项目业主就陆续与开发商签订了房屋买卖预售合同并交付了房款,但开发商承诺的最早入住时间为 2012 年年底的楼盘,在 2013 年年初就因停工成了烂尾楼。该项目起初西安××房地产开发置业有限公司负责对该项目进行商务开发,该公司由于缺少项目启动资金,所以在取得项目开发权之后便将帝豪公寓转给中鼎地产进行开发。在中鼎地产支付了一半项目转让金后,也由于缺少必要的启动资金,在向银行申请贷款的同时,又通过房屋预售的方式,从购房者处集资。2013 年年初,在项目土建部分将近竣工时,中鼎地产因贷款纠纷、拖欠施工费等多种债务原因,只好被迫将帝豪公寓停工。房屋交付期限届满后,中鼎地产称自己缺乏足够资金,既无法履行当初的购房合同,也无法对购房者进行退款和赔偿。法院 2015 年判开发商退还购房者已付房款并赔违约金,但被告却以资金短缺为由拒不执行。据了解,开发商所在集团曾在西安××县等地开发过其他项目,未有不良事件发生。

1. 开发企业对商业银行的信贷依赖问题

房地产业是资本高度密集型行业,房地产企业一般会尽可能地利用外部资金。我国目前房地产企业融资的现状是融资形式相对单一,开发企业的主要资金渠道便是商业银行贷款。一旦商业银行贷款出现问题,开发企业本身又缺乏足够的资金储备,资金链马上断裂,项目便无法进展下去。东华金座项目批准立项后,先由现在的北京房开置业有限公司(原北京市宣武区房地产经营开发公司)负责对该项目进行商务开发,而该公司从一开始便缺少项目启动资金,所以在取得项目开发权后便将东华金座转给中鼎地产进行开发。而后继的中鼎地产应该说是一个资质相对良好的开发企业,已经完成的开发项目无不良事件发生,但是其开发资金也是过多依赖于银行贷款,当与中国银行北京分行发生纠纷,银行要求其退回贷款并不再为其提供贷款时,东华金座项目便陷入困境,中鼎公司没有相应有效的融资方式解决资金问题;其后中鼎公司又向中国建设银行北京分行申请贷款,还是采取同一种融资方式,接受同样的"信贷依赖"。对于银行信贷的依赖,不仅使得商业银行承担了本属于房地产行业的资金风险,还使得开发企业在资金问题上长期陷于被动。因而,有必要开拓新的融资方式,利用新的融资工具,在未来的发展中应当鼓励和提倡融资多元化。

2.商业银行房地产开发贷款的回收与建设工程价款优先权及购房者退款和赔偿请求权的相互制约问题

本案例中,中鼎公司面临多方的压力:中国银行北京分行要求其归还开发贷款,并上报市房管局,请求该局禁止东华金座的销售;购房者起诉,法院判决中鼎公司返还购房款并支付违约金;承建商北京城乡五建筑工程有限公司"为讨工程款一守三年"。其中中国银行发放的抵押贷款,承建商也有建设工程价款优先权,而购房者在工程没有完工之前对其所购房产享有期待权,并已经过登记。这三者的权利法律都有特殊的保护,商业银行的贷款因为有抵押权,所以其优于一般的债权;承建商的工程价款优先权,因为其权利性质和保护劳工权利等考虑,《中华人民共和国合同法》赋予其优先于抵押权和一般债权;而购房者作为消费者由于其处于弱势地位而受到法律的特殊保护,理论界有主张其权利甚至应该是优于建设工程价款优先权的。因此,在开发企业的融资过分依赖于商业银行信贷的情况下,商业银行须严格审查,提高贷款门槛,强调事前控制、事中监督和事后救济"三管"齐下,尽量保证经手的房地产开发项目有一个良好的预期,这实际上也间接地维护了承建企业和购房者的权益。

模块小结

房地产贷款的分类远比之前介绍的要复杂,只有充分地了解房地产贷款包括哪些类型及其具体含义,才能对房地产开发贷款在房地产金融活动中的地位和作用有清晰的认识。本模块主要介绍房地产开发的概念、流程、风险管理等。

思考与练习

一、填空题

1._____是指商业银行向房地产开发商发放的用于开发、建造向市场销售与出租等用途的房地产项目的贷款。

2.商业银行一般根据房地产企业的规模、融资模式和经营特点将房地产开发贷款的借款企业分为_____、_____、_____。

3.房地产开发贷款发放一般包括_____、_____、_____三个环节。

4.偿债能力分析包括_____和_____。

5.流动比率越_____,反映企业短期偿债能力越_____,债权人的权益越有保证。

6._____是指企业获取利润或资金增值的能力。企业盈利能力分析是衡量企业是否有活力和发展前途的重要内容。

二、选择题

1. 房地产开发贷款按房地产类型分为（　　　）。

    A. 住房开发贷款   B. 商业用房开发贷款   C. 商用房地产抵押贷款

    D. 房地产开发企业流动资金贷款   E. 房地产开发贷款

2. 房地产开发贷款与其他商业贷款相比，主要具有（　　　）特点。

    A. 以项目为贷款对象   B. 贷款额度大   C. 贷款周期长

    D. 贷款收益大   E. 贷款风险较大

3. 房地产开发贷款贷前调查的方法有（　　　）。

    A. 现场调研   B. 直接调查   C. 间接调查

    D. 委托调查   E. 上门调查

4. 下列不属于房地产开发贷款审查应满足的要求有（　　　）。

    A. 收到信贷业务报批材料后的 2 个工作日内进行合规性审查并提出合规性审查意见

    B. 对规定的合规性审查内容要进行全面、细致的审查；报批材料应达到完整、准确、详实、有效的标准

    C. 合规性审查对合规的信贷业务填写合规性审查意见单；对审查不合规的申报资料，合规性审查人员有权要求有关人员修改和补充，直至符合要求为止

    D. 记录合规性审查情况，并将不合规的审查意见通知有关人员，退还其材料

    E. 合规性审查合格的信贷项目原则上在 7 个工作日内提交审批

5. 财务分析方法是指考虑货币时间价值的分析评价方法，主要有（　　　）。

    A. 净现值法   B. 净现值率法   C. 获利指数法

    D. 外部收益率法   E. 投资收益率法

6. 对房地产开发贷款项目进行敏感性分析时，应考虑（　　　）的影响。

    A. 投资支出因素   B. 环境因素   C. 面积因素

    D. 租金和售价因素   E. 营业成本因素

7. 房地产开发贷款的主要风险有（　　　）。

    A. 市场风险   B. 投资风险   C. 利率风险

    D. 违约风险   E. 抵押价值风险   F. 不可抗力风险

三、简答题

1. 简述房地产开发贷款的操作流程。

2. 借款人申请房地产开发贷款应具备哪些基本条件？

3. 房地产开发项目市场评估的内容主要包括哪些？

4. 房地产开发贷款的审批要根据贷款审批权限及项目评估权限来执行，具体要求有哪些？

5. 房地产开发贷款贷后管理主要包括哪些内容？

6. 什么是房地产开发贷款项目评估？什么是财务评价？

7. 房地产开发贷款风险防范的措施有哪些？

模块五

个人住房贷款

知识目标

1. 了解个人住房贷款的含义及特点;熟悉个人住房贷款的主要参与者及种类。
2. 掌握个人住房贷款的构成要素、办理流程及个人住房贷款计算。
3. 掌握固定利率住房抵押贷款和可调利率住房抵押贷款的偿还方式。
4. 熟悉个人住房贷款的主要风险及风险管理。

能力目标

能够明确个人住房贷款的流程;能够进行个人住房贷款计算。

案例导入

2019 年 8 月 29 日,国家金融与发展实验室《中国住房金融发展报告(2019)》(以下简称"报告")在北京发布。报告预计,2019 全年个人住房贷款增幅不超过 20%。

报告称,在中央"房住不炒"和"坚决遏制房价上涨"的政策背景下,2018 年个人住房信贷市场保持稳中趋紧的态势。从总量来看,2018 年年底个人住房贷款余额达到 25.75 万亿元,仍处于历史高位;但从增速来看,个人住房贷款余额同比增速连续 8 个季度下降,截至 2018 年 12 月底同比增速为 17.8%。

从市场结构来看,五大国有商业银行是个人住房贷款的提供主体,截至 2018 年 6 月,五大国有商业银行个人住房贷款余额合计 16.41 万亿元,占全国商业银行个人住房贷款总额的 68.97%。

从利率走势来看,2017 年个人住房贷款利率呈上升态势,其内在逻辑与数量走势一致;受全球贸易摩擦、国内经济下行等因素影响,2018 年 12 月个人住房贷款利率结束上涨态势。

从风险方面来看,2017 年个人住房贷款不良率为 0.30%,低于商业银行贷款不良率整体水平;新增贷款价值比处于合理区间,短期看房贷风险不构成对银行的显著影响,但从债务收入比等指标来看,个人住房贷款扩张空间有限。

展望 2019 年,报告认为,房地产调控政策发生根本性转变的概率较小,且目前的杠杆水平并不支撑信贷的进一步扩张,预计个人住房贷款全年增幅不超过20%。从价格方面来看,首套房贷利率将会有较大幅度下降,这是更加突出住房居住属性的结果;二套房贷利率将保持平稳,或小幅下降,这是由于"房住不炒"的定位并未实质上改变。

讨论:个人住房贷款与房价走势、房地产调控政策的关系。

资料来源:https://baijiahao.baidu.com/s? id=16432500406076214894&wfr=spider&for=pc

单元一　个人住房贷款概述

🏠 一、个人住房贷款的含义及特点

1.个人住房贷款的含义

个人住房贷款是房地产贷款的重要形式。房地产贷款的含义一般包括两个层面:一是指贷款的用途是房地产的贷款,如将贷款用于房地产开发或房屋改造、修缮,用于购买或租用房地产;二是指房地产抵押贷款,即以房地产为担保发放的贷款,该贷款可能用于房地产,也可能用于其他方面,例如某公司以房地产作为抵押向银行申请贷款,用于公司经营。按照贷款用途,房地产贷款一般涉及两类:房地产开发贷款和个人住房贷款。房地产开发贷款是指金融机构向房地产开发企业发放的用于地产、房产(包括住房、商业用房和其他房产)开发建设的中长期项目贷款。个人住房贷款是指金融机构向自然人发放的用于购买、建造和大修各类型住房的贷款。不动产经纪人主要接触的是个人住房贷款业务。

2.个人住房贷款的特点

个人住房贷款有别于其他个人贷款,主要有以下几个特点。首先,个人住房贷款对象仅限于自然人,而不包括法人。个人住房贷款申请人必须是具有完全民事行为能力的自然人。其次,个人住房贷款期限长,通常为10~20年,最长可达30年。最后,个人住房贷款多数是以所购住房抵押为前提条件发生的资金借贷关系,还款方式绝大多数采取分期还本付息的方式,这种方式俗称"按揭"。

🏠 二、个人住房贷款的主要参与者

在个人住房贷款中,除了贷款人、借款人外,往往还包括担保(保险)人、服务机构和政府部门等。

担保(保险)人包括担保自然人、担保机构和保险机构。担保自然人是指借款人的亲属、朋友等,跟借款人有关系并具备一定条件,能够在借款人能力不足的情况下提供担保还款义务。担保机构和保险机构包括各类担保公司、保险公司,它们通过提供房地产贷款担保和保险,为贷款人防范贷款风险提供保障。

服务机构是指为房地产贷款当事人提供专业服务的不动产经纪机构、房地产估价机构和律师事务所等。不动产经纪机构可代为办理个人住房贷款、不动产抵押登记等手续。贷款人在发放抵押贷款前一般均要求对抵押房地产的价值进行评估。房地产估价机构负责评估抵押房地产的价值。律师事务所主要为抵押贷款提供法律服务,如起草借款合同或协议、受托人与借款人签订借款合同或协议、处理违约贷款的法律事务等。

政府部门主要是指办理房屋买卖、抵押合同网签的房地产管理部门,进行不动产抵押登记的不动产登记中心等。

三、个人住房贷款的种类

1. 按贷款性质划分

根据贷款性质划分,个人住房贷款可分为商业性个人住房贷款、住房公积金贷款和个人住房组合贷款。

(1)商业性个人住房贷款。商业性个人住房贷款是指商业银行用其信贷资金向购买、建造和大修各类型住房的个人所发放的自营性贷款。

(2)住房公积金贷款。住房公积金贷款是指由各地住房公积金管理中心运用归集的住房公积金,委托银行向购买、建造和大修各类型住房的住房公积金缴存职工发放的住房贷款。

(3)个人住房组合贷款。个人住房组合贷款是指借款人申请个人住房公积金的贷款额不足以支付购房所需资金时,其不足部分向银行申请商业性个人住房贷款。个人住房公积金贷款和商业性个人住房贷款两者的组合,称为组合贷款。其中,个人住房公积金贷款部分按住房公积金贷款利率执行,商业性个人住房贷款部分按商业性个人住房贷款利率执行。

2. 按贷款所购住房交易形态划分

按贷款所购住房交易形态划分,个人住房贷款可分为一手房贷款和二手房贷款。

(1)一手房贷款。一手房贷款是指贷款机构向符合条件的个人发放的、用于在新建商品房市场上购买住房的贷款。

(2)二手房贷款。二手房贷款是指贷款机构向符合条件的个人发放的、用于在存量住房市场上购买住房的贷款。

阅读材料

个人住房贷款的经济学分析

1. 个人住房贷款的作用

根据经济学理论,个人住房贷款具有增进居民福利的效用,提高住房购买力的作用。根据费里德曼的持久收入假说,家庭一般偏好平滑的消费。如果逾期收入增加,家庭就会通过借贷的途径增加当前消费。而一旦家庭无法获得信贷支持时就会陷入"流动性约束"。住房是一种能够在较长时间内提供效用的耐用品,因此可以通过借贷来购买住房,家庭福利因而得到增加。

2. 个人住房贷款的需求与供给

个人住房贷款的需求与供给是由很多因素共同决定的。一般而言,需求取决于以下三个方面:新建住房的融资需求量、现有住房的交易量、尚未出售住房的融资量。其中,新建住房的融资需求量又受三个因素的制约,即需要融资的住房数量、住房价格以及贷款房价之比。当然现有住房的交易对住房贷款的需求也要受以上三个因素的影响。

住房抵押贷款的供给量取决于银行等金融机构在该领域的资金量、借贷人对抵押贷款的清偿额之和等因素。此外,如果住房抵押贷款二级市场和证券市场发展得更加成熟,那么这个市场的资金供给格局还将发生变化。

3.个人住房贷款与经济周期的关系

美国次贷危机的爆发使人们将住房贷款与经济危机和经济衰退紧密地联系在了一起。事实上,真正诱发危机的不是住房贷款本身,而是对住房抵押贷款进行的不透明的重复证券化。持续的证券化过程和过于复杂的金融衍生产品使得委托一代理链条无限拉长,最终使金融机构失去了对贷款本身的风险控制,而道德风险不断积累,诱发了这次危机。事实上,住房抵押贷款自身是具有拉平经济周期作用的。

一般而言,在经济衰退时,价格和利率呈下降趋势,住房价格和贷款成本相应降低,这在一定程度上会刺激购房需求,从而提升社会投资,促进经济复苏。而在经济过热阶段,利用水平和物价水平的上升反过来又会大幅提高贷款成本,从而抑制个人过度投资。

单元二　个人住房贷款的构成要素及流程

一、个人住房贷款的构成要素

(一)首付款比例

首付款比例是指个人首付的购房款占所购住房总价的百分比。国家信贷政策对不同时期首付款比例有明确规定,具体首付款比例由银行业金融机构根据借款人的信用状况和还款能力等合理确定。

2016年2月2日,中国人民银行(以下简称"央行")、中国银行业监督管理委员会(以下简称"银监会")发布《关于调整个人住房贷款政策有关问题的通知》,在不实施"限购"措施的城市,居民家庭首次购买普通住房的商业性个人住房贷款,原则上最低首付款比例为25%,各地可向下浮动5个百分点;对拥有1套住房且相应购房贷款未结清的居民家庭,为改善居住条件再次申请商业性个人住房贷款购买普通住房,最低首付款比例调整为不低于30%。在此基础上,央行、银监会各派出机构应按照"分类指导、因地施策"的原则,加强与地方政府的沟通,结合当地不同城市实际情况自主确定辖区内商业性个人住房贷款的最低首付款比例。银行业金融机构应结合各省级市场利率定价自律机制确定的最低首付款比例要求以及本机构商业性个人住房贷款投放政策、风险防控等因素,并根据借款人的信用状况、还款能力等合理确定具体首付款比例和利率水平。对于实施"限购"措施的城市,个人住房贷款政策按原规定执行,即购买首套自住房且套型建筑面积在90平方米以上的家庭(包括借款人、配偶及未成年子女,下同),贷款首付款比例不得低于30%;对贷款购买第二套住房的家庭,贷款首付款比例不得低于50%。

(二)贷款成数

贷款成数又称贷款价值比率,是指贷款金额占抵押住房价值的比率。银行一般有最高贷款成数的规定。各贷款银行在不同时期对贷款成数要求不尽相同,一般有最高贷款成数的规定。贷款成数一般最高不得超过住宅价值的80%。

（三）偿还比率

贷款人通常将偿还比率作为考核借款人还款能力的一个指标。偿还比率一般采用房产支出与收入比，是指借款人的月房产支出占其同期收入的比率。房产支出与收入比＝（本次贷款的月还款额 ＋ 月物业服务费）/月均收入。目前大多数银行都对个人住房抵押贷款规定了最高偿还比率，根据银监会规定，应将房产支出与收入比控制在 50% 以下（含 50%），即给予借款人的最高贷款金额不使其分期偿还额超过其家庭同期收入的 50%。

（四）贷款额度

贷款额度是指借款人可以向贷款人借款的限额。理论上，在个人住房贷款中，贷款的数额应为所购住房总价减去首付款后的余额。但在实际中，贷款人一般会用不同的指标，对借款人的贷款金额作出限制性规定，如规定贷款金额不得超过贷款机构规定的某一最高金额等。

（五）贷款利率

贷款利率是指借款期限内利息数额与本金额的比例。我国的利率由中国人民银行统一管理，银行贷款利率参照中国人民银行制定的基准利率，实际合同利率可在基准利率基础上下一定范围内浮动。

个人住房贷款基准利率由央行统一规定，金融机构根据商业原则通过调整贷款利率浮动区间自主确定贷款利率水平。个人住房贷款期限在 1 年以内（含 1 年）的，实行合同利率，遇法定利率调整，不分段计息；贷款期限在 1 年以上的，遇法定利率调整，于下年 1 月 1 日开始，按相应利率档次执行新的利率规定。

（六）贷款期限

贷款期限是指借款人应还清全部贷款本息的期限。贷款期限由贷款人和借款人根据实际情况商定，但一般有最长贷款期限的规定，如个人住房贷款期限最长为 30 年。贷款人在为借款人确定还款年限时一般以其年龄和房龄作为基础，年龄越小，其贷款年限越长，年龄越大，贷款年限则较短；房龄越短，其贷款年限越长，房龄越长，贷款年限则较短。通常情况下，借款人年龄与贷款期限之和不得超过 65～75 周岁。个人二手房贷款的期限不能超过所购住房土地使用权的剩余年限。

（七）还款方式

目前，我国个人住房贷款的还款方式主要有等额本息还款法和等额本金还款法两种。不同的还款方式，对借款人借款后的现金流要求是不同的，采用等额本息还款法时，各期还款压力是一样的；采用等额本金还款法时，借款初期的还款压力较大，以后依次递减。不动产经纪人员在帮助客户制定还款方案时，应充分考虑客户的储蓄、收入水平、家庭开支以及家庭理财状况，进行综合考虑，还款的方式一般由借款客户自己选择，不动产经纪人员应向借款人介绍等额本金和等额本息两种还款方式的区别，为贷款客户提供参考意见。例如，等额本息还款法适合教师、公务员等收入稳定的工薪阶层；等额本金还款法适合那些前期能够承担较大还款额的借款人群。

（八）担保方式

个人住房贷款必须提供担保,担保方式有抵押、质押、保证三种方式,且以所购住房抵押担保为主。在办理房屋抵押权登记前,贷款机构普遍还要求提供阶段性保证担保,对商品房期房贷款,一般由所购住房的开发商或担保机构提供保证担保,而对二手房贷款,一般由担保机构承担阶段性保证的责任。

二、个人住房贷款的办理流程

（一）申请条件

各金融机构规定的个人住房贷款申请条件有所差异,一般情况下借款人需具备以下条件:

（1）具有完全民事行为能力的自然人;

（2）具有城镇常住户口或有效居留身份;

（3）有稳定合法的经济收入,信用状况良好,具有还款能力和意愿;

（4）具有真实合法有效的购买（建造、大修）住房的合同或协议;

（5）有所购买（建造、大修）住房全部价款一定比率的自筹资金作为首付款;

（6）有贷款人认可的资产作为抵押或质押,或有足够代偿能力的单位或个人作为保证人;

（7）贷款人规定的其他条件。

（二）贷款流程

1. 贷款申请

借款人要申请商业性个人住房贷款,首先需要向贷款银行提出贷款申请。受理贷款时,必须由主贷人、共有人、配偶同时到场亲笔在贷款申请及相关贷款文件上签字。

2. 贷款审批

贷款银行收到借款人的资料后,从个人信用、抵押物价值和借款人的条件等方面进行贷款审查。借款人的信用状况主要通过全国和地方个人的征信系统了解,若借款人有不良信用记录的,将不会通过贷款的审查;若借款人已发生借贷的数额达到一定的限额将被视为高额风险贷款,可能作出减少贷款额度甚至无法获得审批通过的审贷意见。抵押物的价值主要通过房地产估价机构给出评估价格,贷款银行一般会按评估价与实际交易价两者中较低值的60％ 或 70％ 确定贷款金额。除此之外,贷款银行还会审查借款人的收入及财产证明、贷款的额度、婚姻状况及配偶的认可等方面。

3. 签订借款合同

对通过贷款审批的,借款人将与贷款人签订借款合同或住房抵押贷款合同。借款合同一般包括借款种类、币种、用途、数额、利率、期限和还款方式等条款。合同正本一式三份,分别由贷款方、借款方、保证方各执一份。

4. 抵押登记

到所购住宅所在地的不动产登记机构办理抵押登记,银行取得不动产抵押登记证明。

5. 贷款发放

目前,银行发放贷款有两种方式:一种是当贷款银行获得房地产交易中心出具的抵押登记申请的收件收据后由有资质的担保公司担保,即可放款;另一种是在贷款银行获得不动产抵押登记证明后发放贷款,这种方式风险更小,但交易效率会受一定影响。

6. 偿还贷款

借款人按照借款合同约定的还款方式、还款日期、还款金额按月偿还贷款。通常首期还款的时间和金额需要特别注意,一般银行会向借款人提供一个还贷专户(由还贷人按时存入,银行定时划款)。首期还贷的时间一般为发放贷款后次月的 20 日前,数额按照实际发放贷款的时间确定,因此,首月还贷的数额和时间以银行的还款计划表为准。

7. 结清贷款、注销登记

最后一期贷款还完,借款人须到贷款银行办理结清贷款手续,取回不动产抵押登记证明。抵押人和抵押权人持不动产抵押登记证明和银行出具的抵押注销、银行结算清单等材料,到房屋所在地不动产登记机构办理抵押权注销登记。

三、个人住房贷款的计算

(一)首付款计算

借款人在进行新建商品房贷款和二手房贷款时,首付款的计算有较大区别。办理新建商品房个人住房贷款时,首付款按照购买时的合同价格作为参考,并根据个人贷款次数和个人贷款的信誉度进行多方面的审核来确定首付款比例,按照确定的比例计算首付款数额。办理二手房个人住房贷款时,以二手房评估价格和成交价格较低的数值作为参考,并根据个人贷款次数、房龄、贷款年限、个人贷款的信誉度进行多方面的审核来确定首付款比例,按照确定的比例计算首付款数额。

(二)贷款金额计算

在个人住房贷款中,借款金额一般为所购住房总价减去首付款后的余额。即贷款金额＝所购住房总价－首付款数额。

贷款人一般会用不同的指标,对借款人的贷款金额作出限制性规定,例如:

(1)贷款金额不得超过某一最高金额;

(2)贷款金额不得超过按照最高贷款成数计算出的金额;

(3)贷款金额不得超过按照最高偿还比率计算出的金额。

当借款人的申请金额不超过以上所有限额的,以申请金额作为贷款金额;当申请金额超过以上任一限额的,以其中的最低限额作为贷款金额。

(三)月还款额计算

目前,最常用的还款方式有等额本息还款法和等额本金还款法。等额本息还款法,即借款人每月按相等的金额偿还贷款本息,其中每月贷款利息按月初剩余贷款本金计算并逐月结清。等额本金还款法,即借款人每月按相等的金额(贷款金额/贷款月数)偿还贷款本金,每月贷款利息按月初剩余贷款本金计算并逐月结清,两者合计即每月的还款额。

【案例分析】

××银行个人住房按揭贷款操作流程

1.贷款对象及条件

(1)具有完全民事行为能力的自然人。

(2)信用良好,无未结清违约记录,有按期偿还贷款本息的能力。

(3)提供真实、合法、有效的商品房买卖合同或协议。

(4)缴纳的首付款比例符合我行规定。

(5)其他合理条件。

2.合作单位及项目的准入条件

(1)开发商须具有较强的资金实力、较高的房地产开发资质、成功的房地产开发经验,其所控制的下属开发企业经营管理规范,信用记录良好,无尚未解决的重大违约或重大纠纷事件。

(2)保障性住房和普通商品住房项目的最低资本金比例为20%,其他房地产开发项目的最低资本金比例为30%。承建商具备较高的建筑施工资质,销售价格与项目品质、地理环境、交通条件、配套设施相匹配,房屋预期销售良好。其中,他行设定项目抵押、我行开展按揭业务的条件。

《商品房买卖合同》中规定须具备"抵押权人同意抵押房屋销售的证明",且在符合以下任一条件的情况下,方可操作按揭贷款业务:①按揭贷款全额存入保证金账户,在抵押权人办理解押手续后释放。②抵押权人出具同意解押的承诺。③按揭项目的开发企业具备一级开发资质或为一级开发资质企业的控股公司,并承担阶段性担保责任。④开发商承担阶段性担保责任,一次性存入不低于100万元的保证金,且开发商能够根据我行尚未办理解押手续的按揭贷款总额按月存入不低于5%的保证金。业务经办机构要在放款后及时归集能够证明按揭贷款使用的相关凭证或要求抵押权人补充提供同意解押的书面证明文件。

(3)与我行合作开展个人商品房按揭贷款业务的房地产开发商和专业担保机构等合作单位必须经总行有权机构或授权机构批准并签署合作协议。

(4)与我行合作的房地产开发商原则上须在我行开立结算账户,用于结算按揭的售房款项。

(5)其他合理条件。

3.贷款额度、期限、利率

个人住房按揭贷款的成数及期限最高执行8成、30年;截至贷款最终到期日,借款人年龄不超过65周岁。如有共同借款人的,可以年龄较小者为基准计算贷款期限;利率下限为基准利率的0.7倍。

借款人家庭(指夫妻双方及未成年子女)首次利用贷款购买普通住房(依据当地政府主管部门制定的标准确定,各分行须将当地执行标准上报总行个贷管理部备案),且所购住房用途为家庭自用,贷款首付款比例下限为20%,贷款利率下限为中国人民银行公布的同期同档次基准利率的0.7倍。

借款人家庭首次利用贷款购买非普通自住房,贷款首付款比例原则上执行30%,贷款利率原则上为中国人民银行公布的同期同档次基准利率的0.75倍,单笔贷款审批依据借款人资信情况及对我行的综合贡献度确定。

对"第二套及以上住房贷款"的借款人,贷款首付款比例不得低于40%,贷款利率根据监管机构的规定执行。

新申请及已发放的个人住房按揭贷款均可申请固定利率贷款。固定利率水平由总行有权部门制定,各业务经办机构遵照执行。

固定利率水平根据贷款期限确定,分为基准利率和优惠利率。基准利率和优惠利率作为各业务经办机构与客户议价的参考,其中优惠利率为同期限的固定利率下限,上限放开。

银行有权根据中国人民银行公布的关于调整存贷款利率的相关文件、市场变化、同业水平等定期、不定期对固定利率进行调整,业务经办机构须在总行固定利率发布当天起执行调整后的固定利率,其中遇中国人民银行上调贷款利率而总行暂未公布新的固定利率期间,暂停该项业务的办理。

原则上,借款申请人贷款的月房产支出与收入比控制在50%以下(含),月所有债务支出与收入比控制在55%(含)。收入是指借款申请人自身的可支配收入(单一申请为申请人本人可支配收入,共同申请为主申请人和共同申请人的可支配收入)。但对于单一申请的贷款,如考虑将申请人配偶的收入计算在内,则应该先予以调查核实,同时对于已将配偶收入计算在内的贷款也应相应地把配偶的债务支出一并计入。

4.贷款担保

(1)贷款所购房产须全额抵押给我行业务经办机构。

(2)以共有房屋作为抵押物的,须经全体共有人书面同意。

(3)抵押权设定后,房屋他项权证按我行会计制度要求入库保管。

5.保险

(1)借款人应为商品房按揭贷款的抵押房产办理财产保险,免保险须经总行有权审贷机构或授权机构同意。

(2)抵押房产的财产保险金额不低于贷款金额,保险期不得短于借款期限,保险第一受益人为我行业务经办机构。

(3)保险期间,抵押财产如发生保险责任以外的毁损且财产价值不足以清偿贷款本息,须要求借款人重新提供我行认可的担保。

(4)抵押期间,保险单正本由我行保管,但需向借款人提供保单复印件。

6.对房产的要求

应对购买主体结构已封顶住房的个人发放个人住房按揭贷款,应对购买已竣工验收商用房的个人发放个人商用房按揭贷款。

7.还款方式

(1)个人商品房按揭贷款适用于等额本金、等额本息、按季结息到期还清、利随本清一次性偿还四种基本还款方式,并适用于全部自主还款方式,具体规定按照《个贷还款方式管理规定》执行。

(2)贷款期限在一年(含)以内的,可以采用按季结息到期还清、利随本清一次性的还款方式,贷款期限在一年以上的,须采用等额本金或等额本息的还款方式。

8.贷款展期

贷款展期须提前一个月向我行提出书面申请,经总行审贷机构或授权机构审批同意后,方可办理展期手续,贷款展期按照《贷款通则》有关规定执行。

单元三　个人住房贷款的偿还

一、固定利率住房抵押贷款

固定利率抵押贷款是指预先确定利率和分期付款方式,在确定的期限内保持利率不随物价或其他因素的变化而调整的抵押贷款方式。固定利率抵押贷款的还款方式一般有等额本息还款、等额本金还款、分级偿还抵押贷款等。

1. 等额本息还款

等额本息还款,即贷款期限内每期以相等的还款额偿还贷款本金和利息。

月均等额本息还款是个人住房担保贷款最为常用的一种归还贷款本息的方式。每月还款额为

$$R = \frac{iP(1+i)^n}{(1+i)^n - 1} \tag{5-1}$$

式中　R——每月还款额(含当月所还贷款本金和利息);

　　　　i——贷款月利率(‰);

　　　　P——贷款本金;

　　　　n——贷款总期(月)数。

式(5-1)是目前个人住房贷款业务中使用最为频繁的一个公式,也是房地产信贷业务中最为重要、最为著名的一个公式。

在按月等额均还贷款本息的还款计算中,每月固定的还款额 R 包含了当月偿还的本金和利息。我们设每月期末所还的本金分别为 P_1、P_2、P_3、$\cdots$、P_n,即

$$P = P_1 + P_2 + P_3 + \cdots + P_n \tag{5-2}$$

P 为贷款期限内应还的全部贷款本金,即实际借款额。在第一个月月末,借款人偿还了本期的贷款本金和利息,还款额应为

$$R = P_1(1+i) \tag{5-3}$$

式中　P_1——为本期末偿还的贷款本金

　　　　$P_1 i$——P_1 在本期产生的应付利息。

式(5-3)可变为

$$P_1 = \frac{R}{(1+i)} \tag{5-4}$$

第二个月的本金为 P_2,实际贷款期是两个月,在第一个月月末应还的本息合计为 $P_2(1+i)$,所以,第二个月月末的还款额为

$$R = [P_2(1+i)](1+i) = P_2(1+i)^2$$

$$P_2 = \frac{R}{(1+i)^2} \tag{5-5}$$

依次类推,第 n 个月月末,还款额为

$$R = P_n(1+i)^n$$

$$P_n = \frac{R}{(1+i)^n} \tag{5-6}$$

由此，将 P_1、P_2、P_3、$\cdots$、P_n 代入式(5-2)，可变化为

$$P = \frac{R}{(1+i)} + \frac{R}{(1+i)^2} + \frac{R}{(1+i)^3} + \cdots + \frac{R}{(1+i)^n}$$

$$P = R\left[\frac{1}{(1+i)} + \frac{1}{(1+i)^2} + \frac{1}{(1+i)^3} + \cdots + \frac{1}{(1+i)^n}\right] \tag{5-7}$$

在式(5-7)两边同时乘以$(1+i)$，得

$$P(1+i) = R\left[1 + \frac{1}{(1+i)} + \frac{1}{(1+i)^2} + \cdots + \frac{1}{(1+i)^{n-1}}\right] \tag{5-8}$$

以式(5-8)减式(5-7)：

$$P(1+i) - P = R\left[1 - \frac{1}{(1+i)^n}\right] \tag{5-9}$$

整理后

$$R = \frac{iP}{1 - \dfrac{1}{(1+i)^n}} \tag{5-10}$$

整理式(5-10)，从而导出按月等额均还款本息方式的个人住房贷款月均还款额的计算公式：

$$R = \frac{iP(1+i)^n}{(1+i)^n - 1} \tag{5-11}$$

贷款利率确定后，当银行与借款人约定了贷款期限（还款月书）和贷款额后，代入式(5-1)，便可计算出月还款额。每期固定的还款额 R 包含了当期的所偿还的贷款本金与利息。

2. 等额本金还款

等额本金还款，即贷款期限内，按月分期偿还贷款本金和利息，其中每期所还本金相等。

每期所还本金计算：

$$Q_n = \frac{P}{N} \tag{5-12}$$

式中　Q_n——第 n 期应还贷款本金；

　　　P——贷款本金总额；

　　　N——贷款总期数。

各期应还利息应为

$$I_n = i \cdot [P - (n-1)Q_n] \tag{5-13}$$

式中　i——贷款利率；

　　　n——当期贷款期数；

　　　I_n——第 n 期应还利息。

根据式(5-12)和式(5-13)，可以求得每期还款额：

$$R_n = I_n + Q_n \tag{5-14}$$

式中　R_n——第 n 期期末应还款金额。

【例 5-1】　假设借款人向银行贷款 120 000 元，期限 24 个月，月利率为 4.875‰，采用等额本金还款方式，计算第 1 期期末和最后一期期末还款额，以及其中应还利息和贷款本金。

【解】　根据式(5-12),可计算出每月应还本金为

$$P_1 = P_2 = \cdots = P_n = \frac{P}{N} = \frac{12\,000}{24} = 5\,000(元)$$

根据式(5-13),第一期期末应还利息为

$$I_1 = [120\,000 - (1-1) \times 5\,000] \times 4.875‰ = 585(元)$$

根据式(5-14),第一期期末还款额为

$$R_1 = 5\,000 + 585 = 5\,585(元)$$

最后一期应还利息为

$$I_{24} = [120\,000 - (24-1) \times 5\,000] \times 4.875‰$$
$$= 5\,000 \times 4.875‰ = 24.375(元)$$
$$R_{24} = 5\,000 + 24.375 = 5\,024.375(元)$$

等额本金还款法的特点:每期还款额中贷款本金相等,而应付利息是变化的,因此,每期还款额则是不同的。

与等额本息还款法比较,借款人在贷款期满时所付利息总额要少,但这并不说明等额本金还款法比等额本息还款法有任何优惠,因此,采用等额本金还款法的借款人在贷款期的前期,比采用等额本息还款法要偿还较多的本金。

3.分级偿还抵押贷款

分级偿还抵押贷款是美国近几年出现的新的住房抵押贷款形式,是美国消费经纪学研究成果和银行信贷理论和实践相结合的产物。分级偿还抵押贷款是借款人在还款时不是各期平均偿还贷款,而是对各期规定不等的偿还额。一般来说,年轻的家庭收入偏低,在头几年的偿还期内偿还贷款的金额规定得低一些,此后由于职称、职务逐步上升,技术日益成熟,收入逐渐增加,合同规定的偿还金额高一些。这样各次分期偿还贷款的金额形成梯级越来越大的阶梯形状,因而被称为分级偿还抵押贷款。

(1)分级偿还方式出现的原因。通货膨胀对抵押贷款利率有着重要影响,而传统的等额本金和等额本息偿还方式都没有充分考虑通货膨胀这个因素。分级偿还抵押贷款的出现可以帮助借款人以更低的实际贷款成本获得资金购买住房,从而在一定程度上克服了通货膨胀对传统抵押贷款借款人的不利影响,同时也可以为银行等金融机构吸引更多客户。

通货膨胀对固定利率抵押贷款的影响可以简单归纳为"倾斜效应"(Tilt Effect)。所谓倾斜效应是指如下这种情况:根据经济学理论,贷款利率由真实利率和预期通货膨胀率决定,当真实利率不变时贷款利率的高低就取决于预期通货膨胀率,因此对于等额本息还款抵押贷款来说经过通货膨胀调整的真实值将会逐月下降。例如,利率为5%的10年期100万元抵押贷款,若此时通货膨胀率为2%,则相应的真实率为3%(为方便计算,假设按年还款)。按等额本息还款法计算每年未经调整的还款额约为13万元,而当预期通货膨胀率为零时(即以3%利率计算)每年还款额约为11.72万元;若对贷款进行通货膨胀调整并假定未来通货膨胀率始终保持在2%的水平,则每年的实际还款额为$13/(1+0.02)^{n-1}$(其中n为还款期年数),这样从第1年到第10年的还款额分别为13万元、12.75万元、12.5万元、12.25万元、12万元、11.72万元、11.54万元、11.32万元、11.1万元、10.88万元,如图5-1所示。

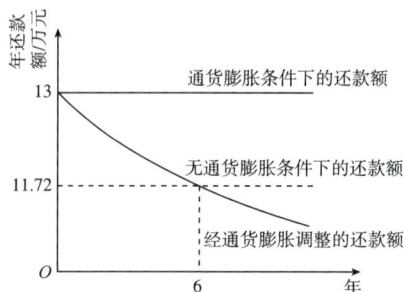

图 5-1　通货膨胀对抵押贷款的倾斜效应

图 5-1 清楚地表现了通货膨胀对抵押贷款的影响——降低了每期还款额的实际购买力。从图 5-1 中还可以看出,大约在贷款的前 6 年,经通货膨胀调整后的还款额均大于无通货膨胀情况下的还款额,并且在贷款的前几年这种增加的幅度特别大。这说明,从购买力角度看传统的等额本息还款法存在明显的缺陷,即实际还款额前高后低——前期还款压力过大,后期还款负担很小,这不但抑制了当下借款人的住房承受能力,而且不利于房地产市场的发展。另外,随着时间的推移,总体上借款人的收入水平应当是不断上升的,而且在通货膨胀的经济环境中,用于抵押的住房价格也应当保持增长,而这恰好与通货膨胀的倾斜效应形成鲜明对比。

分级偿还抵押贷款的出现可以有效缓解通货膨胀的倾斜效应,降低贷款初期的每月还款额,使普通居民,特别是那些虽然当前收入水平不高,但短期内薪水可能明显上涨的年轻人能够比较容易地得到抵押贷款,从而进一步扩大房地产金融市场的规模。

(2)分级偿还的计算。分级偿还方式通过适当降低现期的每月还款额,根据预先设置的比率逐年提高,若干年后再转化为普通等额本息还款方式,可以有效克服通货膨胀的倾斜效应对借款人造成的早期还款压力过大问题。

分级偿还的具体分级方法可以根据预期通货膨胀率和房地产抵押贷款利率的差别设计出年限不同、递增比率不同的多级支付的还款方案。但无论如何分级,贷款偿还额的计算公式都是一致的:

$$P = PMT \sum_{t=0}^{N} \left\{ \left[\frac{1+g}{(1+R)^{12}} \right]^t \sum_{i=1}^{12} \frac{1}{(1+R)^i} \right\} \tag{5-15}$$

式中　P——贷款本金;

　　　PMT——第一年的每月还款额;

　　　g——贷款每级的还款额增高幅度;

　　　R——月利率;

　　　N——分级的级数;

　　　g、N——由银行根据具体情况在合同中设定。

图 5-2 是对式(5-15)的图示。

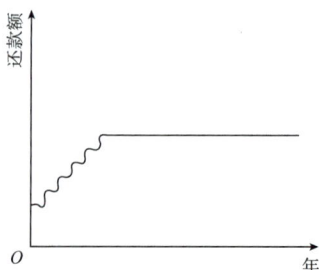

图 5-2　分级付款方式的还款额

二、可调利率住房抵押贷款

1. 可调利率抵押贷款概述

可调利率抵押贷款是指贷款利率定期根据市场利率指数而不是根据物价指数调整的贷款还款方式。通过选择利率指数而不是物价指数对贷款进行调整，使贷款人在一定程度上减轻了估算贷款期内的真实利率和风险补偿的难度。

为了便于理解，现在先用一个很简单的例子来说明可调利率抵押贷款还款方式的机制。某宗 30 年期的可调利率抵押贷款总额为 1 万元，初始利率为 10%，每月付款额根据年底的某类利率指数进行调整。根据这些条件，第 1 年的每月付款额为 87.757 元。如果第 1 年年底的市场利率指数上升了，而且贷款利率据此调整为 12%，则第 2 年的每月付款额 A 就是由这一新的利率、贷款余额和剩余的 29 年 3 个因素决定的：

$$A = 9\ 944.394 \times \frac{12\%/12}{1 - (1 + 12\%/12)^{12 \times 29}} = 102.66(元)$$

在这个例子中，至少有三点值得注意。第一是固定利率抵押贷款完全没有考虑贷款人所承担的利率风险可能导致的损失。在本例中，贷款人第 1 年的收益率是 10%。如果贷款发放之后的第 2 天，市场利率立刻上升到 12%，则贷款人将在 12 个月内遭受 2% 的损失。很显然，要从根本上消除上述损失，只有将利率的调整间隔减少为 1 天。这就引出了第二个问题，即利率调整的间隔越长，贷款人承担的利率风险就越大，相应的贷款预期收益率应该更高。最后一个是关于借贷双方利率风险的分割问题，根据所选择的利率指数的特点和利率调整的频率，随着贷款人承担利率风险的减少，借款人的利率风险相应增加。在固定利率抵押贷款中，贷款人承担全部的利率风险。而在可调利率抵押贷款中，由于贷款人将部分的利率风险转移给了借款人，所以可调利率抵押贷款的初始利率应该低于固定利率。同时，因为贷款人向借款人转移了利率风险，贷款收益率也应该相对较低。

在贷款的风险分析过程中，毫无疑问，每个借款人和贷款人所愿意承担的风险程度都不一样。因此，在可调利率抵押贷款市场上，根据借贷双方对风险的不同分割方法，出现了各种各样的抵押贷款工具。

2. 可调利率抵押贷款还款指数

指数是计算对借款人适用利率的参照标准。贷款机构参照的指数，必须是借款人也能了解或掌握的、且不由贷款机构控制的指数。在美国，最常用的指数如下：

（1）1 年、3 年和 10 年期国库券利率。

（2）第十一区联邦住宅贷款金融机构的资金成本。

（3）普通住房贷款的全国平均合同利率。

（4）联邦保险的储蓄机构的全国资金成本的中位数。

（5）与平均存单利率捆绑的房利美最新 CD-ARM 贷款利率。

（6）伦敦金融机构间利率（LIBOR）。

房利美规定利率变化的频度必须与其对应指数相匹配。因此，1 年期国库券利率指数用于调整 1 年期可调利率抵押贷款的利率，3 年期国库券利率指数用于调整 3 年期可调利率抵押贷款的利率。

除利率指数和利率调整间隔这两个重要因素外，可调利率抵押贷款还有许多重要的特点。这些特点决定了借贷双方对利率风险的分割。

3. 可调利率抵押贷款协议条款的内容

可调利率抵押贷款要求贷款利率与借贷双方共同接受的一些公开指标挂钩。合同签订时双方需要就初始利率、调整间隔、利率边际、综合利率、利率波动幅度、还款额波动幅度、负分期付款、利率下限、贷款的可继承性、贷款费率、提前付款特权等条款达成协议,这些条款构成了一笔可调利率抵押贷款协议的主要内容。

(1)初始利率。可调利率抵押贷款的初始利率通常是由发放贷款时的市场条件决定的。但是,由于此时贷款人承担的利率风险较小,贷款利率通常应低于固定利率抵押贷款的利率水平,在整个贷款期内的预期收益率也应较低。

(2)调整间隔。调整间隔是指付款额调整的周期。通常为 6 个月或 1 年。当然,理论上调整间隔可以长达 3 年、5 年,也可以短到 1 个月。

(3)利率边际。利率边际也可以称作利差。每个调整周期到来时,贷款机构都会在参照利率指数的基础上额外增加一定的百分点(利率边际),得出该周期的新利率。这个"边际"的大小在贷款人之间存在差异,因为他们对营业成本的测算和利润目标各不相同。房利美的可调利率抵押贷款的利率调整幅度在 1.5%~3%,具体数字视当时的市场情况而定。也即如果一笔贷款的起始利率为 6%,若利率边际为 2%,则下一调整期的利率就变成 8%。

(4)综合利率。综合利率是指每一个付款周期的贷款利率,数值上等于当期利率指数与利率边际之和。由于利率指数受市场机制的调节,因此,每一个付款周期的利率都可以不同。

(5)利率波动幅度。大多数可变利率贷款对利率调整设一个每年利率波动幅度,从而限制了规定时期内利率的上下波动范围。各贷款机构规定的每年利率波动幅度是不一样的,但大致都在 1%~2%。有些贷款机构还规定了整个贷款期内的利率波动幅度,通常是 6%。这两种利率波动幅度的规定,能保护借款人免受还款额剧增带来的影响。

(6)还款额波动幅度。有些贷款机构用年还款额波动幅度来代替利率波动幅度。最常用的还款额波动幅度为首次还款额度的 7.5%,这与利率变化 1% 所导致的增减值相等。这意味着月支付 750 元的本息,在一年后其上下波动幅度不能超过 56.25 元。有些还款合同中,除了规定每个调整期的还款额波动幅度外,还规定了整个贷款期限内的还款额波动幅度。

(7)负分期付款。当综合利率超过利率或每月付款额超过贷款合同中规定的上限时,该付而未付的利息就会以当期利率进行复利计算,并加总到贷款余额当中,这就是所谓的负分期付款。

(8)利率下限。在贷款合同中同样要对整个贷款期内或每一次调整期内的每月付款额和利率的调低下限作出相应的规定。

(9)贷款的可继承性。贷款的可继承性是指在抵押贷款房地产出售时,现在的借款人可以(或不可以)让买方继承现有贷款条件。

(10)贷款费率。与固定利率抵押贷款相同,贷款合同中也对贷款费率作出明确规定。

(11)提前付款特权。提前付款特权是指借款人提前清偿贷款的权力。通常在提前付款时免收罚金。

综合上述内容,金融贷款机构利用可调利率抵押贷款向借款人转移了利率风险,但由于对上述内容中如利率调整周期、幅度等的规定,实际上借款人所承担的利率风险被控制在一定范围之内,并且借款人的初始利率是比较低的。

4.可调利率抵押贷款的具体形式

(1)月还款额与利率无上下限制的可调利率抵押贷款。这是最简单的可调利率抵押贷款,是指每月付款额随着利率指数的变化而变化的贷款形式。

假定有一笔期限 30 年、年利率 8%、金额为 60 000 美元的抵押贷款,如果设计为分期付款额和利率均无限制的可调整抵押贷款,借贷双方同意,每年年初按 1 年期国库券的利率指数,加上 2% 的保险系数对贷款进行调整,而 1 年期国库券的利率指数在贷款的第 2、3、4、5 年中分别为 10%、13%、15% 和 10%。于是,这笔抵押贷款的月还款额和贷款的余额见表 5-1。

表 5-1　无上下限制的可调利率抵押贷款还款情况

1	2	3	4	5	6	7
年份	指数＋	附加利率＝	综合利率	月还款额	支付额变化％	贷款余额
1			8％	440.28		59502
2	10％	2％	12％	614.30	＋39.5	59260
3	13％	2％	15％	752.27	＋22.5	59106
4	15％	2％	17％	846.21	＋12.5	58990
5	10％	2％	12％	617.60	－27.0	58639

从表 5-1 可以看出，在贷款的前 5 年，无限制可调利率抵押贷款的分期付款变化很大，如第 2 年月还本付息额向上浮动了 39.5％，第 5 年向下浮动了 27％。这种调整虽然可以将利率的风险转嫁给借方，但如果借方的支付额变化幅度过大，超出其当前收入和实际资产的支付能力，导致拖欠贷款等问题，将会使贷方陷入呆账坏账过多的困境。

(2)有支付上限和负分摊的可调利率抵押贷款。有支付上限和负分摊的可调利率抵押贷款，是指借贷双方约定了月还款额的上限，并允许负分摊的贷款形式。这种贷款形式对贷款机构转移利率风险有所约束，在某种程度上对借款人有利，但增加了贷款人由负分摊所带来的另一些损失，如贷款余额与抵押品价值比过高、贷款担保程度下降、收入延迟等风险，因此，贷款机构往往要求较高的贷款初始利率。

有支付上限和负分摊的可调利率抵押贷款是西方国家较常用的贷款方式。在放贷过程中由于负分摊的存在，有两点值得注意：第一，当利率指数上升，并超过支付额上限时，未来支付的利息将同复利一起记入贷款余额，尽管支付上限在某种程度上减少了借方利率的风险，但贷方却要承受由负分摊所带来的另一些损失，因此，贷方往往坚持调高贷款初始利率；第二，即便在贷款利率比较低的年份里，贷款余额的增加，每月的还贷额仍会比较大，这将影响借方的支付能力。

(3)设置利率上限的可调利率抵押贷款有利率上限的可变利率抵押贷款，是指无论市场利率如何变化，均执行合同中约定的利率调整周期以及允许利率变动的幅度的贷款形式。利率在合同约定的利率上限范围内进行调整，不完全受市场利率的约束。

如果将上笔贷款设计为有利率上限的可调利率抵押贷款，即在其他条件不变的情况下，将利率上调幅度设为 2％，便可得到一份有利率上限的可调利率抵押贷款，见表 5-2。由于设置了利率增幅上限，当利率指数加上附加利率超过利率增幅的上限时，每月实际还款额将根据这些上限计算，不进行负分期付款。

表 5-2　有利率上限的可调利率抵押贷款还款情况

年份	利率指数＋附加利率	利率上限	月还款额	支付额变化％	贷款余额
1		11％	571.39		59 730
2	12％	12％	616.63	＋7.9	59 485
3	15％	14％	708.37	＋14.9	59 301
4	17％	16％	801.65	＋13.2	59 159
5	12％	12％	619.37	－22.7	58 807

限制利率上升的幅度而又不允许有负分摊，在综合利率（利率指数＋附加利率）高于利率上限时，就会使贷方蒙受超过上限部分的利息损失。为了防止这种方式的利率风险，有利率上限的抵押贷款的初始利率常常高于无上限以及有上限和负分期付款的可变利率抵押贷款，以便贷方在早期多收回一些贷款，弥补未来的利率变化所带来的亏损。同时，这还意味着，只

有当期收入较高的居民才有资格获得贷款,一般来说,借方的支付能力越强,给贷方带来了拖欠风险就越小。

阅读材料

固定利率抵押贷款与可调利率抵押贷款的比较

对固定利率抵押贷款与可调利率抵押贷款的比较,可以从金融机构面临的违约风险、利率风险和提前还款风险等方面进行分析。

(1)违约风险。在固定利率抵押贷款方式下,借款人的实际还款压力在整个贷款期内是不变的,借款人易于计算月付款额,也能在贷款合同订立之初就较为准确地衡量自己是否能按期偿还贷款。而在可调利率抵押贷款方式下,借款人的月付款额很可能会随着市场利率的上升而提高,从而增加其还款压力。因此,在可调利率抵押贷款方式下,借款人由于支付能力不足而造成违约的可能性更大,使金融机构面临相对较大的违约风险。

(2)利率风险。在固定利率抵押贷款方式下,金融机构承担了全部的利率风险。如前所述,金融机构根据未来市场利率的变动,选择使自己盈亏相抵的整个贷款期内的平均存款利率作为抵押贷款中的合同利率。但由于未来是不确定的,未来的市场存款利率有可能要高于金融机构当初预期而存在风险。造成利率风险的根本原因是金融机构资金来源(居民储蓄)与运用(住房抵押贷款)在期限结构上的不对称,存在"借短贷长"的矛盾。

在可调利率抵押贷款方式下,尽管金融机构经营住房抵押贷款业务中的"借短贷长"问题并没有得到解决,但由于抵押贷款的贷款利率可以随着市场利率的上升而调高,因此金融机构所面临的利率风险要小得多。

(3)提前还款风险。住房抵押贷款的贷款期限往往较长,但借款人提前偿还贷款会使实际的贷款期限缩短。

这里所说的提前还款风险主要包含以下两个方面:

1)对于金融机构而言,提前还款就意味着其本金的回收提前发生了,此时就会有一笔未预料到的现金获得,但金融机构对这笔资金的运用却可能没有事先做好安排,这样就会由于不能及时为这部分资金选择合适的投资渠道而遭受损失。

2)如果借款人是由于当时市场利率的下降导致再筹资成本降低,出于经济理性选择再筹资而提前偿还贷款,则金融机构就会因为其放贷不能获得原先约定的较为可观的贷款利息回报而遭受损失。这实际上是在利率下降的市场环境中,利率风险在借款人拥有再筹资选择权条件下的体现。

以上第一个风险因素在固定利率抵押贷款与可调利率抵押贷款方式下是同样存在的,但第二个风险因素主要存在于固定利率抵押贷款方式中。

单元四　个人住房贷款的主要风险与风险管理

一、个人住房贷款的主要风险

个人住房贷款的主要风险有以下五个方面。

1.信用风险

目前由于我国没有建立个人资信体系,对个人的收入水平及偿还贷款能力难以掌握和度量;同时由于个人住房贷款期限长等特殊性,信用缺失以及个人支付能力下降的情况很容易发生,往往就可能转换为银行的贷款风险。其信用风险主要表现有:一是借款人因失业、收入水平降低、意外事故丧失劳动能力等导致丧失还款能力;二是借款人提供虚假的收入证明材料骗贷,导致贷款无法收回。

2."假按揭"风险

"假按揭"是指房地产开发商采取欺诈的手段,利用虚构的房屋买卖关系获得银行的按揭贷款,从而达到套取银行信贷资金的目的,假按揭已成为个人住房贷款最主要的风险源头。"假按揭"主要表现是不以真实购买住房为目的,开发商以本单位职工或其他关系人冒充客户和购房人,通过虚假销售(购买)方式,套取银行贷款。据中国工商银行估计,该行个人住房贷款中的不良资产,有80%是因假按揭造成的。

3.担保公司的担保风险

担保公司的担保风险是指担保公司或担保人的担保能力不足,从而给贷款银行造成损失。在个人住房贷款中,以专业担保公司为借款人提供连带责任担保是较容易出现此类风险。

4.市场风险

个人住房贷款一般是借款人以所购住房作抵押,若房地产市场出现较大波动,将面临较大的市场风险。市场风险导致借款人无力还款,如房地产价格下跌,购房者变为负资产。

5.管理风险

由于个人住房贷款对象分散,客户数量多,单笔贷款数额相对较少,商业银行在个人住房贷款发放、管理中容易出现漏洞,造成管理风险。其主要表现形式有:一是贷前审查经办人员风险意识不强,审查流于形式,随意简化手续,对资料真实性、合法性审核不严,对明显存在疑点的资料不深入调查核实;二是由于银行间的竞争,部分银行放宽贷款条件,各项个贷制度、政策落实不到位;三是部分基层行贷后管理混乱,个人贷款客户资料不够全面和连续,缺少相关的风险预警措施。

二、个人住房贷款的风险管理

个人住房贷款的风险防范和风险管理主要有如下措施:

(1)建立个人信用体系,不断完善个人信用档案、信用记录和个人信用评估制度,建立个人失信的惩罚制度。

(2)严格审查借款申请人的基本情况,主要包括借款人基本情况、借款人收支情况、借款人资产表、借款人现住房情况、借款人购房贷款资料、担保方式、借款人声明等内容。

(3)商业银行应通过借款人的年龄、学历、工作年限、职业、在职年限等信息判断借款人目前收入的合理性及未来行业发展对收入水平的影响;应通过借款人的收入水平、财务情况和负债情况判断其贷款偿付能力;应通过了解借款人目前的居住情况及此次购房的首付支出判断其对于所购房产的目的及拥有意愿等因素,并据此对贷款申请做整体分析。

(4)商业银行为避免在二手房交易中出现操作风险,一般在做完贷款审批后,银行先下发统一贷款函,然后买卖双方进行二手房过户交易,过户后买方(即借款人)将房屋抵押给贷款银行,抵押办妥后银行再将贷款(贷款额按房屋评估值计算)直接支付给原房主(即卖方)。房屋首付款则有买卖双方协商通过自行转账、资金监管或资金存管等方式交割。资金监管或资金存管类似于"支付宝"的操作模式,由政府、商业银行或房屋中介对首付资金进行监管或存管,实现防范交易风险的目的。

模块小结

个人住房贷款能有效地提高购房者的经济支付能力，把居民个人对住房的潜在需求转变为现实的需求，有利于加快住房建设和住房制度改革，改善居民的住宅条件，使住宅产业成为国民经济的支柱产业。本模块主要介绍个人住房贷款的基本概念、构成要素、流程及房贷款计算等。

思考与练习

一、填空题

1. 个人住房贷款申请人必须是具有完全民事行为能力的_____。
2. 个人住房贷款按贷款性质划分，可分为_____、_____和_____。
3. 按贷款所购住房交易形态划分，个人住房贷款可分为_____和_____。
4. 具体首付款比例由银行业金融机构根据借款人的_____和_____等合理确定。
5. _____是指贷款金额占抵押住房价值的比率。
6. _____是指借款期限内利息数额与本金额的比例。
7. _____是指借款人应还清全部贷款本息的期限。
8. 目前我国个人住房贷款的偿还方式主要有_____和_____两种。
9. _____是指贷款利率定期根据市场利率指数而不是根据物价指数调整的贷款还款方式。

二、简答题

1. 个人住房贷款的主要参与者有哪些？
2. 个人住房贷款必须提供担保方式有哪几种？
3. 一般情况下借款人需具备的条件有哪些？
4. 简述贷款流程。
5. 固定利率抵押贷款的还款方式一般有哪些？
6. 个人住房贷款的主要风险有哪几方面？防范措施有哪些？

三、计算题

1. 某借款人向某商业银行申请个人住房贷款 100 000 元，期限 24 个月，贷款月利率为 4.875‰，借款人选择按月等额本息还款方式，合同约定每月还款额为 4 425.31 元。计算前两个月月末偿还本金额、利息金额和贷款的余额。

2. 假设借款人向银行贷款 120 000 元，期限 24 个月，月利率为 4.875‰，采用等额本金还款方式，计算第一期期末和最后一期期末还款额，以及其中应还利息和贷款本金。

模块六

房地产抵押贷款

知识目标

1. 了解房地产抵押贷款的相关概念、特征；熟悉房地产抵押贷款的分类及作用。
2. 了解房地产抵押贷款的运行原则；掌握房地产抵押贷款的运行程序。
3. 熟悉房地产抵押贷款存在的风险、防范措施及管理内容。

能力目标

能够明确房地产抵押贷款的运行程序；具有防范房地产抵押贷款风险的措施。

案例导入

住户赵先生欲购买天津市梅江居住区中某项目一套住宅，总价款 100 万元人民币，中国建设银行和开发商约定首付款为总放款的 30%。赵先生交付了 30 万元首付款，剩余 70 万元（其他的各项费用忽略）向中国建设银行申请房地产抵押贷款。

根据《中国建设银行个人住房贷款管理办法》，以及其他相关规定，赵先生经过申请、贷前审查，符合贷款要求，且可以申请优惠利率，与中国建设银行签订房地产抵押贷款合同并进行了相关登记，办理了抵押房地产的保险。

经过反复衡量，赵先生选择等额本息还款方式，赵先生每月收入大约为 16 000 元，还款能力占总收入的 30% 左右，即每月还款约为 4 800 元，且根据上述计算的数据综合分析，赵先生的理想还款年限为 17 年，月还款额度约为 4 791.5 元，本息总额为 977 470.2 元。

讨论：赵先生用抵押贷款购买此房屋是否合理？

单元一　房地产抵押贷款概述

一、房地产抵押贷款的相关概念

1. 抵押与房地产抵押的定义

抵押是指债务人或者第三人不转移对其所有的财产的占有,将该财产作为债权的担保的行为。债务人不履行债务时,债权人有权依照有关法律的规定,以该财产折价或者以拍卖、变卖该财产的价款优先受偿。这里,债务人或者第三人称为抵押人,债权人称为抵押权人,提供担保的财产称为抵押物。

房地产抵押是抵押的一种形式,是指银行对借款人(抵押人)以土地有效期间的使用权、房屋的所有权连同相应的土地使用权作为抵押物而发放的贷款,也可以说由借款人所拥有的房地产抵押给银行获得的贷款。在房地产抵押期间,房地产产权仍然由产权所有者管理,债权人只能按期取息和收回借款本金,而无使用与管理房地产的权利。当债务还清,债权人收回房契、地契时抵押即告结束。如债务到期抵押人不能清偿,抵押权人可以向法院申请拍卖抵押物,以偿还其债务。债务已到期而未能清偿时,抵押房地产的所有权属于抵押权人。如抵押物拍卖、转让后所得价偿还债务有剩余部分,应退还给抵押人,不足时抵押权人仍可以和其他债权人一样,继续向债务人追索。

2. 房地产抵押贷款的定义

房地产抵押贷款是指以借款人或第三人拥有的房地产为抵押物,向金融机构申请的长期贷款,并承诺以年金形式定期偿付贷款本息。当借款人违约时,贷款人有权取消借款人对抵押房地产的赎回权,并将抵押房地产拍卖,从中获得补偿。

房地产抵押贷款是一种"无转移抵押",在这种情况下,借款人仍然是合法的拥有者,保留对财产的所有权和支配权,而贷款人取得财产的"空头产权"。这种产权不赋予贷款人任何权利,除非借款者违反还贷约定,届时贷款人将通过没收抵押品的方式来获取财产的所有权。也就是说,按无转移抵押性质,贷款人仅享有抵押财产的抵押权,一旦贷款被偿清,这种权利也就随之消失。《中华人民共和国城市房地产管理法》只规定"债务人不履行债务时,抵押权人有权依法以抵押的房地产拍卖所得的价款优先受偿"。不过,从实务上看,更加倾向于可以采取多种选择的方式,即贷款银行可以与借款人协议以抵押的房地产折价、变卖或拍卖抵押物所得的价款受偿贷款本金和利息;协议不成的,贷款银行可以向法院提起诉讼,通过法律途径清偿贷款银行的债权。

二、房地产抵押贷款的特征

房地产抵押贷款的特征是指房地产贷款的本质属性。与其他贷款相比,房地产抵押贷款具有以下基本特征:

(1)房地产抵押贷款以抵押为前提建立信贷关系。房地产抵押贷款的建立是以抵押物的抵押作为前提的,而其他信贷关系则不是以此为前提。例如,信用贷款主要是依据借款人的信誉状况发放的贷款;保证贷款主要是以第三人承诺在借款人不能偿还贷款时,按约定承担一般保证或连带责任保证为前提而发放的贷款;质押贷款则是以借款人或第三人的动产或权利作为质物发放的贷款。抵押贷款则以抵押物为手段而建立信贷关系。它依据贷款项目的风险程度及抵押物估价的多少来发放贷款。把借款和抵押物融合在一起,对借款人来说,借到贷款和抵押抵押物是结合在一起的一件事情的两个方面,对于发放贷款者来说,其资金单方面转移了物质担保,增加了安全感,其他贷款形式则不具备。

(2)房地产抵押贷款是以房地产作抵押为条件的贷款。房地产抵押贷款的借贷双方都不是为了直接取得房地产资产,而是以作为抵押物的房地产作抵押为条件而发生资金的借与贷的行为。房地产抵押贷款的实质是一种融资关系而不是商品买卖关系。对于房地产抵押贷款的借方而言,其目的是通过借款融资而取得购买房地产等资产的资金,实现对房地产等资产的拥有,而不是为了出售出押的房地产;对于房地产抵押贷款的贷方而言,其取得房地产抵押权的目的并不是要实际占有房地产,而是为了在贷出资金未能按期收回时,作为一种追偿贷款本息的保障。

(3)房地产抵押贷款具有现实性。房地产抵押贷款的现实性主要体现它与信用担保贷款的不同。这种现实性是指房地产"抵押"在贷款的当时就已经发生了,抵押行为是一种现实行为,抵押责任是一种现实责任,而信用担保贷款中的"担保"则是一种"未来行为"和"未来责任"。在抵押贷款时,抵押人必须实实在在地提供抵押财产方能获得贷款。

(4)房地产抵押物的所有权有可能归抵押权人。房地产抵押中抵押权是从属于主债权的担保物权。在抵押期间内,房地产抵押物设立抵押权,并办理登记,抵押权人保管房产的产权(所有权)证书和地产的使用权证书或他项权证书,但不转移房地产的占有权、使用权、处分权和收益权,这些权利仍归出押人。当贷款到期如出押人履行债务,房地产所有权证书归还出押人,如出押人不能清偿债务,承押人可以行使对房地产的所有权。

(5)借贷双方须签订抵押合同,保护双方权利。房地产抵押所涉及的权属关系较为复杂,为保证抵押双方的权利和义务,必须签订房地产抵押合同,并应到房地产管理部门进行抵押登记,使其发生法律效力。还清贷款全部本息后,房地产抵押合同即告终止。

三、房地产抵押贷款的分类

1.按贷款对象分类

按贷款对象划分,房地产抵押贷款可分为企、事业法人房地产抵押贷款和个人房地产抵押贷款。企、事业法人房地产抵押贷款,即金融贷款机构向实行独立经济核算并能承担经济责任和民事责任、符合房地产抵押贷款条件的企、事业法人发放的贷款。个人房地产抵押贷款,即金融贷款机构向符合房地产抵押贷款条件规定的个人发放的贷款。

2.按贷款用途分类

按贷款用途划分,房地产抵押贷款包括以下几种类型:

(1)房屋开发抵押贷款。房屋开发抵押贷款是指贷款银行以房地产开发经营企业开发的房屋权利作抵押而发放的贷款。

(2)土地开发抵押贷款。土地开发抵押贷款是指贷款银行以房地产开发经营企业拟开发土地的土地使用权作抵押而发放的贷款。

(3)购房抵押贷款。购房抵押贷款是指贷款银行以上述企事业法人和个人所购房屋作抵押而发放的贷款,包括商品房抵押贷款、二手住房抵押贷款等。

（4）其他用途的房地产抵押贷款。其他用途的房地产抵押贷款是指贷款银行所发放的贷款不是用于所抵押房地产的开发建设和购买，而是用于其他生产性或消费性贷款的抵押。

3. 按贷款利率的确定方式和计息方法分类

按贷款利率的确定方式和计息方法划分，房地产抵押贷款可分为以下几种类型：

（1）固定利率房地产抵押贷款。固定利率房地产抵押贷款是最早出现，也是最常见的一种房地产抵押贷款品种，是指利率在特定时期内固定不变的抵押贷款种类。具体根据本金和利率的偿还方式不同，又可分为等额本息抵押贷款和等额本金抵押贷款。这种方式在利率预期上升时对借款人有利。

（2）浮动利率房地产抵押贷款。浮动利率房地产抵押贷款是指在借贷期限内利率随物价或其他因素变化相应调整的贷款。借贷双方可以在签订借款协议时就规定利率可以随物价或其他市场因素的变化进行调整。浮动利率可避免固定利率的某些弊端，但计算依据多样，手续繁杂。

（3）可调整利率房地产抵押贷款。可调整利率房地产抵押贷款是指在整个贷款期限内的利率不是一成不变的，而是可以根据借贷对象、年限、数额的不同而设计出一种可以调整利率的抵押贷款品种。通常可以根据最低利率或国际短期债券利率等指数变化，对贷款利率进行周期性调整。

四、房地产抵押贷款的作用

房地产抵押贷款在各种房地产贷款形式中占有主导地位，对房地产业、金融业乃至整个经济的发展都具有重要作用，具体表现为以下几方面：

（1）提高居民购房能力，扩大房地产消费市场。住房是一种能够在一个较长时间内提供消费服务流的耐用品，因此住房消费不仅取决于当前收入，还取决于预期收入。在预期收入增加的条件下，家庭可以通过借贷来购买住房，家庭的福利得到增加。购房可以说是大部分人一生中最重大的投资项目，但是住房消费面临的问题是消费者短期支付能力与昂贵的住房价格之间的矛盾。房地产抵押贷款的推出，可以增强中低收入阶层的购房能力，使得那些达到一定收入水平的工薪阶层，只要能支付一笔数额较小的首期款，就可将拟购房产的产权作抵押，获得贷款银行的融资，提前实现住房需求，从而促进住房自有化和商品化，扩大房地产消费市场。

（2）增强房地产开发经营企业的经济实力。房地产开发企业筹资的重要手段是以自己营造房地产作为抵押物而向银行取得贷款。一般在其确定建设项目以一定的自有资金支付部分购地费后，其余地价的大部分便来自银行的抵押贷款。基础设施工程完成后的房屋建筑工程所需资金也向银行贷款，条件是把将要建成的住房或楼宇与土地一起抵押给提供贷款的金融机构。在房地产开发建设的投资报酬率大于债务成本率水平的情况下，房地产开发经营企业通过金融机构进行举债融资，将会产生正向的财务杠杆作用，使得房地产开发经营企业的获利增加。同时，举债开发也增强了房地产开发经营企业对借款需求的风险约束，促使其审慎选择开发项目，合理运作资金，发挥资金的财务杠杆效应，促进房地产业的正常运行。

（3）发挥储蓄功能，调节居民消费行为。住房抵押贷款具有较强的储蓄功能，住房抵押贷款可以节约储蓄时间，把居民需经长期储蓄才能拥有的购买力，通过住房抵押贷款方式变为现实的购买力。这种功能体现在两个方面：一是居民一旦获得住房抵押贷款，随即实现住房消费,但为了保障日后的按约偿还贷款本息,需进行住房储蓄,积累资金。二是居民要想获得住房抵押贷款,首先要储蓄以便缴纳首付款。如果是住房储蓄贷款,还要参加住房储蓄,存足一定金额和期限后,才可获得约定的数倍住房抵押贷款,然后仍需按期储蓄偿还贷款本息。房地产抵押贷款还可以调节居民的消费行为,一定程度上有利于居民建立较为合理的消费结构。一些经济较发达的国家,住房消费是居民家庭生活支出中的一个重要组成部分,推行住房抵押贷款,将吸引部分消费性资金转向住房消费,优化居民的消费结构。

(4)降低贷款风险,提高贷款效益,促进房地产金融业的发展。房地产抵押贷款能通过合同明确规定各项借贷条件以及借贷双方的权利、责任和义务,保证了贷款的偿还以及对抵押品的处理有法可依、有据可查。这样也确保了借贷双方的经济利益,从而降低了信贷风险,为金融机构提高信贷效益创造了有利条件。银行贷款以房地产作抵押,改变了贷款以信用为主的传统贷款方式。银行发放了房地产抵押贷款,在该贷款本息收回之前,拥有对该抵押房地产的抵押权。无论是居民个人还是企事业单位包括房地产开发经营企业,一旦不能按期归还贷款本息,贷款银行可以依法处置抵押的房地产,以偿还贷款本息。我国《担保法》明确规定:"债务履行期届满抵押人未受清偿的,可以与抵押人协议以抵押物折价或者以拍卖、变卖该抵押物所得的价款受偿,协议不成的,抵押权人可以向人民法院提起诉讼。"这样,就使房地产抵押贷款的风险降到最低程度,最大限度地确保了贷款的安全性。房地产金融机构提供住房抵押贷款,既可使房地产开发商的经营多样化,帮助居民个人解决购房资金短缺而又急需住房的矛盾,同时又使自身获得了巨大的经济效益,并且可以不断扩大金融业务和服务范围,促进房地产金融业的发展。

(5)有利于调控经济,促进经济增长方式的转变。房地产信用比率控制是各国中央银行重要的选择性货币政策工具之一。这种货币政策工具提高了中央银行在制定和执行货币政策方面的灵活性,可以做到有的放矢。中央银行通过住房抵押贷款利率反经济周期操作,对宏观经济进行调控。具体做法是中央银行通过实行住房抵押贷款的优惠利率,或者通过调整现行的住房贷款利率水平、住房贷款利率的上下限来调控经济的发展。社会经济增长方式的转变,不仅需要社会保险保障机制的健全和完善,还需要包括住房抵押贷款在内的个人信贷市场的发展。

阅读材料

按揭贷款与住房抵押贷款的区别

在中国内地,按揭贷款和住房抵押贷款常常被混用,但事实上两者是既有区别又有联系的。这里有必要对"按揭"的相关概念做简要介绍。

"按揭"一词起源于英国,由中国香港传入内地,是英文中 Mongage 的粤语译法。"按揭"是英美法中一种将担保物所有权转移给债权人的担保制度,是为了担保特定的债务或义务的履行而进行的土地或动产的权利转移和让渡,在按揭人进行清偿前按揭物的所有权属于受揭人,按揭人可占有、使用和获取收益,但不能在法律上处分。

由于香港和内地分属不同法律体系,再加上内地目前尚无明确的规范按揭制度的法律,按揭在内地的做法发生了一些变化,和纯正的"按揭"有所不同。在香港,按揭有广义和狭义之分,广义上的按揭包括抵押、质押在内的多种形式的担保;狭义上的按揭则是与抵押、质押相并列的一种财产所有权转移的担保形式。

房地产按揭贷款指的是在房地产买卖过程中,按揭人(购房人)与开发商签订房屋买卖合同,在付清首付款后,凭买卖合同与贷款人(按揭权人)签订按揭贷款合同,由按揭权人向房地产开发商付清剩余款项。此时按揭人所购房屋的所有权属于提供按揭贷款的银行,如果买方未能依约履行还本付息和及时支付有关费用的义务,银行有权处分按揭房屋并优先取得偿还。在整个贷款过程中,由于按揭人没有房产的所有权,因而也不必进行抵押登记。

住房抵押贷款有时也被看作是抵押消费贷款的一种,是指抵押人(购房人)将自己或第三方已购买的房产,交清全部房款并办妥房屋所有权证和土地使用权证,凭"两证"向抵押权人(银行)做抵押以获得贷款用于个人消费。抵押的房屋产权和土地使用权所有证必须经过政府管理部门依法登记后方才有效。当抵押人按合同约定还清贷款本息后,抵押人即可收回其抵押的"两证"。

在中国内地,按揭和按揭贷款的含义有所不同,在按揭期间银行作为受揭人并不取得标的物的所有权,所有权仍然归按揭人所有,按揭房屋所有权也不会因按揭人不清偿债务而当然地转移给银行。实践中通常由银行将按揭财产变卖并优先受偿,或由开发商按之前的约定将房屋回购,以此偿付银行贷款本息。从概念上看,在中国住房按揭贷款与住房抵押贷款并没有本质的区别,一个突出的差异可能就是住房抵押贷款以贷款人已经拥有的房产为抵押,而住房按揭贷款则是以所购房屋本身为抵押,某种意义上中国内地的按揭贷款可以看作是住房抵押贷款和英美按揭贷款的折中。正是由于这种含义上的模糊性,目前住房按揭贷款和住房抵押贷款两个概念常常被混同使用。

需要特别注意的是,对真正的按揭贷款与抵押贷款来说,两者的当事人以及其中的法律关系并不相同。在按揭贷款中,按揭人实际上是通过分期付款的方式,在一定期限内结束按揭过程,从而结束整个购房程序,然后取得所购房屋的所有权。这是一个三方债权债务关系,涉及三个当事人,即按揭人(购房人)、按揭担保人(房地产开发商)和按揭权人(银行)。在实际操作中,房地产开发商与银行之间签订"按揭贷款承诺协议书",开发商与购房人之间签订"商品房预(销)售合同",购房人与银行之间签订"按揭贷款合同"。而在抵押贷款中,一般只涉及抵押人(购房人)和抵押权人(银行)这一对关系,只需双方签订"抵押贷款合同"。

单元二 房地产抵押贷款的运行

一、房地产抵押贷款的运行原则

房地产抵押贷款的运行应遵守国家的各种法律、法规、方针和政策,充分保证参与人的利益,具体来说,应遵循以下原则:

(1)抵押物足量原则。抵押人应向贷款银行提供足额的抵押房地产,银行(抵押权人)确定抵押人提供的抵押房地产的价值量时应依据三种情况:一是申请贷款额度;二是抵押房地产质量;三是抵押信誉。同时由贷款银行确定抵押率,根据抵押率确定抵押人应提供的抵押房地产价值。

(2)减少风险原则。在对抵押房地产的审查与确定、抵押房地产的估价、抵押房地产的占管与处分等房地产抵押贷款各阶段,贷款银行都将以贷款风险降到最低点为原则。

(3)法律效力原则。当贷款银行发放房地产抵押贷款时,将涉及较多的法律关系,因此发放的房地产抵押贷款应具有法律效力。

二、房地产抵押贷款的运行程序

目前,我国一般通用的房地产抵押贷款的运行程序包括以下步骤。

1.提出抵押贷款申请

凡是符合贷款条件的借款人向银行申请房地产抵押贷款时均需填写《房地产抵押贷款申请表》,并提供规定的文件,经贷款银行负责人认定后方可办理借款申请。如借款人为房地产开发经营企业,则申请房地产抵押贷款时应提交的文件包括:房地产抵押登记申请书、抵押当事人身份证明或法人资格证明、经有批准权限的部门批准的立项文件、抵押房地产的清单及所有权证件、房地产抵押合同、贷款银行要求提供的借款人财务情况及其他有关文件。当以土地使用权作抵押向银行取得贷款时,还需提交抵押当事人的身份证明或法人资格证明、土地使用证、土地使用权出让合同及按合同付清出让金的凭据等。

2.贷前审查

房地产抵押贷款的贷前审查主要是金融机构的贷前审查。它是信贷决策的重要环节。金融机构收到借款人的申请及相关文件后,要对借款人和抵押标的物进行全面的审查和分析。审查主要包括以下内容:

(1)对借款人资格、资信进行审查。对借款人资格、资信的审查主要审查借款人是否具备相应的资格和一定的还款能力。抵押人应具有完全民事行为能力,对抵押房地产拥有所有权,并领有所有权凭证;法人应具备独立核算、自负盈亏能力,且具有房地产开发权。同时,银行可要求企业提供验资证明、财务报表等资料,审查抵押人的资信状况。

(2)对抵押物进行审查。对于抵押房地产的选择和审查,主要着眼于易于保值、易于变现、易于保管以及易于估价的房地产。具体体现在以下三个方面:一是审查抵押房地产的设定是否符合中国现行法律、法规的规定。二是审查抵押房地产是否为共同所有。如果是共同所有的房地产作为抵押物,应审查是否有共有的各方同意设定其为抵押物的书面证书。三是实物审查,主要审查房地产产权证书(房屋所有权证书、土地使用权证书)是否完备。

(3)对抵押贷款用途、项目的审查和分析。首先,审查抵押贷款的用途是否符合国家有关规定;其次,对抵押贷款项目进行评估,从市场研究和经济研究两方面分析抵押贷款是否可行,主要有以下比率指标:

1)营业净收益与贷款本息比率。营业净收益与贷款本息比率的计算公式:预计项目年度营业净收益/年度偿还贷款本息金额。该指标是分析房地产抵押贷款还款能力的指标,该指标越低,对金融机构而言风险越小;反之,风险越大。

2)营业费用比率。营业费用比率的计算公式为:营业费用/项目实际总收入。该指标也可以分析房地产抵押贷款的还款能力,该指标越大,反映项目创造单位收益所需的投入越大,贷款人可将该指标与市场上的平均水平进行比较,一般不能差距太大。

3)保本比率。保本比率是指项目支出与收入的比例,其计算公式:(营业费用＋贷款本息)/潜在总收入。贷款人一般规定允许的最高比率范围为70％～95％,如果比率高于这一水平,则项目得不到保本的现金流。

4)贷款价值。贷款价值的计算公式:抵押贷款金额/抵押房地产价值。贷款价值指标越低,对金融机构而言,贷款的安全性越好;反之,贷款的安全性就越差。

3.对抵押房地产的估价

房地产抵押估价,就是对抵押房地产将来处分时的市场价格的估算。在审查房地产产权证书真实性和可售性的基础上,要综合考虑市场变化、利率走势等因素,对抵押的房地产价值进行评估,并确定该项贷款的额度及其与抵押房地产价值之比。抵押房地产估价是抵押贷款成功与否的重要一环。房地产价值评估可分为房屋建筑物估价和土地估价两个部分。金融机构一般都配有专职或兼职估价人员,对抵押房地产作出价值判断。估算出房地产现值后,金融机构根据贷款利率变动趋势等因素,决定贷款金额与房地产价值的比率,计算出贷款额度。

4.房地产抵押贷款合同的签订和登记

对贷款对象审查合格之后,借贷双方应在平等协商的基础上,共同订立抵押贷款合同。房地产抵押贷款合同,是指抵押当事人(包括借贷双方和担保人)按照一定的法律程序签订的书面契约,具体内容包括借款合同和抵押合同。根据抵押担保方式情况,在签记合同时,银行信贷员会负责协同借款人办理抵押合同公证手续。抵押人和抵押权人应在房地产抵押合同签订之日起 30 天内持抵押合同、有关批准文件及证件到当地房地产产权管理部门申请抵押登记。登记的目的是防止产权不清或已经失效,以及一物两押。房地产产权管理部门应在规定日期内办完登记手续。抵押合同自抵押登记之日起生效。未经登记的房地产抵押贷款,法律不给予保护,如抵押合同变更、解除和终止,抵押双方当事人应自发生之日起 15 日内向原登记机关办理变更或注销登记手续。

5.抵押房地产的保险

我国有些地方性法规和政策规定,房地产抵押人在申请抵押贷款时,应按银行指定的险种向保险公司投保,否则不能取得贷款。借款人可持购房合同或售房单位出具的住房交付使用证明办理投保手续。如果借款人中断保险,贷款单位有权代为保险,费用由借款人负担。被保险的抵押物一旦出险,其责任范围内的灾害事故,由保险公司按保险单规定赔偿。贷款单位为抵押物保险赔偿的第一受益人,如果借款人未按合同履行还本付息,贷款单位有权从保险赔偿金中扣除贷款本息。

6.贷款比例、贷款期限和贷款利率

(1)贷款比例。贷款比例是指房地产抵押贷款的贷款人提供给借款人的贷款额度与抵押物价值的比例。这一比例的确定取决于许多因素,包括法律的有关规定、贷款人的一贯政策、目前抵押金的供求情况、贷款的风险、抵押是否投保、市场投机程度等。规定贷款比例是为了降低或规避贷款风险,维护贷款安全。在国外,因为有良好的资信评估机构为金融机构服务和有健全的担保保险机制,最高的抵押率可达 100%。目前,我国商业性住房抵押贷款的最大比例为 80%。房地产抵押贷款的贷款人通过对贷款比例的调整可以调控房地产抵押贷款市场。

(2)贷款期限。贷款期限是指贷款从投放市场到收回本息的期限。目前,我国商业性住房抵押贷款最高贷款期限为 30 年,一般为 20~30 年,同时会根据住房使用年限、贷款人年龄、贷款金额等对贷款期限作出限制。

(3)贷款利率。抵押贷款利率由以下三部分组成:资金的投资收益;承担的风险;费用,即安排抵押贷款所发生的运营成本。贷款利率是资金的使用价格,对贷款参与者有非常重要的影响。一般认为贷款利率同贷款期限存在正相关关系。我国的房地产抵押贷款利率由国家中央银行即中国人民银行决定。

7.贷款种类和还款方式

为吸引更多的不同类型、不同收入水平、不同偏好的客户,金融机构设计了种类繁多的抵

押贷款方式,如固定利率抵押贷款、可调利率抵押贷款等。目前,我国房地产抵押贷款的还款方式一般有到期一次还本付息、等额本息还款、等额本金还款等方式。

8. 抵押房地产的占有、管理和处分

(1)抵押房地产的占有和管理。已作抵押的房地产,由抵押人占有和管理。抵押人在占有和管理期间应维护抵押房地产的完好。抵押权人有权按抵押合同的约定检查由抵押人占有、管理的抵押房地产。抵押人未征得抵押权人书面同意,不得擅自将抵押房地产出租、变卖、赠予、拆除、改建,不得改变其使用性质。抵押房地产发生遗赠的,为了明确产权关系,受赠人应及时书面通知抵押权人。

(2)抵押物的处分。抵押物的处分是房地产抵押权实现的最高形式。发生下列情况之一时,抵押权人有权向有关部门申请处分抵押物:

1)抵押人未依合同履行债务义务,即合同期满后未还清贷款本息的;

2)抵押人死亡或被宣告死亡或失踪而又无人代其履行债务的;

3)抵押人被宣告解散或破产的;

4)抵押人的继承人或受遗赠人、代管人拒不履行债务的。

抵押权人可以申请以下列方式之一处分抵押物:

1)申请当地房地产市场公开拍卖;

2)委托房地产交易市场出售;

3)按照当地房地产管理部门同意的其他适当方式处分。

无论采取何种方式,均应按照当地有关规章办理。

抵押房地产处分所得价款的分配应按下列原则和程序进行:

1)支付处分抵押物的费用;

2)扣除抵押物应交税费;

3)偿还抵押权人的债权本金、利息以及违约金;

4)所剩余部分退还抵押人。

单元三　房地产抵押贷款的风险管理

一、房地产抵押贷款存在的风险

虽然房地产具有价值大、生产和消费周期长等特点,加上抵押贷款具有优先受偿权,对借款人的结束力较之信用贷款要强,可降低贷款风险,房地产贷款常以抵押贷款形式出现。但是,在房地产抵押贷款运行中仍然存在许多不确定因素,存在一定的风险。根据风险成因来划分,房地产抵押贷款风险可以分为抵押物风险、违约风险、流动风险、利率和通货膨胀风险、操作性风险等。

1. 抵押物风险

抵押物风险包括抵押物估计不实,高估了抵押物价值,使运用抵押率控制风险失去了意义。此外,抵押物风险还包括抵押无效带来的风险,以及不按规定时限办理抵押登记带来的风险。另外,抵押合同内容不规范,也会使抵押权难以落实,产生风险。这种风险都可能会使贷款银行的债权悬空而造成损失。

（1）抵押物产权风险。抵押物产权风险是指由抵押物产权问题所产生的风险。抵押物产权风险可分为部分产权产生的风险和产权替代风险两类。其中，部分产权产生的风险是指产权不完整所带来的风险，如房改房屋的产权为房屋原产权单位与个人共有，产权为正在办理离婚手续的夫妻共有财产。抵押贷款未清偿时，城市发展或社会公共利益的需要致使抵押物被拆除也会产生产权风险。因为即使有《城市房屋拆迁管理条例》的保障，抵押权人依然面临两个风险：一是按作价补偿方式补偿，其补偿价格大大低于商品房市场价格，即使将补偿费用全部用于还贷，也可能难以清偿全部贷款；二是抵押权人难以行使抵押权的物上代位权。

（2）抵押物欺诈风险。在管理操作房地产抵押贷款不是很规范的国家和地区，经常会出现抵押物的欺诈行为，如采取捏造事实、隐瞒真相或其他不正当手段，骗取根本无偿还能力或者是无偿还意愿的贷款，使贷款银行遭受严重损失。抵押物欺诈又可分为重复抵押、虚拟抵押、故意遗漏共有人的抵押、租赁房屋抵押、旧契抵押五种表现形式。

（3）抵押物价格风险。抵押物价格风险是指由抵押物价格下跌而给贷款银行带来的损失，包括抵押物价格市场风险和抵押物价格人为风险。抵押物价格市场风险是指经济环境、房地产市场状况的变化和房屋自然磨损而导致抵押房屋价格下跌的风险。抵押物价格人为风险是指人为造成抵押物灭失或损坏，或未经抵押权人书面同意，抵押人出售、出租、再抵押抵押物；或者抵押人单方面同意由有关机构征用、拆除抵押住房等而影响抵押物价值的风险。

（4）抵押物变现风险。抵押物变现风险，是指抵押权人在行使处置抵押房屋的权利时不能变现，或变现价值很低而给贷款人带来的损失。抵押权人要求以房屋作抵押，是由于房屋是不动产。当抵押人超过约定抵押期限不能偿付贷款时，抵押物变现就成为一个现实问题。一方面房地产用途比较固定，位置完全固定，其价值在市场上很难得到认可；另一方面房地产市场本身变现性较差，如果长时期不能变现，随着土地使用年限到期日的到来，房屋的价值会逐年减少，必然会造成抵押权人的损失。

2. 违约风险

违约风险是指抵押贷款的借方不能履行协议按期清偿贷款，从而出现拖欠贷款和终止偿还贷款等问题。造成违约风险的情况很多，如借款人在财力上无法继续还款，抵押房地产依法处分后不足清偿，而向借款人追偿又颇费周折所产生的损失可能性。借款人基于经济利益的考虑而有意的理性违约一般发生在房地产市场价格发生较大幅度下跌，使尚未偿还的贷款本息余额大于按现行市场价格购买相同功能房地产所需的费用时。

3. 流动风险

房地产抵押贷款属于中长期贷款，抵押贷款债权不能够迅速变现，流动性较差，相对于短期贷款具有较大的风险性。因此，在客观上要求有健全的风险转换机制作保障。如果担保制度、保险制度及住房抵押贷款二级市场不完善，金融机构就很难转移这种风险。

4. 利率和通货膨胀风险

利率和通货膨胀风险是指在固定利率抵押贷款契约中，由于通货膨胀加剧和市场利率上升而给银行带来的损失。如果在合同期内市场利率下跌，借款人则有可能选择以当前市场上较低的利率重新借款并提前偿还原来的抵押贷款。这样，金融机构就有可能遭受利息收入的损失。而对于浮动利率的抵押贷款，如果在合同期内市场利率上升，借款人有可能因还款负担的加重而造成违约风险。

5. 操作性风险

操作性风险主要是指由于银行内部房地产抵押部门人员，在缺乏必要的相关法律约束和激烈竞争的刺激下,放松信贷条件审批、降低贷款首付比例等而给银行带来的损失。在操作过程中,没有严格的住房抵押登记制度,贷款的前台、中台与后台没有进行责任上的严格区分,对客户的资信情况没有进行严格把关。银行缺乏完善的贷后管理,没有对借款人进行有效的跟踪监控,直接影响到贷款的偿还。此外,银行普遍缺乏严格的档案管理,造成个人抵押贷款业务的档案资料流失,使银行贷款面临极大风险。有时银行内外勾结,骗取贷款的案件也时有发生,给银行造成巨大的损失。

二、房地产抵押贷款风险的防范措施

为了使房地产抵押贷款的风险尽可能最小化,应创建良好的房地产抵押贷款风险防范体系,并采取必要的房地产抵押贷款风险防范措施。

(1)加强房地产抵押贷款的风险意识。正视贷款风险的存在,有利于增强银行信贷人员的贷款风险意识。按照商业银行管理的惯例,设计和建立一套房地产抵押贷款的防范机制以确保信贷资金安全是必不可少的。因为,贷款风险的防范工作是一个由有风险到无风险的过程,所以,应不断加强房地产抵押贷款的风险防范意识。

(2)建立担保制度,政府参与调节市场。因为房地产抵押贷款的主要作用是促进房地产业与金融业的发展,政府在必要时应该对信贷的双方进行信用担保,增加金融企业的安全性,而担保制度是分散风险的有效方法。

(3)建立保险制度。保险制度是为债权人债务受清偿的安全性而设立的,在房地产抵押贷款中,由于不可抗力风险的存在,就应该有保险的参与来防止各种意外造成的财产损失,而且保险费所形成的保险资金数额大,来源稳定,使用周期长,完全能够部分承担抵押贷款中的风险损失。

(4)做好房地产抵押贷款的程序管理工作。金融风险管理作为一种手段,其目的是要保证贷款的安全,从贷款发放开始直至把全部贷款本息安全收回为止。在做好房地产抵押的基础上,要认真搞好贷款的程序管理工作。

(5)规范房地产评估制度。评估是确定房地产抵押贷款额度的依据,规范的房地产评估制度是合理信贷的基础。房地产评估工作是一项技术性强且难度很大的工作,应尽快健全目前评估机构的职能。

(6)降低房地产抵押贷款比率。通常而言抵押人投入资金越多违约风险就越小。在目前我国信用机制尚不完善的情况下,降低抵押贷款比率可以有效地防范房地产抵押贷款风险。抵押贷款比率越低,贷款额与房价差额越大,房价下跌到贷款额以下的可能性越小,银行以房屋作抵押物而遭受的风险损失就越小。

(7)发展房地产金融二级市场。在当前,建立房地产债券市场,把高价值量的房地产权转化为小面额的可流动的债权,可以有效分散风险。同时,信托咨询业务的发展及各种评估机构的创立也会有助于建立房地产抵押贷款市场。

(8)建立健全房地产抵押贷款的法律规范。目前我国虽然制定了有关的房地产抵押管理办法,但还没有建立健全统一的抵押法规体系,因此不利于房地产抵押贷款的规范化。另外,还应从房地产交易、评估、保障诸方面建立相应的法规,形成对市场主体和市场行为的硬约束体系。例如,针对当前的形势及现在的各种违法抵押房地产骗取贷款的现象,应该在《中华人民共和国商业银行法》中专门增设贷款欺诈罪条款,以此来规范金融秩序,防止房地产抵押贷款欺诈行为。

三、房地产抵押贷款的管理内容

房地产抵押贷款的管理内容包括抵押权设定的管理、抵押合同订立的管理、抵押物占管的管理、抵押登记的管理和抵押物处分的管理等内容。本节仅就与房地产抵押贷款关系较为密切的情况做一些介绍。

(1)房地产抵押要具有超前性。房地产抵押管理要使房地产抵押具有超前性,要使借款人实际取得房地产抵押贷款资金以房地产抵押为前提,为此可在贷款合同中明确借款人提款的先决条件。

(2)房地产抵押要满足合规性。要确定抵押房地产是否能进入抵押交易市场,办理抵押的对方当事人是否有资格办理抵押。另外,应注意抵押物的时限性,如有经营期限的企业以其所有的房地产设定抵押权的,其设定的抵押期限不得超过企业的经营期限;以有土地使用年限的房地产设定抵押权的,其设定的抵押期限不得超过土地使用年限。

(3)房地产抵押要具有及时性。房地产抵押贷款的贷款银行作为抵押权人和借款人作为抵押人必须依法签订书面抵押合同,并自抵押合同签订之日起 30 日内,向当地房地产管理部门办理抵押登记,规定要公证的抵押合同必须及时办理公证。抵押房地产进行登记主要是防止同一抵押物的已设定抵押的价值重复抵押,保障抵押权人的合法抵押债权的时限,同时在客观上又可保证抵押合同的合法性,防止不可抵押的房地产作为抵押物。

(4)房地产抵押需要及时办理房地产保险。为了避免已设定抵押权的抵押物在抵押期间遭受意外损失,造成贷款银行的抵押权落空,应及时办理抵押财产保险或者抵押贷款保险。保险期限应不低于抵押贷款期限;抵押贷款期限变更延长的,还需办理抵押财产保险或抵押贷款保险。抵押物保险应明确保险事故发生后的赔偿,应保障贷款银行收回贷款本息的权利。如果在借款人申请贷款之前抵押人已先行对抵押物办理了财产保险,则抵押人必须要求保险公司出具"批单",明确保险事故发生后的赔偿应保障贷款银行收回贷款本息的权利。

(5)房地产抵押可对抵押物作出一些限制性约定。贷款银行作为抵押权人可在房地产抵押后限制抵押人出租、出借、转借抵押物或者改变抵押物使用的性质,这种性质应当在抵押合同中约定。

(6)加强对抵押贷款的还款监管。加强对抵押贷款的还款监管,包括对房地产建设贷款和个人商品房贷款还款的监管。尤其是对房地产建设贷款的还款监管,注意房地产抵押或者房地产登记办法的调整对银行抵押贷款安全的影响。如有的城市规定房屋建设工程抵押权临时登记转为房地产抵押权登记时,其抵押范围不包括以临时登记的预购商品房。这样即使银行贷款抵押登记发生在个人购房登记之前,法律还是要首先保护预购人权利,预购人权利优先于房地产建设贷款银行的权利,这就要求银行对房地产开发企业房屋预售款归还房地产建设贷款的情况进行监管,防止银行抵押权落空。

(7)加强信贷管理人员能力培训。由于房地产抵押贷款是一项技术性和法规性较强的贷款方式,信贷管理人员不仅要有金融、经济知识,还要掌握相关的房地产评估方面的知识、房地产法律方面的知识,成为复合型的人才以适应房地产抵押贷款的运作。因此,要加强信贷管理人员能力培训,有条件的银行还应建立自己的房地产等资产评估机构,以便使得银行有能力比较好地把握抵押物的价值,合理确定贷款的实际成数。即使是在委托拍卖行对抵押资产进行清理、估价提供拍卖等处置方案时,也能够有能力经银行内部评审确认后才进入拍卖或变卖程序,以切实维护银行的利益。

【案例分析】

××年9月，××房地产开发股份有限公司用其所有的科技大厦第8层整层楼面作抵押向当地甲银行贷款，并办理了相应抵押手续。××年11月，××公司在既未将该层房产已抵押的情况告知买主，又未通知甲银行的情况下，与买家集佳经贸有限公司订立预售合同并按规定到房地产交易中心作了预售合同登记。第二年6月，集佳经贸公司以该预购商品房作抵押担保向当地乙银行申请抵押贷款，并在交易中心作了抵押登记。同一层楼面在同一登记处先后作了两次抵押登记，唯一不同的是抵押权证上权利范围的记载一个是第7层，另一个是第8层，而前面的第7层是减去第4层设备层的楼层，实质上仍为第8层。后为抵押权问题，各方当事人发生纠纷，并告到法院。经查：前后两次贷款额均为1000万元，而抵押物估价为1200万元。

【案例评析】 本案涉及三个问题：已抵押的房产是否可以转让；集佳经贸有限公司是否为善意的第三人；是否存在重复抵押。

按《城市房地产抵押管理办法》和《担保法》的规定，抵押人转让已抵押的房地产，在告知抵押权人和买受人的条件下，转让行为有效。本案中抵押人转让抵押房地产未履行告知义务。那么，集佳经贸有限公司所购房的权益能否得到保障呢？本案认为，集佳经贸有限公司属于善意第三人，它不知道该房产抵押，由于我国现行的产权登记中尚未实施查阅制度，客观上集佳经贸有限公司难以知晓抵押情况。因此，应保护善意第三人的利益。同时，从本案中可以看出，登记机关也负有不可推卸的责任。本案不属重复抵押。

模块小结

房地产抵押贷款在房地产金融中有举足轻重的作用。本模块主要介绍房地产抵押的基本概念、房地产抵押贷款的运行、房地产抵押贷款的风险管理。

思考与练习

一、填空题

1._____是指债务人或者第三人不转移对其所有的财产的占有，将该财产作为债权的担保的行为。

2._____就是对抵押房地产将来处分时的市场价格的估算。

3.未经登记的房地产抵押贷款，法律不给予保护，如抵押合同变更、解除和终止，抵押双方当事人应自发生之日起_____向原登记机关办理变更或注销登记手续。

4.对贷款对象审查合格之后，借贷双方应在平等协商的基础上，共同订立_____。

5.已作抵押的房地产，由_____占有和管理。

二、选择题

1.按贷款用途划分，房地产抵押贷款可分为（　　　）。

A.房屋开发抵押贷款　　　　　　　　B.土地开发抵押贷款

C.购房抵押贷款　　　　　　　　　　D.固定利率房地产抵押贷款

E.浮动利率房地产抵押贷款

2.房地产抵押贷款应遵循的运行原则包括(　　　)。

    A.抵押物足量原则   B.减少风险原则   C.法律效力原则

    D.最大诚信原则   E.公平公正原则

3.发生(　　　)情况之一时,抵押权人有权向有关部门申请处分抵押物。

    A.抵押人未依合同履行债务义务,即合同期满后未还清贷款本息的

    B.抵押人死亡或被宣告死亡或失踪而又无人代其履行债务的

    C.抵押人被宣告解散或破产的

    D.抵押人的继承人或受遗赠人、代管人拒不履行债务的

    E.申请当地房地产市场公开拍卖

4.抵押房地产处分所得价款的分配应按(　　　)原则和程序进行。

    A.支付处分抵押物的费用

    B.扣除抵押物应交税费

    C.偿还抵押权人的债权本金、利息以及违约金

    D.所剩余部分退还抵押人

    E.赠送抵押人的继承人或受遗赠人

三、简答题

1.与其他贷款相比,房地产抵押贷款具有哪些特征?

2.按贷款利率的确定方式和计息方法房地产抵押贷款可分为哪几类?

3.房地产抵押贷款的作用有哪些?

4.我国一般通用的房地产抵押贷款运行程序及步骤是什么?

5.房地产抵押贷款审查主要包括哪些内容?

6.房地产抵押贷款风险的防范措施有哪些?

模块七

住房公积金制度与贷款

知识目标

1. 了解住房公积金的概念及特点；熟悉住房公积金制度的概念及作用。

2. 熟悉住房公积金的归集、提取和管理。

3. 了解住房公积金贷款的概念、类型、对象及条件；掌握住房公积金贷款的程序及主要内容。

4. 了解目前我国住房公积金制度存在的问题，我国住房公积金制度改善对策。

能力目标

能够进行房地产住房公积金的归集、提取；能够明确住房公积金贷款的程序。

案例导入

2018年4月，职工蔡某某到市住房公积金管理中心提出申请，要求原单位某粮油公司为其补缴所欠的住房公积金。理由为，蔡某某于2012年2月1日进入该粮油公司工作，2018年1月31日解除劳动合同。公司2016年5月起开始为蔡某某缴存住房公积金，并于2017年12月停缴。蔡某某申请市住房公积金管理中心责令该公司为其补缴2012年2月至2016年4月及2017年12月和2018年1月这两段时间欠缴的住房公积金。

调查处理结果：收到该职工申请后，管理中心执法稽查科经调查了解，职工反映的情况基本属实。但在调查过程中，粮油公司出具了一份双方在解除劳动关系时签订的协议，协议中约定公司给蔡某某一定数额的资金补偿，蔡某某不再向公司及关联公司主张任何权利。据此，粮油公司认为不需要为其补缴住房公积金。

管理中心认定：双方签订的对职工补偿协议只是双方解除劳动关系时权利义务的一种体现，而对单位拖欠职工住房公积金——这一违反国家法律法规规定的事实没有效力，该公司应为蔡某某补齐所欠住房公积金。因此，市住房公积金管理中心于2018年4月30日对该粮油公司下发了《限期缴存通知书》，要求其为职工补齐拖欠的住房公积金。该公司不服，并向市政府提起行政复议。市政府维持了管理中心的行政决定。该公司遂为蔡某某补缴了住房公积金。

分析：在最初接到投诉时，我们认为这是一起非常清晰的单位拖欠职工住房公积金案件。但是，在调查过程中出现的双方补偿协议却使整个案情变得复杂。特别是该职工在补偿协议中已明确表示放弃一切权利主张，因而在是否应为该职工补缴住房公积金上出现了较大分歧。粮油公司在最初签订补偿协议时，没有考虑到所约定的内容是否符合国家法律法规问题，以至协议无效。可见，作为具备一定行政执法权力的部门，住房公积金管理中心应该把国家的法律法规吃透，加大执法力度，坚持依法行政，切实维护缴存者权益。

单元一　住房公积金制度概述

一、住房公积金的概念及特点

（一）住房公积金的概念与性质

住房公积金，是指国家机关、国有企业、城镇集体企业、外商投资企业、城镇私营企业及其他城镇企业、事业单位、民办非企业单位、社会团体（以下统称单位）及其在职职工缴存的长期住房储备金。

工资性是住房公积金的本质属性，是住房分配货币化的重要形式。单位按照职工工资的一定比例为职工缴存住房公积金，实质是以住房公积金的形式给职工增加了一部分住房工资，从而达到促进住房分配机制转换的目的。2019 年《住房公积金管理条例》规定，职工个人缴存的住房公积金和职工所在单位为职工缴存的住房公积金，属于职工个人所有。

（二）住房公积金的特点

1. 强制性

根据《住房公积金管理条例》及相关规定，凡在职职工及其所在单位都应开设公积金账户并按规定的缴存基数、缴存比例按月缴存住房公积金。

2. 互助性

住房公积金涵盖了城镇所有在职职工，包括国家机关、国有企业、城镇集体企业、外商投资企业、城镇私营企业及其他城镇企业、事业单位、民办非企业单位、社会团体及其在职职工。住房公积金把个人较少的钱集中起来，形成规模效应。缴存住房公积金的人都具有使用住房公积金的权利，有房的人帮助无房的人，暂时不买房的人帮助当前买房的人，所有职工互帮互助，可以达到改善居住条件的目的。

3. 专用性和保障性

住房公积金只能用于职工的住房消费，而且具体用于何种形式的住房消费和投资，往往还有具体规定。在保证住房公积金提取和贷款的前提下，经住房公积金管理委员会批准，住房公积金管理中心可以将住房公积金用于购买国债。住房公积金的增值收益除了提取贷款风险准备金和住房公积金管理中心的管理费用外，还可以用于建设廉租房的补充资金。

二、住房公积金制度简介

住房公积金制度是关于住房公积金的提取、存储、使用和管理等住房公积金运行的一整套的行为准则和工作方式。我国的住房公积金制度是城市住房制度改革的产物。城市住房制度改革是一项涉及面很广、政策性很强的重大改革。自 1982 年 2 月国务院发布《关于在全国城镇分期分批推行住房制度改革的实施方案》以来，城市住房制度改革正在分期分批推进，上海等城市较早借鉴新加坡中央公积金制度的成功经验，推出了住房公积金制度。

住房公积金制度规定：实行住房公积金办法的职工个人按月缴交占据工资一定比例的住房公积金，职工所在单位也按月提供占据职工工资一定比例的住房公积金，两者均归职工个人所有。它主要由住房公积金的缴存制度、使用制度和管理制度三个部分组成，具体又可分为财务会计制度、决策制度和监管制度等。目前我国的住房公积金制度最集中体现在《住房公积金管理条例》中，在这个大制度的指导和约束下，各省市还有一些自己的住房公积金地方性制度。

住房公积金制度可以行政规定的形式确立，也可以法律的形式确立。从住房公积金形式上的强制性特征来讲，这两种确立住房公积金制度的形式都能满足住房公积金运行规律的要求，但满足的程度是有差别的。通常，法律是确立住房公积金制度最理想和更高级的形式。住房公积金制度是可调的，随着各种相关因素和条件的变化，住房公积金制度的局部和整体都可以进行各种程度不同的调整。

住房公积金的运行都依赖于一定的制度安排。住房公积金的形成及运行状况或效率，同样主要取决于住房公积金制度的优劣。住房公积金制度不仅影响着住房公积金的缴交规模和使用效果，而且影响着住房公积金参加人的权益保护和社会资源的配置格局，还影响着住房公积金运行与其他住房金融乃至整个房地产金融和国民经济的运行协调程度。

住房公积金制度实施中，单位为职工缴存的住房公积金，机关在预算中列支；事业单位由财政部门核定收支后，在预算或者费用中列支；企业在成本中列支。另外，企业和个人按照国家和地方政府规定的比例提取并向指定的机构实际缴付的住房公积金，免征个人所得税；个人领取原提存的住房公积金，免征个人所得税；相应的住房公积金利息收入也免征个人所得税。这些会增加部分财政支出或者减少部分税收收入，呈现了国家、单位和个人三者共同负担解决住房问题的良好局面。

三、住房公积金制度的作用

1. 有利于刺激职工住房有效需求，促进住房商品化的实现

改变原有的无偿分配、低租金使用的住房制度，形成新的住房机制，逐步实现住房商品化，这是住房制度改革的要求，但是相对于现在的房地产市场，中国城镇职工的住房购买力明显不足，而住房公积金的建立为解决住房问题找到了一条捷径。因为住房公积金制度通过个人努力、国家和单位支持，以长期储蓄的形式，不仅能为职工购房准备好一笔相当规模的首期付款，同时，由于公积金的来源稳定、成本较低，发放长期、低利率的政策性抵押贷款成为可能。因此住房公积金制度不仅能够提高住房的支付能力，刺激职工住房的有效需求，而且能加快住房商品化的实现。

2. 有利于筹集建房资金，扩大建房规模，从而提高职工居住质量

我国几十年的实践表明，要较好地解决广大城镇居民的住房问题，单纯依靠国家投资和企业投资是远远不够的。目前我国人均居住面积相对较小，若要尽快改善居民的住房条件，需要庞大的投资规模，客观上也需要多种融资渠道并行。而住房公积金制度的建立能够较好、较快地解决住房建设资金问题，扩大筹资数额，而且住房公积金筹资成本低，因而降低了住房建设成本。全面推广住房公积金制度之后，每年归集的住房公积金总额将达到数千亿元，这将是城镇建房资金的最重要的来源。

3. 有利于推动住房货币化进程，促进住房信贷机制的完善

通过单位资助职工建立住房公积金，把实物分配全部转化为职工货币工资收入，有利于推进住房分配的货币化进程，在很大程度上能调动职工生产积极性，增强职工个人购房能力，加快实现住房商品化。同时通过住房公积金的积蓄，为实施个人住房长期抵押贷款提供了资金保证，有利于住房信贷机制的完善。

4. 有利于优化家庭消费结构，抑制通货膨胀

在低租金制度下，住房消费占居民生活消费的比重过低，居民将用于住房的消费转向住房以外的消费领域，不仅严重扭曲了住房结构，致使住宅产业及其相关产业的发展停滞不前，而且使不合理的社会消费资金加大，增加通货膨胀的压力。建立住房公积金，就是强制性地使居民的住房支出维持一个合理的比例，有利于整个国民经济的协调运行，促进国民经济健康发展，这也是广大居民的根本利益所在。

阅读材料

住房公积金制度的产生和发展

1. 住房公积金制度的产生

住房公积金制度是国务院对住房公积金的缴存、提取、使用和监督形成的相关制度的总称。我国住房公积金制度是在住房资金运行模式由计划经济向市场经济转换的过程中提出来的。这一制度初期是为服务住房制度改革而建立的。当时提出，实行住房公积金制度是城镇住房制度改革的重要内容和中心环节，直接关系到城镇住房制度改革工作的成败，要在全国全面推进住房公积金制度。经过实践，住房公积金制度具有了更多的职能，国务院提出了实行住房公积金制度新的制度框架，认为住房公积金制度有利于转变住房分配体制，有利于住房资金的积累、周转和政策性抵押贷款制度的建立，有利于提高职工购建住房的能力，促进住房建设。围绕上述目标，在实践中逐步形成了住房公积金制度体系。

2. 住房公积金制度的发展

从1991年5月上海首先建立住房公积金制度以来，我国住房公积金制度不断发展完善，覆盖面日益扩大，已成为住房制度改革的一项基本制度。回顾住房公积金的发展历程，可以将其概括为四个阶段：

(1) 住房公积金制度试点阶段(1991年5月—1994年6月)。1991年5月，上海市借鉴新加坡的住房公积金制度的成功经验，结合我国国情，率先建立了具有中国特色的住房公积金制度。这是我国在福利住房制度向住房市场化、商品化改革的推进过程中，完善城镇住房制度的重大突破，标志着一个由国家支持、单位资助、依靠职工群众自己力量解决住房问题的市

场化机制开始形成。住房公积金在住房资金的筹集方面发挥的现实的和潜在的作用,使得这一制度在全国各地迅速推广。1992年住房公积金制度就被扩展到北京、天津、江苏、浙江等地,1993年陆续扩展到辽宁、吉林、黑龙江、河北和湖北等地。

(2)住房公积金制度全面发展阶段(1994年7月—1996年8月)。1994年7月,国务院转发的《关于深化城镇住房制度改革的决定》(国发〔1994〕43号)(以下简称《决定》)明确指出要"全面推行住房公积金制度"。《决定》发布之后,全国35个大中城市、213个地级以上城市建立了住房公积金制度。住房公积金制度促进了住宅建设的发展,也为政策性住房金融体系的建设创造了条件,使政策性住房抵押贷款制度在全国主要大城市中得以推广。

(3)住房公积金制度规范完善阶段(1996年8月—2002年3月)。针对住房公积金制度推进过程中的问题,1996年8月国务院办公厅转发了国务院房改领导小组《关于加强住房公积金管理的意见》,明确了住房公积金管理的若干基本原则,包括住房公积金不纳入预算外管理,实行"房委会决策、中心运作、银行专户、财政监督"的管理原则。此后,各地按照《关于加强住房公积金管理的意见》要求逐步规范了住房公积金管理,促进了住房公积金的健康发展。上海、天津等地先后制定实施了住房公积金管理的地方性法规,国务院也开始了住房公积金立法工作,1999年4月,国务院《住房公积金管理条例》发布实施,标志着住房公积金步入规范化管理的新阶段。

(4)住房公积金制度法制化管理阶段(2002年3月至今)。2002年3月,国务院根据全国住房公积金制度的发展情况,在总结各地经验的基础上,对全国统一的《住房公积金管理条例》作了相应的修改。与此相适应,各地的住房公积金制度也进行了许多不同程度的调整。同时,各地也在各自的住房公积金制度操作上进行了一些结合实际情况的改革,进一步推动了住房公积金制度的发展,进入了法制化管理阶段。

单元二　住房公积金的归集、提取和管理

一、住房公积金的归集

住房公积金的归集是指住房公积金管理中心作为住房公积金管理的法定机构,依据《住房公积金管理条例》,将职工个人按照规定比例缴存的及其所在单位按照规定比例为职工缴存的住房公积金,全部归集于管理中心在受托银行开立的住房公积金专户,存入职工个人账户内,并集中管理运用的行为。

1. 住房公积金储蓄的对象

目前,我国实行住房公积金储蓄的对象是指国家机关、国有企业、城镇集体企业、外商投资企业、城镇私营企业及其他城镇企业、事业单位、民办非企业单位、社会团体的在职职工。离休干部、退休职工不实行住房公积金办法。随着住房公积金制度的完善,住房公积金储蓄的对象还有扩大的趋势。

2. 住房公积金的缴存

住房公积金的月缴存额由职工住房公积金月缴存额和单位住房公积金月缴存额两部分组成。职工住房公积金月缴存额为职工月平均工资乘以职工住房公积金缴存比例。单位住

房公积金月缴存额为职工月平均工资乘以单位住房公积金缴存比例。职工月平均工资,按照职工本人上一年1月1日至12月31日期间的工资总额除以12确定。住房公积金的月缴存额每年核定调整一次。住房公积金的缴存由职工所在单位经办,每月从职工工资中扣除住房公积金,连同单位缴纳的住房公积金一起向指定办理住房公积金金融业务受托银行办理缴存手续,记入职工个人住房公积金账户。

(1)缴存基数。缴存基数是职工本人上一年度月平均工资,缴存基数不得高于职工工作地所在设区城市统计部门公布的上一年度职工月平均工资的3倍。具体标准由各地根据实际情况确定。职工单位对职工缴存住房公积金的工资基数每年核定一次。

(2)缴存比例。缴存比例是指职工个人按月缴存(或职工单位按月资助职工缴存)住房公积金的数额占职工上一年度月平均工资的比例,职工和单位缴存比例均不应低于5%。具体缴存比例由住房公积金管理委员会拟订,经本级政府审核后,报省、自治区、直辖市人民政府批准后执行。

(3)月缴存额。住房公积金月缴存额为职工本人上一年度月平均工资分别乘以职工和单位住房公积金缴存比例后的和,即住房公积金月缴存额=(职工本人上一年度月平均工资×职工住房公积金缴存比例)+(职工本人上一年度月平均工资 × 单位住房公积金缴存比例)。

(4)住房公积金的补缴。如果单位职工住房公积金因故未缴纳,则应进行补缴。另外,一部分职工提取住房公积金后需要归还复缴时,也通过补缴办法缴存住房公积金。

3. 住房公积金的查询和对账

住房公积金管理中心要为每一位缴存住房公积金的职工发放住房公积金的有效凭证。有效凭证是全面反映职工个人住房公积金账户内住房公积金的增减、变动和结存情况的证明。目前个人住房公积金有效凭证有几种形式:凭条、存折或磁卡等。职工个人可以直接到其所在管理中心或商业银行查询个人住房公积金的缴存情况,也可以通过住房公积金磁卡、电话网络查询系统查询。每年6月30日结息后,住房公积金管理中心要向职工发送住房公积金对账单,与单位和职工对账,职工对缴存情况有异议的,可以向其所在管理中心和委托银行申请复议。

二、住房公积金的提取

住房公积金的提取是有限制条件的。住房公积金的提取一般基于两类情况:一类是公积金存款人发生住房消费需要而提取住房公积金使用;另一类是公积金存款人丧失缴存住房公积金的能力,相应地就应当允许其提取住房公积金。

1. 职工住房消费的提取

职工有下列情形之一的,可以提取职工住房公积金账户内的存储余额:

(1)购买、建造、翻建、大修自住住房的;

(2)离休、退休的;

(3)完全丧失劳动能力,并与单位终止劳动关系的;

(4)出境定居的;

(5)偿还购房贷款本息的;

(6)房租超出家庭工资收入的规定比例的。

2. 职工丧失缴存条件的提取

一般情况下,缴存住房公积金的前提是职工与单位建立劳动关系,当缴存条件丧失时,可

以提取住房公积金,同时注销该职工住房公积金账户。主要包括以下情况:

(1)当职工离、退休或完全丧失劳动能力并与单位终止劳动关系,或者出境定居时可以由本人提取。

(2)职工死亡或者被宣告死亡的,职工的继承人、受赠人可以提取职工住房公积金账户内的存款余额,公积金提取时由单位审核,管理中心核准,由受委托银行办理支付手续。

(3)对职工死亡却无继承人也无受赠人的,职工住房公积金账户的存储余额纳入住房公积金的增值收益。

3. 住房公积金的转移、中断和恢复

职工变动工作单位时,其公积金本息转入新单位名下的职工个人住房公积金账户,该职工住房公积金账号也作相应调整。职工因故脱离工作单位、中断工资关系时,其住房公积金缴存随之中断,其结余的住房公积金本息仍保留在原单位名下的职工个人住房公积金账户内,该职工住房公积金账号不变。职工恢复工作时,如在原单位发工资的,则继续在原单位缴存住房公积金;如变动单位的,则应办理住房公积金转移手续。

阅读材料

住房公积金的使用

住房公积金完成了存储从而形成了公积金库后,就可以使用了。住房公积金的使用一般都有严格规定,总的原则是只能用于职工自住住房的投资与消费,同时也有一些特殊情况可以使用,具体来讲,住房公积金的使用主要有以下几方面:

(1)储户提取自己账户里的住房公积金用于自住房的投资和消费。不同的住房公积金制度对这项使用还会有一些具体的条件限制,如储户必须参加住房公积金缴存一定时间、账上余额达到一定数量或只能用于自住房某些规定方式的投资和消费等。我国统一的《住房公积金管理条例》对这些方面都有具体规定。应特别注意的是,住房公积金管理部门会随着实际情况的变化及宏观调控的需要而不断调整这些具体条件。如我国原规定单位(企业)也可以统一提取本单位(企业)职工账户里的住房公积金用于统一建房,再分配给各储户,现在修订为只有职工自己在符合其他条件时,才能提取自己账户的住房公积金,并只能用于自住房的购买(包括偿还购房贷款本息)建造、翻建和大修,这是因为实施货币化分房以后,单位(企业)不再统一建房。

(2)储户提取用于非住房投资与消费。这种使用主要是参储职工在离退休时、完全丧失劳动能力或死亡后,按住房公积金制度的规定一次性提取其账户里的全部住房公积金余额,并自由安排使用方向。凡属于这一类提取,均应注销其住房公积金个人账户。职工离退休或死亡后,其拥有的住房公积金也可以赠予亲属或由合法继承人继承。

(3)储户转户性提取。这是指因职工调动工作和迁移户口等原因而将其住房公积金账户连同其中的储金一并转到其户口的新落地,并参加该地的住房公积金库中的提取。这种情况因不符合提取条件,一般只能转户。虽然转户性提取没有减少全国的住房公积金总库里的资金量,但相对于转出的住房公积金库是资金的减少,所以将其归为使用范畴。

(4)互助性住房公积金贷款。这是住房公积金最重要的一项用途。由于参加住房公积金的职工中有些解决自身住房问题,不需再动用自己账户上的住房公积金,有些暂时不动用,有

些则只动用了账户中的部分住房公积金,而住房公积金的缴存是每月不断的,因此必然产生住房公积金的沉淀。同时,有些参储职工则可能急需更多的资金解决住房问题,这就是住房公积金互助性贷款的客观基础。住房公积金制度对此类贷款的对象、用途、期限、额度、利率和偿还方式等都有明确规定。在我国,此项用途原来主要是贷给单位(企业),支持其住房建设,后来改为只贷给参加住房公积金的职工个人,支持其购、建和大修自住房。

(5)保值增值性投资。住房公积金除用于上述用途外,依然还会剩余,虽然存在银行,但也难保不会发生贬值,况且,作为资金也应当尽量使其运动起来,尽可能地保值增值。由于投资都必须承担风险,为稳妥起见,住房公积金制度一般对这种投资都限制得比较严,通常只允许用于国债等风险相对较小的投资,而且投资的量也要经过严格谨慎的测算。我国在这方面基本没有放开,但一些地区的住房公积金实际上有这项业务。

三、住房公积金的管理

1. 住房公积金的管理原则

住房公积金制度的建立是政府行为,因此,住房公积金的管理原则也是由政府来确定的。《住房公积金管理条例》第四条规定:"住房公积金的管理实行住房委员会决策、住房公积金中心运作、银行专户存储、财政监督的原则。"

2. 住房公积金管理委员会的决策管理

住房公积金管理委员会由直辖市和省、自治区人民政府所在地的市以及其他设区的市设立,由人民政府负责人和财政、建设等有关部门的负责人以及工会代表、专家等共同组成,是住房公积金管理的决策机构。

住房公积金管理委员会决策是指住房公积金管理委员会作为住房公积金管理的决策机构,对有关住房公积金管理的重大问题行使决策权,包括有关住房公积金制度的政策规定和运作管理等重要事项,如拟定住房公积金的缴存比例,审批住房公积金的归集、使用计划,确定住房公积金贷款的最高额度等。住房公积金管理委员会通过严格、规范的议事制度,实行民主决策。按《住房公积金管理条例》规定,住房公积金管理委员会由人民政府负责人和财政、建设等有关部门负责人,以及工会代表、有关专家和单位代表组成。这对在住房公积金管理委员会的统一决策下,维护住房公积金所有人的合法权益,实现住房公积金保值,保证住房公积金专款专用都具有重要作用。

3. 住房公积金管理中心的运作管理

住房公积金管理中心是设在各中心城市,具体负责各城市住房公积金管理工作的非银行金融机构,是非营利性的独立的事业单位,当然也是政策性的专业住房金融机构,隶属于城市人民政府,不得挂靠任何部门和单位,也不得投资、参股或者兴办各类经济实体,是住房公积金管理的主体。住房公积金管理中心可根据精简、效能原则,在本行政区域内设立业务经办网点或者分支机构。

住房公积金管理中心运作管理的职责主要有承担本行政区域内住房公积金的归集、支付、使用和核算等职能,包括编制、执行住房公积金的归集、使用计划;负责记载职工住房公积金的缴存、提取、使用等情况;负责住房公积金的核算;审批住房公积金的提取、使用;负责住房公积金的保值和归还;编制住房公积金归集、使用计划执行情况的报告。

4.受托银行专户存储管理

有资格的商业银行受住房公积金管理委员会的委托办理住房公积金的各项金融业务,主要包括住房公积金账户的设立、缴存、归还等手续以及住房公积金贷款、结算等金融业务。住房公积金管理中心应在受委托银行设立住房公积金专户。单位在住房公积金管理中心办理住房公积金缴存登记,并经住房公积金管理中心审核后,到受委托银行为本单位职工办理住房公积金账户设立手续。每个职工只能有一个住房公积金账户,受托银行对于住房公积金账户进行专户存储管理。

5.住房公积金财政监督管理

住房公积金财政监督是指以财政部门为主对住房公积金的运作管理进行检查监督。住房公积金财政监督是一个完整的监督体系,包括财政部、中国人民银行、审计部门、职工、单位和社会,对住房公积金归集、提取、使用情况进行监督。财政监督的根本目的是防止对住房公积金的挪用,控制住房公积金管理中心费用支出,严格执行住房公积金财务和会计核算办法,保证住房公积金的安全高效运作。

单元三　住房公积金贷款

一、住房公积金贷款的概念及类型

住房公积金贷款是为推进城镇住房制度改革而发放的政策性住房贷款,是为职工购买、建造、大修理自住住房发放的住房抵押贷款。

住房公积金贷款可分为以下两种类型:

(1)个人住房公积金贷款。个人住房公积金贷款是住房公积金管理中心用住房公积金,委托商业银行向购买、建造、翻建、大修自住住房、集资合作建房的住房公积金存款人发放的优惠贷款。

(2)个人住房公积金组合贷款。个人住房公积金组合贷款是指当住房公积金基本贷款额度不足以支付购房款时,借款人在申请住房公积金贷款的同时又向受托银行申请商业性个人住房贷款,两部分贷款一起构成组合贷款。组合贷款中住房公积金贷款由管理中心审批,商业性贷款由受托银行审批。

二、住房公积金贷款的对象和条件

住房公积金贷款的申请对象必须是具有当地城镇常住户口或者有当地居民证,并按规定缴交住房公积金的职工(与住房公积金缴存对象一致),为购建自住住房的产权人或翻建、大修私房的产权人或共有产权人。

借款人向管理中心申请住房公积金贷款应具有以下条件:

(1)申请的贷款必须用于购买、建造、翻建、大修自住住房、集资合作建房。

(2)贷款人具有稳定的职业和收入,信用良好,有偿还贷款本息的能力。

(3)借款人及单位按规定、按时、足额为职工个人办理住房公积金缴存手续,并在申请贷款时,连续足额缴存住房公积金12个月以上。

（4）借款人具有购买住房的合同或协议，借款人必须是购房合同约定的产权人或共有产权人。

（5）借款人同意用当地产权明晰的房产作抵押，借款人用所购买的期房作抵押的，要有符合规定条件并具备担保资格的法人提供阶段性保证担保或以第三人房产提供抵押担保。

（6）借款人办理质押的，应用国库券、国家重点建设债券、金融债券、AAA级企业债券和个人定期储蓄存单。

（7）借款人购房的首付款占购房总价款的比例不得低于20％。

此外贷款申请人还要提供有效的身份证明和居住证明文件。

三、住房公积金贷款的程序

住房公积金贷款的程序主要包括贷款申请、贷款审批、贷款手续办理、贷款的使用及偿还。

（一）贷款申请

住房公积金贷款要向所在地的住房公积金管理中心提出借款申请。借款人可以到住房公积金管理中心或受委托的银行领取并填写"住房公积金贷款借款申请表"，见表7-1。借款人提出借款申请时，需要提交借款申请书、本人身份证和本市城镇常住户口证明、房屋买卖合同。借款人配偶或者同户成员（均必须具有常住户口）可以作为共同借款人。共同借款人承担偿还公积金贷款的连带责任。

表 7-1　北京住房公积金管理中心住房公积金贷款借款申请表

一、申请人基本情况

申请人姓名（A）		性别		出生年月		婚姻状况		联系电话	家庭单位手机	
有效身份证件类型			证件号码							
户口所在地										
现住址								邮编		
现工作单位及部门			现单位工作年限				已工作年限			
单位地址							邮编			
单位性质	按行政关系来源性质分类			按所有制分类				按单位性质分类		
职务			职称							
学历			毕业学校							
工作履历填写近3年工作变化	单位名称		工作时间				主管业务		职位	
			自　　年　　月至　　年　　月							
			自　　年　　月至　　年　　月							
			自　　年　　月至　　年　　月							
月均收入　　元	其中：1.工资收入（税前）　　元			2.奖金津贴补贴　　元			3.兼职收入　　元			
单位登记号			个人登记号				是否作信用评估			

其他申请人B,C也需填写相应申请表，表格内容与上表基本一致，仅增加与申请人A的关系。

二、拟购房情况

所购房屋地址	区　　　　小区(项目)			
	具体购房地址(以购房合同所载地址为准)			
房屋所有权证所载地址				
所购房屋性质				
购房首付款/元		房屋总价/元	建筑面积/m²	单价/(元/m²)
			套内面积/m²	单价/(元/m²)
售房人		名称地址		电话
拟交房日期		购房合同编号	房屋所有权证编号	字第　　　号

三、家庭财务情况(申请人夫妻共有财产和负债)

财产总额	元	其中:1.银行存款　　　元　2.有价证券　　　元　3.股票现值　　　元 4.其他财产　　　元	
月均支出	元	其中:1.生活费　　　元　2.子女教育　　　元　3.赡养费　　　元 4.房租　　　元　5.税金　　　元　6.其他　　　元	
家庭负债情况	元	其中:1.贷款　　　元　2.私人借款　　　元　3.其他　　　元	
财产抵押情况		是否拥有个人产权住房	是否租赁公有住房
现住房产权人		与申请人(A)关系	

四、拟借款情况

拟申请住房公积金借款金额	(大写)　　　　　元	借款期限	年
	(小写)　　　　　元		
是否组合贷款		组合贷款中商贷贷额	(大写)　　　　　元
			(小写)　　　　　元
借款人拟提供担保情况	○北京市住房贷款担保中心连带责任保证　○抵押担保　○质押担保 ○抵押加保险　○抵押加连带责任保证　○连带责任保证		
还款方式	○自由还款方式		

申请人(A)签名:　　　　　　申请人(B)签名:　　　　　　申请人(C)签名:

年　　月　　日

资料来源:北京市住房公积金管理中心网站。

(二)贷款审批

　　住房公积金管理中心在受理借款人借款申请之日起 15 日内,按照受理时间的先后顺序,作出准予贷款或不予贷款的决定。准予贷款的,住房公积金管理中心发放准予贷款决定书,并书面通知申请人到受托银行办理贷款手续。准予贷款决定书载明贷款人可以申请贷款的金额及贷款的期限。当申请借款的金额已超出当年贷款资金的计划额度时,住房公积金管理中心应当允许申请人办理预申请手续,待下一年度公积金开始发放时,由住房公积金管理中心按照受理预申请时间的先后顺序,优先办理审批手续。在住房公积金资金比较充裕的城市(如北京),住房公积金贷款并不受贷款计划额度的限制,凡是满足贷款条件的借款人均可获得住房公积金贷款。

(三)贷款手续办理

借款申请人在住房公积金管理中心审批通过后,在准予贷款决定书规定的有效期内,凭准予贷款决定书到受托银行办理借款手续。借款人可以选择任何一家住房公积金贷款受托银行办理贷款手续。

1. 签订借款合同

受托银行与借款人应当以书面形式签订个人住房公积金借款合同,其范本见表7-2。个人住房公积金借款合同主要包括以下内容:借款人的姓名和住所;贷款人、受托银行的名称和住所;贷款的金额、期限、利率;贷款资金的支付时间;贷款偿还方式、每月还款额的计算方法;担保方式和担保范围;违约责任;当事人需要约定的其他事项。

表7-2　个人住房公积金借款合同

贷款种类:＿＿＿＿＿＿＿＿＿＿＿＿＿　　　　合同编号:＿＿＿＿＿＿＿＿

借款人:＿＿＿＿＿＿＿＿＿＿＿＿＿＿＿　　　　电　话:＿＿＿＿＿＿＿＿

住址:＿＿＿＿＿＿＿＿＿＿＿＿＿＿＿＿　　　　邮政编码:＿＿＿＿＿＿＿＿

贷款银行:＿＿＿＿＿＿＿＿＿＿＿＿＿＿　　　　电　话:＿＿＿＿＿＿＿＿

法定代表人:＿＿＿＿＿＿＿＿＿＿＿＿＿　　　　传　真:＿＿＿＿＿＿＿＿

地址:＿＿＿＿＿＿＿＿＿＿＿＿＿＿＿＿　　　　邮政编码:＿＿＿＿＿＿＿＿

借款人即抵押人(以下简称甲方):＿＿＿＿＿＿＿＿＿＿＿＿＿＿＿＿＿＿＿

贷款人即抵押权人(以下简称乙方):＿＿＿＿＿＿＿＿＿＿＿＿＿＿＿＿＿＿＿

保证人即售房单位(以下简称丙方):＿＿＿＿＿＿＿＿＿＿＿＿＿＿＿＿＿＿

甲方因购买或建造或翻建或大修自住住房,根据××市住房公积金管理中心和《职工住房抵押贷款办法》规定,向乙方申请借款,愿意以所购买或建修的住房作为抵押。乙方经审查同意发放贷款。在抵押住房的房地产权证交乙方收押之前,丙方愿意为甲方提供保证。为明确各自的权利和义务,甲、乙、丙三方遵照有关法律规定,经协商一致,订立本合同,共同遵守执行。

第一条　借款金额

甲方向乙方借款人民币(大写)＿＿＿＿＿＿＿＿＿＿＿＿＿＿＿＿＿＿＿元。

第二条　借款用途

甲方借款用于购买、建造、翻建、大修坐落于＿＿＿＿＿＿区(县)＿＿＿＿＿＿街道(镇)＿＿＿＿＿＿路(村)＿＿＿＿＿＿弄＿＿＿＿＿＿号＿＿＿＿＿＿室的住房。

第三条　贷款期限

借款合同期限从＿＿＿＿＿＿年＿＿＿＿＿＿月＿＿＿＿＿＿日至＿＿＿＿＿＿年＿＿＿＿＿＿月＿＿＿＿＿＿日止。

第四条　贷款利率

贷款利率按签订本合同公布的利率确定年利率为＿＿＿＿＿＿%(月利率＿＿＿＿＿＿%)。在借款期限内利率变更,按中国人民银行规定办理。

第五条　存入自筹资金

甲方应在本合同签订后,在乙方开立活期储蓄存款账户(储蓄卡账户),将自筹资金存入备用。如需动用甲方本人、同户成员、非同户配偶和非同户血亲公积金抵充自筹资金的,需提供当事人书面同意的证明,交乙方办理划款手续。甲方已将自筹资金支付给售房单位作为首期房贷并有收据的可免存。

第六条　贷款拨付

向售房单位购买住房或通过房地产交易市场购买私房的甲方在此不可撤销地授权乙方,在办理住房抵押登记获得认同(乙方确定)之日起的5个营业日内将贷款金额连同存入的自筹资金全数以甲方购房款的名义转入售房单位或房地产交易市场在银行开立的账户。

甲方建造、翻建、大修自住住房的,在本合同生效后自筹资金用完或将要用完时,由乙方主动将贷款资金划入甲方在乙方开立的活期储蓄存款账户(　　)储蓄卡账户(　　),按工程进度支用。

第七条　贷款偿还

贷款本金和利息,采用按月等额还款方式。

贷款从发放的次月起按月还本付息。根据等额还款的计算公式计算每月等额还贷款本息,去零进元确定每月还本息额,最后一次本息结清。

(1)第一期(合同签订时)每月还本息额为:人民币(大写)＿＿＿＿＿＿万＿＿＿＿＿＿仟＿＿＿＿＿百＿＿＿＿＿＿拾＿＿＿＿＿＿元整。

(2)第二期至以后各期每月还本息额根据当年银行公布的个人住房公积金贷款利率计算,以乙方书面通知为准,同时变动分期每月还本息额。

甲方需动用本人、同户成员、非同户配偶和直系血亲公积金用于偿还贷款本息的,可在每年的＿＿＿＿＿＿＿＿＿月份办理一次,手续与本合同第五条公积金抵充自筹资金相同。

储蓄卡、信用卡还款:

甲方必须办理中国建设银行上海市分行储蓄卡、信用卡,委托乙方以自动转账方式还本付息的足额款项,存入储蓄卡账户或信用卡账户,保证乙方能够实施转账还款。

当因甲方原因造成用卡还款失败时,甲方必须持现金到原贷款经办行还款。

甲方提前将未到期贷款本金全部还清,乙方不计收提前还款手续费,也不退回按原合同利率收取的贷款利息。

第八条　贷款担保

本合同项下甲方购买的住房由丙方提供阶段性保证。在未将房地产权证交乙方收押前,如发生借款人违约连续3个月拖欠贷款本息、罚息及相关费用,丙方须在接到乙方发出《履行保证责任通知书》后的10日内负责代为清偿。保证期限从贷款发生之日起,至乙方取得房地产权证收押之日为止。

保证期间,借款合同的甲、乙方协议变更借款合同内容,应事先征得丙方的书面同意。

本合同项下甲方购买、建造、翻建、大修的住房作为借款的抵押担保,由甲、乙方另行签订《住房抵押合同》。甲方购买期房的,应将购房预售合同交乙方保管。

第九条　合同公证

甲、乙、丙三方自本合同签订之日起的10日内,向公证机关办理本合同和甲、乙签订的住房抵押合同公证。

第十条　合同的变更和解除

本合同生效后,任何一方不得擅自变更和解除本合同。

甲方如将本合同项下的权利、义务转让给第三方,应符合有关规定,并应事先经乙方书面同意(如在保证期间应征得丙方同意),其转让行为在受让方和乙方重新签订借款合同后生效。

第十一条　甲、乙双方的权利和义务

甲方有权要求乙方按合同约定发放贷款。

甲方应在合同约定的期限内向乙方归还全部贷款本息。

甲方必须按约定用途使用乙方贷款,未经乙方书面同意,甲方不得将乙方贷款挪作他用。

乙方应按合同规定期限及时发放贷款。

第十二条　违约责任

甲方在执行本合同期间,未按月偿还贷款本息为逾期贷款,乙方按规定对其欠款每＿＿＿＿＿＿＿＿天计收万分之＿＿＿＿＿＿＿＿的罚息;并由甲方在活期储蓄或储蓄卡账户内存入1个月的贷款数,保证按时归还乙方贷款。

甲方如连续6个月未偿还贷款本息和相关费用,或被发现申请贷款时提供资料不实以及未经乙方书面同意擅自将抵押住房以出租、出售、交换、赠予等方式处分抵押住房的,乙方有权提前收回贷款本息,直至处分抵押住房,如不足以偿还欠款的没有继续向甲方追偿欠款的权利。

甲方未将乙方贷款按合同约定使用而挪作他用,对挪用部分按规定每天计收万分之十二的罚金。

第十三条　本合同争议解决方式

在履行本合同过程中发生争议时,可以通过协商解决,协商不成,可以向乙方所在地的人民法院起诉。在协商或诉讼期间,本合同不涉及争议部分的条款,仍须履行。

第十四条　其他约定事项(略)

第十五条　本合同自甲、乙、丙三方签订后生效,丙方保证责任至甲方所购商品房的《房地产权证》和《房地产其他权证证明》交乙方执管后终止。甲、乙双方承担责任至合同项下贷款本息和相关费用全部清偿完毕后终止。

第十六条 本合同正本一式五份,甲、乙、丙各执一份,公证机关、房地产登记机构各执一份,副本按需确定,其中,送城市住房公积金管理中心一份。

甲方:(私章) 乙方:(私章)

(签字) 法定代表人(签章)

_____年_____日_____日 _____年_____日_____日

丙方:(公章)

法定代表人(签章)

(或其授权代理人)

_____年_____日_____日

2. 签订保证合同

借款人在办理借款手续过程中,还要提供贷款人认可的担保。目前,我国住房公积金贷款的担保方式有抵押加担保、抵押加购房综合保险、质押、房地产担保公司担保四种方式。

(1)抵押加担保。借款人将所购的住房抵押给银行,同时还要有具有法人资格、符合担保条件的第三方给予担保。

(2)抵押加购房综合保险。如果不选择第三方担保,可以在办理房屋抵押时,买一份综合保险,它将为借款人提供保证保险。

(3)质押。质押是把相当于贷款额的动产或财产权利押给银行,如债券、存单等。

(4)房地产担保公司担保。住房置业担保是在住房置业担保申请及个人住房贷款申请批准后,贷款人与借款人签订书面个人住房借款合同,担保公司与贷款人签订书面保证合同。

3. 办理抵押登记

用房产抵押的,借款人和贷款银行在填写好的《房屋他项权申请登记表》上加盖抵押人和抵押权人印章。抵押双方当事人到房屋坐落地的产权管理部门办理抵押登记手续。

4. 办理保险手续

用房屋抵押的,贷款银行凭《房屋他项权证》或《房地产抵押权证明书》同借款人办理《抵押住房保险》或《建(修)房综合保险》手续。

5. 贷款资金的请领或划拨

借款人办完担保和保险手续后,将资料交给贷款银行,贷款银行开出《职工个人住房组合贷款指标通知书》,填报《职工个人住房组合贷款基金请领表》,然后将借款合同等贷款材料和贷款指标通知书、基金请领表上报住房公积金管理中心,请领住房公积金贷款资金。住房公积金管理中心经审核同意后,将贷款资金划入贷款银行。

(四)贷款的使用及偿还

1. 贷款的使用

借款人到贷款银行办理贷款使用手续。用于购房的,贷款银行将所贷款项以转账方式划入售房单位、卖房人或置换企业账户;用于新建和大修私房的贷款,由借款人按借款合同规定支取。

2. 贷款的偿还

住房公积金贷款为分期偿还,有等额本息还款法、等额本金还款法和自由还款法三种方式。借款人取得贷款之后按期还款,借款人未按照借款合同规定的期限、额度偿还贷款本息的,对逾期部分,按照中国人民银行和委托人的有关规定计收罚息。

借款人可多次提前偿还贷款或一次性提前还清贷款。提前偿还贷款的,借款人应事先告知贷款人,经贷款人同意后,由贷款人根据约定的利率和贷款余额,按实际占用天数计收利息,已计收的利息不作调整。

四、住房公积金贷款合同的主要内容

1. 贷款额度

住房公积金贷款额度及其确定各地不完全一样,有的城市贷款额度在"可贷额度"与"最高额度"内,根据贷款条件的具体情况,确定实际贷款额度。

(1)可贷额度。可贷额度＝(贷款当月借款人和愿参与还款的同户成员、非同户的配偶和直系亲属计算住房公积金的月工资基数之和)×规定的工资收入中用作住房消费的比例×12(月)×贷款期限(年)。

(2)最高额度。最高额度＝购买、建造或翻建、大修一套住房的房价或费用×规定的最高贷款成数,且不超过每年具体规定的最高限额。

关于最高贷款成数,有的城市规定对于购买新住房(一手房)为 8 成,即 80％,有的为 9 成,即 90％;对于购买再交易住房(二手房)规定最高贷款成数为 7 成,即 70％。至于最高额度,有的城市为 20 万元,有的城市为 30 万元,有的城市还规定要同时符合不高于借款人住房公积金存储余额的 20 倍等。

2. 贷款期限

贷款期限由住房公积金管理中心或受托银行根据借款人的申请及偿还能力确定。每项住房公积金贷款期限最长不超过 30 年,并不长于借款人法定离休或者退休时间后的 5 年。共同借款的,贷款期限最长不超过 30 年,并不长于其中最年轻者法定离休或者退休时间后的 5 年。借款人的申请期限短于规定的最长期限的,贷款期限以申请期限为准。

3. 贷款利率

住房公积金贷款利率按照国务院批准的利率标准执行。中国人民银行根据规定目前 1～5 年期住房公积金贷款利率为 4.00％,5 年以上住房公积金贷款利率为 4.50％。住房公积金贷款为浮动利率贷款,随央行利率调整而调整,但当年的贷款利率不变。转年后贷款执行新利率。通常情况下,住房公积金贷款利率低于同期商业性住房贷款利率。

阅读材料

住房公积金贷款与个人商业性住房贷款的区别

住房公积金贷款与个人商业性住房贷款的区别主要有:

(1)性质不同。住房公积金贷款属于政策性个人住房贷款,资金来源为单位和个人共同缴存的公积金存款。个人商业性住房贷款属于商业银行自主发放的商业性的贷款,资金来源为银行自行吸收的各类存款。

(2)贷款对象不同。住房公积金贷款的对象是住房公积金的缴存人,其贷款的对象是特定的;个人商业性住房贷款的对象是具有完全民事行为能力的自然人,它不限于住房公积金的缴存人。

(3)贷款发放方式不同。住房公积金贷款的贷款人是公积金管理中心,贷款风险由公积金管理中心承担,贷款方式属委托贷款,由住房公积金管理中心委托指定银行办理发放手续,并签订委托合同。个人商业性住房贷款由商业银行发放,贷款风险由银行自己承担。

(4)贷款额度不同。住房公积金贷款的最高贷款额度一般低于个人商业性住房贷款的最高贷款额度。

单元四　我国住房公积金制度存在的问题与改善对策

一、我国住房公积金制度存在的问题

我国住房公积金制度经过多年的发展,对于在民众之中普及住房金融知识、满足部分居民的住房融资需求发挥了重要的作用。但是,仍存在一些问题。

1. 住房公积金覆盖率低

目前,我国一些大城市的住房公积金覆盖率达到 90% 以上,但仍有相当一部分省市的住房公积金覆盖率不到 50%。有相当一部分城镇职工因企业经济效益不佳而迟缴甚至不缴住房公积金,有些私企和三资企业的职工也未能进入住房公积金体系。而这些群体对住房需求最迫切,需要得到政府的政策支持。由于总体覆盖率较低使住房公积金的作用受到一定限制。

2. 住房公积金制度发展不平衡

受房地产经济发展水平、群众住房消费取向等因素的影响,我国住房公积金制度的建立与发展状况在不同地区之间尚存在较大差异。以住房公积金贷款业务为例,北京、上海、天津等经济发达地区,房地产市场较为繁荣,贷款购房较为普遍,贷款规模持续扩大,甚至出现了资金不足的现象。而有的地区恰恰相反,贷款规模较小,归集上来的资金大量沉淀。住房公积金实行属地化封闭管理,地区间的资金不能相互调用。在这种矛盾的制约下,从全国住房公积金的宏观管理情况来看,政策的优越性和互助性特点未得到充分体现,积极作用被削弱。

3. 住房公积金个贷风险会增加

按照我国现行《住房公积金管理条例》的规定,住房公积金管理中心"负责公积金的归集、保值和增值,具体金融业务(贷款、结算、开立账户、缴存和归还)委托银行办理"。但是,按照中国人民银行颁布的《贷款通则》,银行作为"受托人只收手续费,不承担贷款风险",由此可知,已归集的住房公积金由住房公积金管理中心具体运作,既然住房公积金管理中心是公积金资金的经营运作主体,那么资金运作的风险理应由住房公积金管理中心来承担。但按现行政策,住房公积金管理中心可能难以承担这种责任。

4. 利率机制单一,业务品种尚未多元化

目前,我国住房公积金存款利率与贷款利率实行"低存低贷"或称"低进低出"机制。在国家财力不足的情况下,既不加重政府财政负担,又降了居民购房成本,有利于鼓励居民个人借钱消费。但是,这种单一的利率机制同时也会产生一些问题,具体表现为以下几方面:

(1)对于大多数参与住房公积金的城镇居民来说,"低进"制在一定程度上表现为某种所谓的"利率歧视"。相对于不断上涨的房价和经常性的通货膨胀而言,过低的存款利息收益将无法实现住房公积金的保值与增值目标。

（2）从长远来看，随着金融市场不断开放扩大，"低进"制反而会割裂住房公积金与整个金融资本市场的内在联系，造成资金的封闭性和短缺性并存，使住房公积金市场规模不断缩小，发展缓慢。

（3）"低出"制即低贷款利率极易引发各单位和个人对这种优惠贷款的过度需求，造成住房信贷资金供需失衡，更容易导致政策性住房资金的挤占、挪用以及金融机构间为获取利润而进行不正当竞争，助长某些贪污腐败现象的发生。

（4）从经济学上讲，"低存低贷"制对于贷款人若是一种优惠的贷款奖励，对于长期存款人则是一种经济利益的剥夺。

5. 住房公积金运行监督不严

虽然住房公积金是强制性的住房储金，住房公积金实行"管委会决策、中心运作、银行专户、财政监督"的管理机制。但现在许多地区住房公积金委员会作为公积金管理的决策机构，实际上是一个虚设的机构，委员多为政府官员。因此，住房公积金被挪作他用的情况在一些城市时有发生。另外，住房公积金应是政府协助公积金缴集人按地区进行管理，应用于地区职工住房建设、购买行为的一种制度安排，但在现实中按行政隶属关系、按块分割的现象普遍，很多行政单位将之视为计划外财政或可填补余缺的机动资金。资金管理中心作为事业单位，能否承担资金的增值、保值作用，其法律地位还有待进一步明确。

二、我国住房公积金制度的改善对策

就目前我国住房公积金的实践来看，要保证住房公积金制度的有效实施，应采取以下改善对策：

（1）强化住房公积金归集，盘活沉淀资金，加大个人贷款发放力度。要采取多种措施加强住房公积金归集工作，改进住房公积金缴存管理方式，依法督促有关单位按时足额缴存住房公积金，凡用人单位招聘职工，单位和职工都必须承担缴纳住房公积金的义务，以提高归集率。

（2）实行存贷挂钩，合理使用住房公积金。我国的住房公积金实行"低存低贷"机制。住房公积金贷款的使用人享受的住房公积金贷款与商业性贷款的利差，实质上是住房公积金缴存者"低存"损失的资金收益。更为突出的是，那些能尽可能地将住房公积金低息贷款用足的人，常常是社会中的中高收入者。这就形成了大多数中低收入者用自己的储蓄为少数中高收入者购房提供补贴的扭曲格局。这种住房公积金储蓄与贷款的不对称运作机制所带来的风险也是显而易见的。解决这个问题的方法在于借鉴国外住房储蓄银行模式，逐步改革住房公积金制度。

（3）扩大覆盖面，合理确定缴存率。扩大住房公积金的覆盖面，既有利于增加居民的住房消费资金积累，又满足了城镇部分中、低收入阶层居民的资金借贷需求。随着社会经济的迅猛发展和工资水平的提高，广大城镇职工对住房消费的负担能力日益增强，住房公积金缴存率将进一步调整和提高。

（4）完善住房公积金管理工作监督体系。住房公积金管理中心和住房公积金管理委员会及政府相关部门要增强风险意识，健全资产管理和风险管理机制。

阅读材料

北京住房公积金 2019 年年度报告

根据国务院《住房公积金管理条例》和住房和城乡建设部、财政部、中国人民银行《关于健全住房公积金信息披露制度的通知》(建金〔2015〕26 号)的规定,经北京住房公积金管理委员会审议通过,现将北京住房公积金 2019 年年度报告公布如下。

一、机构概况

(一)住房公积金管理委员会

北京住房公积金管理委员会有 30 名成员,2019 年召开 1 次会议,审议通过的事项主要包括:2018 年住房公积金归集使用计划执行情况和 2019 年计划,北京住房公积金增值收益 2018 年收支情况和 2019 年收支计划,北京住房公积金 2018 年年度报告,住房公积金缴存比例执行及审批单位降低缴存比例和缓缴申请等有关事项。

(二)住房公积金管理中心

北京住房公积金管理中心(以下简称管理中心)为北京市政府直属的不以营利为目的的全额拨款事业单位。中心有 3 个分中心:中共中央直属机关分中心(以下简称中直分中心)、中央国家机关分中心(以下简称国管分中心)、北京铁路分中心(以下简称铁路分中心);内设 11 个处室、机关党委、机关纪委和工会;垂直管理 20 个分支机构(18 个管理部和住房公积金贷款中心、结算中心);下设 2 个直属事业单位:北京住房公积金客户服务中心、北京市住房贷款担保中心。从业人员 865 人,其中,在编 758 人,非在编 107 人。

二、业务运行情况

(一)缴存

2019 年,北京地区新开户单位 43 904 个,实缴单位 206 343 个,净增单位(实缴)23 124 个;新开户职工 83.93 万人,实缴职工 798.54 万人,净增职工(实缴)19.66 万人;缴存额 2 213.55 亿元,同比增长 11.8%。2019 年年末,缴存总额 15 309.92 亿元,同比增长 16.9%;缴存余额 4 844.99 亿元,同比增长 14.2%。

受管理中心委托办理住房公积金缴存业务的银行 11 家,与上年相比增加 2 家。

(二)提取

2019 年,缴存人提取住房公积金 1 612.64 亿元,同比增长 10.8%。占当年缴存额的 72.9%,同比减少 0.6 个百分点。2019 年年末,提取总额 10 464.94 亿元,同比增长 18.2%。

(三)委托贷款

1. 住房公积金个人住房贷款

个人住房贷款最高额度 120 万元,其中,单缴存职工和双缴存职工的最高额度均为 120 万元。

2019 年,北京地区发放住房公积金个人住房贷款 71 489 笔、557.56 亿元,同比分别下降 11.5%、32.9%。其中,北京地方发放 53 084 笔、392.8 亿元,中直分中心发放 365 笔、2.99 亿元,国管分中心发放 14 069 笔、139.18 亿元,铁路分中心发放 3 971 笔、22.58 亿元。

2019 年,回收个人住房贷款 301.03 亿元。其中,北京地方回收 246.91 亿元,中直分中心回收 2.04 亿元,国管分中心回收 45.02 亿元,铁路分中心回收 7.06 亿元。

2019 年年末,北京地区累计发放个人住房贷款 117.99 万笔、6 916.21 亿元,贷款余额

4 292.83 亿元,同比分别增长 6.4%、8.8%、6.4%。个人住房贷款余额占缴存余额的 88.6%,比上年同期减少 6.5 个百分点。

受委托办理住房公积金个人住房贷款业务的银行 8 家,与上年相比无变化。

2.住房公积金支持保障性住房建设项目贷款

2019 年,支持保障性住房建设项目贷款无发放,回收项目贷款 17.02 亿元。2019 年年末,累计发放项目贷款 201.09 亿元,项目贷款余额 2.4 亿元。

(四)购买国债

2019 年,未发生新购买、兑付、转让、回收国债情况。2019 年年末,国债抵债资产 2.27 亿元,国债余额与 2018 年年底相比无变化。

(五)调剂资金

2019 年,当年无调剂其他住房资金,当年调回调剂资金 160 亿元。2019 年年末,调剂总额 250 亿元,调剂资金余额 0 元。

(六)资金存储

2019 年年末,管理中心住房公积金存款 637.63 亿元。其中,活期 1.79 亿元,1 年以内定期(含)108.25 亿元,1 年以上定期 149 亿元,其他(协定、通知存款)378.59 亿元。

(七)资金运用率

2019 年年末,住房公积金个人住房贷款余额、项目贷款余额和购买国债余额的总和占缴存余额的 88.7%,比上年同期减少 6.9 个百分点。

三、主要财务数据

(一)业务收入

2019 年,住房公积金业务收入共计 1 513 852.69 万元,同比增加 12.5%。其中,北京地方 1 188 134.7 万元,中直分中心 8 691.74 万元,国管分中心 269 878.07 万元,铁路分中心 47 148.18 万元;存款(含增值收益存款)利息收入 151 177 万元,委托贷款利息收入 1 362 222.01 万元,无国债利息收入,其他收入 453.68 万元。

(二)业务支出

2019 年,住房公积金业务支出共计 747 309.11 万元,同比增长 13%。其中,北京地方 588 669.6 万元,中直分中心 4 641.42 万元,国管分中心 127 542.37 万元,铁路分中心 26 455.73 万元;住房公积金利息支出 683 878.87 万元,归集手续费用支出 4 509.34 万元,委托贷款手续费支出 37 347.74 万元,其他支出 21 573.17 万元。

(三)增值收益

2019 年,住房公积金增值收益 766 543.58 万元,同比增加 12.1%。其中,北京地方 599 465.1 万元,中直分中心 4 050.32 万元,国管分中心 142 335.7 万元,铁路分中心 20 692.45 万元。增值收益率(增值收益与月均缴存余额的比率)1.7%,与上年相比无变化。

(四)增值收益分配

2019 年,提取贷款风险准备金 93 630.59 万元,提取管理费用 9 338.33 万元,提取城市廉租住房(公共租赁住房)建设补充资金 663 574.65 万元。

2019 年,上缴财政管理费用 61 672.01 万元。上缴财政城市廉租住房(公共租赁住房)建设补充资金 492 184.88 万元,其中北京地方 492 184.88 万元。

2019 年年末,贷款风险准备金余额 1 069 487.57 万元。累计提取城市廉租住房(公共租赁住房)建设补充资金 3 786 655.95 万元。其中,北京地方提取 3 272 586.79 万元,中直分中心提取 25 731.15 万元,国管分中心 350 084.8 万元,铁路分中心 138 253.21 万元。

（五）管理费用支出

2019 年,管理费用支出 64 765.62 万元,同比增长 3.4％。其中,人员经费 25 471.34 万元,公用经费 2 100.88 万元,专项经费 37 193.4 万元。

北京地方管理费用支出 50 380.39 万元,其中,人员、公用、专项经费分别为 20 546.26 万元、1 594.65 万元、28 239.47 万元;中直分中心管理费用支出 1 156.19 万元,其中,人员、公用、专项经费分别为 383.88 万元、56.47 万元、715.84 万元;国管分中心管理费用支出 8 567.6 万元,其中,人员、公用、专项经费分别为 2 053.47 万元、303.19 万元、6 210.94 万元;铁路分中心管理费用支出 4 661.45 万元,其中,人员、公用、专项经费分别为 2 487.73 万元、146.58 万元、2 027.15 万元。

四、资产风险状况

（一）住房公积金个人住房贷款

2019 年年末,逾期住房公积金个人贷款 917.26 万元,住房公积金个人贷款逾期率 0.02‰。其中,国管分中心逾期率 0.1‰。

个人贷款风险准备金按贷款余额的 1‰提取(其中国管分中心按当年可供分配增值收益的 60％提取)。2019 年,提取个人贷款风险准备金 101 638.17 万元,当年无使用住房公积金个人贷款风险准备金核销金额,住房公积金个人贷款风险准备金余额为 1 055 607.57 万元,住房公积金个人贷款风险准备金余额与住房公积金个人贷款余额的比率为 2.5％,住房公积金个人贷款逾期额与住房公积金个人贷款风险准备金余额的比率为 0.1％。

（二）支持保障性住房建设试点项目贷款

2019 年年末,无逾期项目贷款。项目贷款风险准备金提取比例为贷款余额的 4％。2019 年,冲减已计提项目贷款风险准备金 8 007.58 万元,当年无使用项目贷款风险准备金核销金额,项目贷款风险准备金余额为 13 880 万元,项目贷款风险准备金余额与项目贷款余额的比率为 57.8％。

五、社会经济效益

（一）缴存业务

2019 年,住房公积金实缴单位数、实缴人数和缴存额同比分别增长 12.6％、2.5％和 11.8％。

缴存单位中,国家机关和事业单位占 5.2％,国有企业占 4％,城镇集体企业占 0.4％,外商投资企业占 4.2％,城镇私营企业及其他城镇企业占 52.2％,民办非企业单位和社会团体占 1.4％,其他占 32.6％。

缴存职工中,国家机关和事业单位职工占 15.8％,国有企业职工占 18.4％,城镇集体企业职工占 0.5％,外商投资企业职工占 9.2％,城镇私营企业及其他城镇企业职工占 40.6％,民办非企业单位和社会团体职工占 0.9％,其他职工占 14.6％;中、低收入群体占 89.1％,高收入群体占 10.9％。

新开户职工中,国家机关和事业单位占 7.6％,国有企业占 14.2％,城镇集体企业占 0.3％,外商投资企业占 6.7％,城镇私营企业及其他城镇企业占 45.9％,民办非企业单位和社会团体占 1.3％,其他占 24％;中、低收入群体占 98.2％,高收入群体占 1.8％。

（二）提取业务

2019 年，391.21 万名缴存职工提取住房公积金 1 612.64 亿元。

提取金额中，住房消费提取占 88.6%（购买、建造、翻建、大修自住住房占 61.2%，偿还购房贷款本息占 18.6%，租赁住房占 8.7%，其他占 0.02%）；非住房消费提取占 11.4%（离休和退休提取占 8.4%，完全丧失劳动能力并与单位终止劳动关系提取占 0.01%，户口迁出本市或出境定居占 0.01%，其他占 3%）。

提取职工中，中、低收入群体占 85%，高收入群体占 15%。

（三）贷款业务

1. 住房公积金个人住房贷款

2019 年，支持职工购房 611.23 万平方米。年末住房公积金个人住房贷款市场占有率（指2019 年年末住房公积金个人住房贷款余额占当地商业性和住房公积金个人住房贷款余额总和的比率）为 29.2%，比上年同期增加 0.3 个百分点。通过申请住房公积金个人住房贷款，购房职工减少利息支出约 1 360 196.21 万元。

职工贷款笔数中，购房建筑面积 90（含）平方米以下占 69.4%，90—144（含）平方米占28.1%，144 平方米以上占 2.5%；购买新房占 37.3%（购买保障性住房占 24.6%），购买二手房占 62.7%。

职工贷款笔数中，单缴存职工申请贷款占 52.8%，双缴存职工申请贷款占 47.2%。

贷款职工中，30 岁（含）以下占 26.2%，30—40 岁（含）占 57%，40—50 岁（含）占 13%，50 岁以上占 3.8%；首次申请贷款占 98.5%，二次及二次以上申请贷款占 1.5%；中、低收入群体占81.8%，高收入群体占 18.2%。

2. 异地贷款

2019 年，发放异地购房贷款 345 笔、26 565 万元。2019 年年末，发放异地购房贷款总额104 436.8 万元，异地贷款余额 97 149.46 万元。

3. 公转商贴息贷款

2019 年，未发放公转商贴息贷款，当年贴息额 1 027.34 万元。2019 年年末，累计发放公转商贴息贷款 13 527 笔、496 253.8 万元，累计贴息 17 035.55 万元。

4. 支持保障性住房建设试点项目贷款

2019 年年末，累计发放项目贷款 36 个，贷款额度 201.09 亿元，建筑面积 942.65 万平方米，可解决 90 606 户中低收入职工家庭的住房问题。35 个项目贷款资金已发放并还清贷款本息。

（四）住房贡献率

2019 年，住房公积金个人住房贷款发放额、公转商贴息贷款发放额、项目贷款发放额、住房消费提取额的总和与当年缴存额的比率为 89.7%，比上年减少 17.1 个百分点。

六、其他重要事项

（一）持续优化营商环境，提升企业职工办事便利性

认真落实"放管服"改革要求和优化营商环境工作部署，减材料、减时限、减跑动，精简业务材料比例达 67%，17 个事项可网上一次办结；新增 13 个银行代办网点，进一步扩展"全城通办"覆盖区域；在全市率先实现电子营业执照应用；办件数据汇聚量排名位居全市首位。相应举措提升了政务服务便利度、快捷度和满意度，受到了缴存人的广泛认可。

（二）全面做好"接诉即办"，解决群众烦心事

紧扣"七有""五性"需求，通过组建专班、梳理渠道、明确时限、主动联办等方式，不断提升响应率、解决率和满意率。全年12329热线电话人工接听量约201万次，整体接通率99％。受理12345北京市市民热线转来的咨询约520件，来自首都之窗"政风行风"热线转办的信件114封，回复合格率100％。其他渠道共回复咨询9 500余件，有效解决群众的关注和关心。

（三）大力推进执法检查，维护职工合法权益

优化行政执法流程，全面启动执法重心向基层下移，及时解决通过自查、市民热线及信访等渠道发现的公积金执法案件。办案时间压缩60％，通过与市市场监管局、市人力社保局联动，借助企业开户、社保等单位及个人信息共享，加大执法检查工作力度和精准度，全年对629家单位进行主动检查，对发现违法的单位，均已责令改正。全年执法受理案件总数7 562件，同比增长76％；办结案件7 486件，占全部受理案件的99％，依法维护了职工的合法权益。

（四）继续执行5％～12％缴存比例，完成年度缴存基数调整

2019年，北京地区各类缴存单位为职工缴存住房公积金的比例为5％～12％，月缴存基数上限由25 401元上调为27 786元，缴存基数下限按年最低工资计算由2 120元调整为2 200元，领取基本生活费职工的月缴存基数下限为1 540元。既体现了住房公积金制度政策的刚性要求，同时又体现了制度落实的灵活性。

（五）大力推进"互联网＋公积金政务服务"，提升便民服务水平

实现在国家政务平台、市政务服务网、市级政务自助服务终端、市移动公共服务平台、北京通、E窗通、市社保网厅七个政务平台办理公积金业务。完成17项减跑动业务功能改造，以及跨年清册、网上证明、离京销户、异地转移等12项业务优化。全年通过网上渠道办理各项业务163万笔次，达到同类事项同期业务总量的86％，极大减少了缴存单位和职工在不同部门间的往返次数和业务办理时间。

【案例】

刘某今年31岁，家住天津市，为某机关公务员。其未婚妻29岁，为某高校教师。两人打算今年结婚，预购一套65万元商品住宅为结婚用房。其父母只能为其支付20万元房款，房款还差45万元。如果他办理职工个人住房公积金贷款，大概只能贷款34万元左右。刘某与其未婚妻（双方已办理婚姻登记）商定申请夫妻双职工公积金贷款。刘某本人月工资收入为3 000元，公积金账户余额现为3万元左右，每月缴存公积金560元。其未婚妻月工资收入为2 800元，公积金账户余额现为2.5万元左右，每月缴存公积金450元。两人工作状况稳定，预申请20年期公积金贷款。根据天津市的有关规定，他们在办理公积金贷款应考虑的问题如下。

1.刘某申请双职工住房公积金贷款额度如何确定？

住房公积金贷款额度的计算，要根据还贷能力、贷款成数、住房公积金账户内存储余额倍数和贷款最高限额4个条件来确定，依据4个条件算出的最小值就是借款人最高可贷数额。计算方法如下：

（1）按月工资总额计算的贷款额度为（3 000＋2 800＋560＋450）×40％×12×20＝65.376（万元）。

（2）按购房款计算的最高贷款额度为650 000×70％＝45.5（万元）。

（3）按住房公积金余额计算的贷款额度为（30 000＋25 000）×20＝110（万元）。

（4）住房公积金贷款最高限额70万元刘某最终可贷款额为45.5万元，全部可申请住房公积金贷款。

2.贷款程序如何？

贷款程序：借款申请；贷款初审；贷款担保；办理抵押登记；办理保险手续；贷款资金的申领和划拨；贷款使用。

3.刘某应提供的主要资料有哪些？

(1)借款人及配偶身份证及复印件4份。

(2)结婚证或同户籍户口簿或民政部门出具的婚姻证明及复印件3份。

(3)借款人及配偶住房公积金龙卡。

(4)借款人及配偶正楷人名章。

(5)借款人本市户口簿或蓝印户口簿或暂住证及复印件2份。

(6)《商品房买卖合同》4份及复印件1份。

(7)《销售不动产统一发票》或《新建商品房预售资金缴款凭证》及复印件4份。

(8)缴纳税费证明。

(9)采用抵押担保方式的，应提供《新建住宅商品房准许使用证》(或质量证书、开发商房地产权证)复印件2份。

借款人有配偶或有共同购房人的借款人配偶或共同购房人及配偶应在贷款承办银行签订或提供经公证的《同意以共有财产抵押保证书》2份。

(10)住房公积金管理中心和贷款承办银行要求提供的其他材料。

模块小结

住房公积金作为一种重要的政策性房地产融资形式，已在我国的现实生活中发挥着越来越大的作用，也是整个房地产金融中最典型的政策性房地产金融。本模块主要介绍了住房公积金制度、住房公积金的归集、提取和管理，住房公积金贷款等。

思考与练习

一、填空题

1._____是关于住房公积金的提取、存储、使用和管理等住房公积金运行的一整套的行为准则和工作方式。

2.住房公积金制度规定：实行住房公积金办法的职工个人_____缴交占工资一定比例的住房公积金，职工所在单位也_____提供占据_____一定比例的住房公积金，两者均归_____所有。

3.住房公积金主要由_____、_____和_____三部分组成。

4.住房公积金的月缴存额由_____和_____两部分组成。

5.个人住房公积金有效凭证有_____、_____和_____等形式。

6.住房公积金的管理实行_____、_____、_____、_____的原则。

7.住房公积金贷款可分为_____、_____。

二、选择题

1. 住房公积金储蓄的对象有（　　　）。

　　A. 国家机关、国有企业、事业单位

　　B. 城镇集体企业、城镇私营企业及其他城镇企业

　　C. 外商投资企业、民办非企业单位

　　D. 社会团体的在职职工

　　E. 离休干部、退休职工不实行住房公积金办法

2. 职工有下列（　　　）之一的，可以提取职工住房公积金账户内的存储余额。

　　A. 购买、建造、翻建、大修自住住房的

　　B. 离休、退休、出境定居的

　　C. 年满 18 岁，并与单位终止劳动关系的

　　D. 偿还购房贷款本息的

　　E. 房租超出家庭工资收入的规定比例的

3. 借款人向管理中心申请住房公积金贷款应具有（　　　）条件。

　　A. 申请的贷款必须用于购买、建造、翻建、大修自住住房、集资合作建房

　　B. 贷款人具有稳定的职业和收入，信用良好，有偿还贷款本息的能力

　　C. 借款人及单位按规定、按时、足额为职工个人办理住房公积金缴存手续，并在申请贷款时，连续足额缴存住房公积金 6 个月以上

　　D. 借款人具有购买住房的合同或协议，借款人必须是购房合同约定的产权人或共有产权人

　　E. 借款人同意用当地产权明晰的房产作抵押，借款人用所购买的期房作抵押的，要有符合规定条件并具备担保资格的法人提供阶段性保证担保或以第三人房产提供抵押担保

三、简答题

1. 什么是住房公积金？住房公积金的特点有哪些？

2. 住房公积金制度的作用有哪些？

3. 住房公积金的缴存基数和缴存比例如何确定？

4. 职工丧失缴存条件的提取主要包括哪些情况？

5. 住房公积金的转移、中断和恢复有哪些要求？

6. 住房公积金贷款程序主要包括哪些？

7. 住房公积金贷款合同的主要内容包括哪些？

8. 我国住房公积金制度的改善对策有哪些？

模块八

房地产信托

知识目标

1. 了解信托的概念、种类；了解房地产信托的基本含义、特征、要素、作用。

2. 掌握房地产信托贷款的概念及处理程序；房地产委托贷款的概念及处理程序；房地产信托投资的概念及分类。

3. 熟悉房地产信托投资基金的含义及特点；掌握房地产投资信托的分类及运作模式。

能力目标

能够进行房地产信托资金的来源分析；能够熟练运用房地产信托贷款、委托贷款的处理程序；能够运用房地产投资信托的运作模式。

案例导入

北京"世纪星城"项目预计总投资 8.99 亿元，项目前期已投入 2.8 亿元，并已取得一期土地证和建设用地规划许可证，但还要取得开工许可证和建设工程规划许可证才可向银行申请贷款。而 2003 年央行 121 号文件的执行，使项目开发商北京顺华房地产开发有限公司（以下简称顺华公司），凭借自身 1.5 亿元的注册资本，不能满足 30% 的最低限，也无法向银行申请贷款。无疑，工程开工将面临资金断流的危险。此种情况下，信托资金扮演了雪中送炭的角色。

2003 年 11 月，重庆国投发起设立"世纪星城"住宅项目股权投资信托计划，信托期限为 2 年，年预期收益率不低于 6%，投资者单笔信托受益权凭证最低认购金额为 60 万，信托计划最后募集 2 亿资金。根据信托合同，重庆国投将信托资金以股权形式投资入股顺华公司，与此同时，顺华公司的第一大股东福建顺华房地产开发有限公司承诺在 2 年内溢价收购该股权，以保障投资者信托权益的实现。信托资金入股前的顺华公司股东以其持有的该公司全部股权质押给重庆国投，以此担保福建顺华房地产开发有限公司到时履行收购义务。为保证投资者信托受益权的流动性，项目贷款行兴业银行同意为投资者提供信托受益权质押贷款服务。

重庆国投增资之后，顺华公司自有资金达到 3.5 亿，满足 30% 的最低要求，并以此资金直接用于项目的开发，使工程顺利获得开工证和建设工程规划许可证，从而在四证齐全的基础上获得项目原贷款行兴业银行的后续贷款支持,实现了 2005 年项目竣工销售的预期目标。

2005 年 12 月,该信托计划到期,由于福建顺华房地产开发有限公司按时溢价回购了股权,重庆国投顺利回收了信托资金及收益。信托计划清算公告显示,投资者第一年的信托收益率为 6.7%(含税),第二年的信托收益率为 7.4%(含税)。

单元一　房地产信托概述

一、信托

1. 信托的含义

信托,也就是"信任委托"的意思,是私有制与商品经济发展到一定阶段的必然产物。我国信托法中将信托定义为:"委托人基于对受托人的信任,将其财产权委托给受托人,由受托人按委托人的意愿以自己的名义,以受益人的利益或者特定目的,进行管理或者处分的行为。"信托是一种财产管理制度,它以财产为核心,以信任为基础,以他人受托管理为方式。从心理上讲,信托是委托人对受托人的一种信任;从法律上讲,委托人必须对受托人实行信托财产的设定和权利转移,并依法用信托凭据对这种设定和转移作出一定的限制;从经济上讲,委托人通过设定信托,以达到为自己或为指定的人谋利益的经济目的。信托的本质可以概括为"受人之托,代人理财"。

信托的委托人可以是自然人也可以是法人,而受托人一般是法人。信托的受益人既可以是委托人自己也可以是第三人,受益人是自己的信托业务叫作自益信托,受益人是他人的信托业务叫作他益信托。但在任何情况下,受托人不得是同一信托的唯一受益人。

与信托有关的一些专业术语还包括以下几方面:

(1)信托行为。信托行为是指委托人与受托人双方签订合同或协议的过程。此外,委托人立下遗嘱的行为既是法律行为,也属于信托行为。根据不同的信托目的,需要签订不同的合同,但属于同一目的的、大量发生的业务,如信托存款,则没有必要一一签订合同,只需信托部门发给委托人统一印刷、附有文字条款、类似合同的信托存款证书即可,这种证书同样具有合同效力。

(2)信托财产。信托财产也称信托客体,是指通过信托行为从委托人手中转移到受托人手里的财产。信托财产既包括有形财产,如股票、债券、土地、房屋、普通物品和银行存款等,又包括无形财产,如保险单、专利权、商标权、信誉等,甚至包括一些或然权益(如人死前立下的遗嘱为受益人创造了一种或然权益)。

(3)信托目的。信托目的是指委托人通过信托所要达到的目的,如财产安全,或避免投资风险,或取得高额收益等。

(4)受益权证书。受益权就是享受信托利益的权利。而受益权证书就是证明受益权存在和内容的证件,如信托存款证书。

(5)信托报酬。信托报酬是指受托人在办理信托事务后所取得的报酬。信托报酬主要靠手续费的形式实现。信托报酬的多少,依据受托人付出劳动的多少和在信用中介中所起的作用大小,由委托人和受托人双方协商确定。

(6)信托结束。信托结束是指信托行为的终止。信托不会因为委托人或者受托人的死亡,丧失民事行为能力,被依法解散、撤销或宣告破产而终止,也不会因受托人的辞任而终止。发生下列情况之一的,信托终止:①信托合同约定的终止条件发生;②信托的存续违反信托目的;③信托目的已经实现或不能实现;④信托当事人协商同意终止;⑤信托关系被撤销;⑥信托关系被解除。

阅读材料

信托与委托代理的区别

委托是信托关系的重要组成部分,而委托代理是指某一自然人或者法人以受托代理人的名义,在授权范围内与第三者发生的法律行为。这种行为的法律后果直接由受托代理人承担。信托与委托代理的区别表现在以下几方面:

(1)涉及的当事人数量不同。信托的当事人是多方的,至少有委托人、受托人和受益人三方。而委托代理的当事人仅有委托人(或被代理人)与受托人(或代理人)两方。

(2)涉及财产的所有权变化不同。在信托中,信托财产的所有权发生转移,从委托人转给受托人,由受托人代为管理;而委托代理财产的所有权始终由委托人掌握,并不发生所有权转移。

(3)成立的条件不同。设立信托必须有确定的信托财产,委托人没有合法所有的财产,信托关系就无从确定;而委托代理则不一定以财产存在为前提,没有确定的财产,委托代理关系也可以成立。

(4)对财产的控制程度不同。在信托中,受托人管理信托财产是在法律和法规的框架下,根据信托合同进行,一般不受委托人和受益人的监督;而在委托代理中,受托人(或代理人)则要接受委托人(或被代理人)的监督。

(5)涉及的权限不同。信托受托人依据信托合同规定管理、经营信托财产,享有广泛的权限和充分的自由,委托人不得干预;而在委托代理中,受托人(或代理人)权限较小,仅以委托人(或被代理人)的授权为限,并且委托人随时可向受托人发出指令,且受托人必须服从。

(6)合同的稳定性不同。信托合同一旦生效,原则上信托关系不能解除,即使委托人或受托人死亡、撤销、破产,对信托的存续期限也没有影响,信托期限稳定性强;而在委托代理关系中,委托人(或被代理人)可随时撤销授权,解除委托代理关系,合同解除较为容易,因此委托代理合同的稳定性较差。

2.信托运行原理

在信托关系中,信任是信托的前提,托付财产是信托的实质。受托人是为受益人利益管理或处理信托财产,不能占有信托财产所产生的收益和本金,也不承担管理和处理信托财产所发生的亏损,只是收取一定的委托服务费。信托的运行过程如图8-1所示。第一,信托委托人寻找可信赖的委托人,签订信托合同;第二,受托人随即作出受托处理而得到收益;第三,受托人将受益权转交给受益人或委托人。

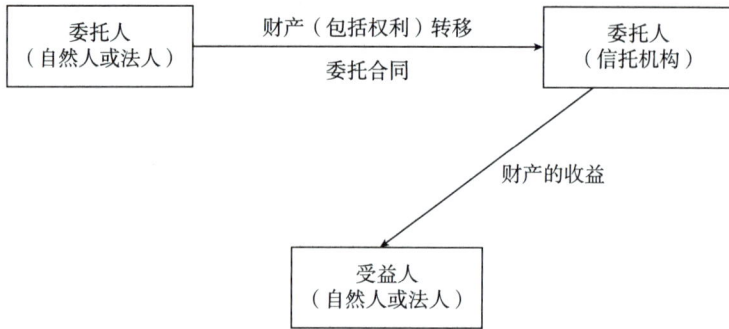

图 8-1　信托关系运行过程示意

3. 信托的种类

信托是一种金融行为,按照不同的角度可以将其分为多种类型,见表 8-1。

表 8-1　信托的分类

序号	分类方法	内容
1	按信托资产的不同分类	(1)资金信托。资金信托又称为"金钱信托",是指委托人基于对受托人的信任,将自己合法拥有的资金委托给受托人,由受托人按委托人的意愿以自己的名义,为受益人的利益或特定目的管理、运用和处分资金的行为。 (2)财产信托。财产信托是指委托人将自己拥有的非货币形式的财产或财产权,委托给受托人按照约定的条件和目的进行管理或者经营的一种信托业务,具体包括动产信托、不动产(房产、地产)信托以及版权、知识产权等其他财产信托
2	按信托成立方式的不同分类	(1)意定信托。意写信托又称"自由信托",是指信托的成立完全以各方当事人的自由意思表示为依据,不受外力干预,故又称为"明示信托"。 (2)法定信托。法定信托是指依法律规定、不依委托人或信托当事人的意思表示而成立的信托。有关法律明确规定,在某种情况下应当成立法定信托。 (3)推定信托。推定信托是指信托关系的成立由法院根据信托关系人的来往书信或其他有关文件记载研究推定的信托
3	按委托人的主体地位的不同分类	(1)个人信托。个人信托是以个人为服务对象的信托业务,虽然有时委托人可能是几个自然人,只要不是一个组织体,仍是个人信托。其委托者是个人,受益者也是个人。 (2)法人信托。法人信托又称为"公司信托""团体信托",凡以具有法人资格的企业、事业和团体等法人组织为委托人的信托业务都是法人信托,具体包括营利法人团体(如公司组织、合作社组织及其他营业机构)和公益法人团体(如学术、宗教和慈善团体等)
4	按委托人与受托人的关系分类	(1)自益信托。委托人以自己为唯一受益人而设立的信托是自益信托。 (2)他益信托。凡委托人要求设定的信托,其目的是为第三者的收益,则为他益信托。被指定的第三者可以表示同意也可以拒绝接受,有时亦可采取默认方式,因其并无明确的同意或拒绝的示意根据
5	按收益对象分类	(1)私益信托。委托人为自己、亲属、朋友或者其他特定个人的利益而设立的信托是私益信托。私益信托可以是自益信托,也可以是他益信托。 (2)公益信托。公益信托是指委托人为了公共利益的目的,使整个社会或社会公众的一部分受益而设立的信托。公益信托只能是他益信托。设立公益信托只能以社会公众或者一定范围内的社会公众作为受益人,并且必须得到税务机关或者公益事业管理机构的批准或者许可。公益信托应当设置信托监察人

二、房地产信托

1. 房地产信托的基本含义

房地产信托是指信托机构接受委托经营、管理或处理的财产为房地产及相关财物的信托关系。房地产信托是一种灵活的金融业务形式,房地产信托财产的管理、营运或处理的方式可以根据委托人的意愿,根据市场需要,适应客观情况变化而采取灵活多样的形式,选择房地产信托业务品种。

2. 信托运行原理的特征

(1)信任是房地产信托的基础。房地产信托是建立在委托人对受托人充分信任的基础上的,即房地产的所有权人相信受托人有能力去运用和保有其财产,才会将财产委托给其经营管理。如果受托人不为委托人所信任,信托行为也就不可能发生。

(2)财产权转移是房地产信托的前提。要使信托行为成立,首先,委托人必须拥有信托财产的所有权或具有委托代办经济事务的合法权利,受托人才能接受其委托。其次,在委托人拥有财产所有权的前提下,还必须将信托财产转移到受托人手中,信托关系才正式建立。

(3)房地产信托反映了当事人之间的多边经济关系。一项信托行为的产生,一般涉及委托人、受托人、受益人三方当事人,从而构成了房地产信托行为的多边经济关系。委托人是信托行为的起点,处于主动地位;受益人是信托行为的终点;受托人则是信托行为的关键。三方当事人既相互独立,又紧密联系,形成错综复杂的经济利益关系。这一特性表明房地产信托在业务处理上具有一定的复杂性,它会涉及较多的法律约束。

(4)受益人利益是房地产信托的目的。建立在这种多边经济关系基础上的房地产信托行为,其受托人经营信托业务的目的不是为了自身利益,而是依照委托人的旨意,为了受益人利益进行房地产信托财产的管理、经营或处置,信托收益归受益人所有,受托人所获得的只是为管理或处理财产提供劳务而获得的手续费。信托关系中受托人的这一特殊地位,正是信托特征的反映,是信托业务不同于银行其他业务的一个重要方面。因此,受托人管理、经营或处理财产的权力,须受房地产信托目的、性质和范围的限制。

(5)房地产信托财产的独立性。信托制度是为了受益人的利益而由受托人经营管理财产,名义上信托财产由受托人掌管,但实际上持有信托财产权利的人是受益人,因此信托财产具有独立于其他财产的性质。其独立性表现在三方面:一是信托财产与受托人自己的固有财产要严格分开;二是不同委托人的信托财产或同一委托人的不同类信托财产要独立核算,分别开列;三是委托人的信托财产与其他财产相独立。信托财产的独立性旨在保护受益人的利益,保障信托目的的完成。

3. 房地产信托的要素

信托行为的设立形成了当事人之间以信托财产为核心的特定的信托关系。信托关系涉及委托人、受托人和受益人三方当事人,构成房地产信托的三要素。

(1)委托人。委托人是信托财产的所有人,委托受托人按其要求对房地产财产进行管理或经营。作为委托人的前提是必须拥有信托标的物的所有权或拥有委托他人代办经济事务的合法权利。凡是具备上述条件的个人或法人都可以作为委托人。

(2)受托人。受托人是指接受委托人委托,并按约定的信托合同对委托资产进行管理或经营的人。受托人一般是法人。受托人有占有、经营和管理信托资产的权利及从委托人处取得信托报酬的权利。在信托关系人中,受托人对委托人和受益人同时承担管理或经营信托财产的义务,其对于实现委托人意愿、保障受益人利益具有重要作用。因此,目前在各国有关信托法规中,对受托人的资格审查、信托财产运用范围都有严格的规定。

(3)受益人。受益人是指委托人指定接受信托资产在经营中产生利益的人。受益人通常是第三人,也可以是委托人自己。当受益人是委托人本人时,信托行为的当事人简化为委托人与受托人。

4.房地产信托的作用

由于信托业具有"受人之托,代人理财"的功能,因此会大力推动房地产业的发展。其作用主要表现为以下几方面:

(1)利用财务功能促进房地产业的发展。房地产信托机构通过开办各种与房地产业有关的信托业务,为资产所有者提供广泛的理财服务。如为向房地产投融资的资产所有者提供有效的途径,通过专业理财业务,提高其资金使用的有效性和安全性;利用房地产信托机构信息渠道多及客户面广的优势,为委托人办理房地产经营租赁和物业管理等业务,促进房地产业的发展。

(2)利用金融功能加速融通。房地产信托具备连接货币市场、资本市场和房地产产业市场的综合融资平台优势,在房地产信托机构为委托人办理涉及房地产资金信托的业务中,客观地起到了融通房地产资金的作用。房地产信托机构利用其良好的信誉和金融职能,能把分散的资金通过信托存款等手段聚集起来,应用于房地产的开发经营活动,促进房地产业的发展。

(3)利用金融服务功能提高房地产的经济效益。房地产信托通过委托代理等业务,集"融资"和"融物"于一身,为房地产企业和个人提供了运作资金和财产的多种形式和广阔市场,促进资金的横向融通和调节,加强对一些财产的经营管理和有效使用,以低廉的金融运营成本为房地产经济活动提供高质量的服务,大大提高了房地产业的经济效益。

阅读材料

信托的产生与发展

1.信托的产生

信托起源于古代对遗嘱的执行和对私有财产的管理。遗嘱信托可以追溯到大约四千年以前的古埃及,而真正具有金融意义的财产信托应该说起源于近代,目前学术界一般认为信托起源于11世纪英国的尤斯制(USE),首先发生在土地财产的继承和捐赠领域。中世纪早期的英国,宗教信仰浓厚,虔诚的教徒们死后,往往把土地等财产捐赠给教会,教会因此积累了大量财产,教会拥有的土地越来越多,却享有占有土地不缴税的权利,这严重影响了当时的封建君主的收入。为了改变这一局面,英王亨利三世制定并颁布了《土地没收法》。该法规定凡是将土地捐赠给教会的,必须先征得君主的许可,否则国家将给予没收。这个法规的颁布影响了教会的利益,教徒们为了规避《土地没收法》的规定,往往将土地委托给第三者使用,然后由第三者把使用土地所得的收益转交给教会。通过这种做法,教会仍为受益者,其实质与教会直接接受捐赠的利益相同,也达到了教徒向教会多做贡献的目的。其土地转让人与接受人完全建立在信任的基础上,这种信任关系称为"信托"(trust)。另外一些人想把土地遗赠给家属,也采用上述办法,于是出现了委托者、受托者和受益者三者之间的经济关系,这就是信托的雏形。以后,随着商品经济的发展,信托的内容也由最开始的土地扩展到经济生活的各个领域,方式也逐渐多样化,并且出现了以营利为目的的专业信托机构。可见,信托产生的社会条件并非商品生产和商品交换,而是私有财产制度和财产继承管理制度的形成。

2.现代信托的发展

现代信托业产生于美国。美国从英国引入信托后,信托关系突破了个人之间的信任关系而发展成为一种以公司组织的契约形式。1822年美国"农民火灾保险与放款公司"开始兼营以动产和不动产为对象的信托业务,后改名为"农民放款信托公司",成为最早出现的一家专业信托公司。此后,信托也由个人信托发展到社团信托,信托经营的内容也不限于一般的动产和不动产,还包括了有价证券。美国自南北战争结束后,开始了大规模的国内经济建设,政府和股份公司大量发行有价证券,以筹措资本,这给人们提供了极好的投资机会,但是作为投资者,既要进行有价证券投资,又希望这种投资能获得成功,并且还不愿意暴露自己的财富。于是,这些投资者便将自己的财产委托给信托机构代为投资,这就使信托业务的发展有了坚实的经济基础。因此,信托公司完全具备了金融机构的性质,并逐渐得到社会的认可,使现代信托业在美国得以大力发展。

到了20世纪初,英美的信托制度传入日本,出现了大银行设立的信托部和专业化经营的信托公司。1922年起日本政府颁布了《信托法》等法规,不断规范信托业的运作。20世纪60年代后半期,日本进入福利社会后,逐步发展了财产积累信托、赠予信托、公益信托以及为满足民众对利息多少的选择趋向而开办的"到期还本付息"信托,把信托业推向了一个新阶段。

3.我国信托业的发展

我国的信托业是从20世纪初开始产生的。1917年民营性质的上海商业储蓄银行在上海的总行首家设立了"保管部",正式标志着近代我国民营信托业的兴起。1921年8月,我国第一家专业信托公司——中国通商信托公司成立,由民族资本家经营。此后,一些信托公司相继成立,一些银行也成立了信托部,另外还有官办的信托社(局)。从1928年开始到抗日战争爆发前夕,以上海为中心的信托业结束了低潮阶段,又重新得到了恢复和发展。1937年国内抗日战争全面爆发,战前信托业几乎是一片空白的广大西南和西北地区有了信托机构,上海出现了与伪政权紧密相连的伪金融信托机构,由此民营信托业再现畸形"繁荣"。1949年,中华人民共和国成立以后,人民政府接管了旧中国官办的信托机构,私营信托业中一部分信托公司停业,一部分继续营业。至1952年12月公私合营银行成立,信托业务被停止办理。1978年中国改革开放后,金融信托业务重新恢复。

1979年中国国际信托投资公司的成立标志着新中国信托事业的开始。1980年国务院颁布了《关于推动经济联合的暂行规定》,明确规定"银行要试办各种信托业务"。1980年9月,中国人民银行根据国务院精神下发了《关于积极开办信托业务的通知》,各地陆续开办了信托业务。从此,我国信托业务迅速发展起来。改革开放以来,我国的信托业已经有了20多年的发展历史,但由于缺乏明确的定位和基本业务规范,监管法律滞后,信托业的运作一直存在主业不明、界限不清的问题。一些信托投资公司经营混乱、资不抵债。此后,国家先后出台了一系列法律法规,对信托业进行了多次整顿,促使信托业在规范中逐步发展。2003年,第十届人大通过了国务院机构改革方案,规定信托机构由新设立的银行业监督管理委员会直接监管,使得信托业的管理逐渐趋于合理化。2007年银监会主持修订了《信托公司管理办法》与《信托公司集合资金信托计划管理办法》(即"信托新两规")对全国现有信托公司开始了新一轮的调整整顿,促使信托公司逐步实现运作模式由原有的融资模式向资产管理模式的转变。从而以法律、法规的形式进一步明确了信托业的地位,强调了信托的本源业务。随着信托业规范进程的加快,信托业作为继银行业、证券业、保险业之后的现代金融重要支柱的现实性在不断增强,我国的信托业包括房地产信托又迎来了新的健康发展的机遇。

单元二　房地产信托资金的来源

一、房地产信托基金

房地产信托基金是房地产信托投资公司为经营房地产信托投资业务及其他信托业务而设置的营运资金。目前,我国信托基金来源主要有财政拨款、银行结算、社会集资以及自身留利。其具体内容包括:企事业单位筹集待用的房地产信托基金;具有法人资格的企事业单位以预算外自有资金及职工购房储蓄集中后设置的信托基金;商品房开发企业筹措待用的信托资金存入银行后形成的资金等。在西方国家,信托基金主要来自社会集资和财团投资。此外,西方国家中的大企业为了保证其单位职员的生活,提高他们的福利水平,鼓励他们存款,也常设各种信托基金,通常该基金均委托信托公司代为运营。

二、房地产信托存款

房地产信托存款是指在特定的资金来源范围内,信托投资公司接受企业及相关机关、团体的委托,代为管理和运用的存款。吸收信托存款是信托投资公司办理房地产信托业务的主要资金来源,也是信托投资公司发放房地产信托贷款、进行房地产信托投资等一系列房地产信托业务的前提。

房地产信托存款按其是否指定运用范围和对象划分,可分为普通信托存款和特约信托存款。

(1)普通信托存款。普通信托存款是指委托人不具体指定其存款的运用范围,而由依托投资公司自行决定。信托投资公司自行负责信托资金的运用和管理,委托人出于对受托人的信任只收取该项资金所创造收益的一部分。这种存款一般是单位在较长时间内闲置的预算外资金,信托托资公司通过发行"普通资金受益权证书"吸收的资金,信托人据此享受信托收益。这种信托资金的运用,风险责任由信托投资公司承担。

(2)特约信托存款。特约信托存款是指存款人指定投资或贷款的范围、对象、期限和收益的方法等,运作过程中所得的收益,除约定的手续费外,全部归委托人所有。特约信托存款的信托做法有两种:一是委托人在没有确定资金的用途前,先将资金存入信托机构,待运用对象确定后,再通知信托机构陆续进行贷款或投资;二是委托人发生特定需要时,逐步将资金存入信托机构,由后者逐笔进行对应贷款或投资。这种方式的信托资金在具体运用管理时,风险责任由委托人自己承担,信托投资公司不负经济赔偿责任。

目前,我国房地产信托存款的来源主要有:

(1)财政部委托投资或贷款的信托基金;

（2）企业主管部门委托投资或贷款的信托基金；

（3）劳动保险机构的劳保基金；

（4）科研单位的科研基金；

（5）各种学会、基金会的基金。

阅读材料

信托存款的种类

我国主要信托存款业务有单位信托存款、公益信托存款、专用基金信托存款和个人信托存款。

（1）单位信托存款。所谓单位信托存款，是指委托单位以预算外的各种自有资金，委托信托投资公司加以管理和经营，以获取相应信托收益的业务。

任何单位及机关、团体和学校等，只要具有法人资格，均可作为单位信托存款的委托人。其受益人一般就是委托人本身，也可以是委托人指定的其他法人。存入的存款一般应属按照国家有关规定提留，并归单位自行支配使用的各种预算外资金（如企业基金、税后积累、经费结余等）。委托人一般不指定资金运用的具体对象或项目，全权委托信托投资公司按有关政策规定，选择用款对象，并稳妥有效地进行管理和运用。受托人除确保信托期间的资金安全和信托期满如数退还信托存款外，并还将信托存款收益的一部分向受益人定期交付一定比例的信托收益。

（2）公益信托存款。公益信托存款是指委托人为举办或发展社会公益、福利事业，将社会各界捐赠的或由单位、团体提留、筹集的公益基金（如少年儿童福利基金、奖学基金、科技发展基金、学会基金等）委托信托投资公司代为管理和运营生息，并将所得的信托收益用于指定的社会公益事业的业务。无论是个人独捐之款，还是团体共募或集体公有之款，只要其信托目的的确是为了社会公益事业，均可作为公益基金信托存款委托给信托投资公司进行保管、运营和生息。公益信托存款的委托人可以是单位、团体，也可以是个人。但其受益人领取的信托收益，必须真正是用于公益事业。

公益信托存款的存款期较长，在存款期内一般只领取信托收益，很少动用基金存款本部分。为了支持社会公益事业的发展，信托投资公司受理公益基金信托存款一般视为定期存款，可以付给较高的信托收益，并适当减收信托手续费。

（3）专用基金信托存款。专用基金信托存款是企业主管部门或地方政府委托信托投资公司代为筹集和使用的专项基金。其主要包括国家有关部门、地方财政等批准的预算外资金；用于开发能源、交通运输等的专项基金；劳保基金，即由企业主管部门、街道办事处或劳保部门出面组织所属企业，委托信托机构办理的劳保福利资金业务。该项专用基金从自筹公益金或职工工资中提取后，存入信托投资公司。

（4）个人信托存款。个人信托存款是指信托投资公司受理个人非储蓄性质的资金，按其特定的要求和用途，代为办理某项特约事务的业务。例如，赡养亲属生活费可委托信托业务机构定期发送；子女医疗、教育、婚嫁等长期项目费用，可委托信托业务机构监督支用；个人捐赠款项可以委托信托投资公司向其指定的捐赠项目核实拨付。只要委托人提出的特约事项属于合法行为，信托投资公司又能办到的，均可作为个人信托存款业务承受办理。

三、房地产直接集资信托和代理集资信托

房地产直接集资信托和代理集资信托是指房地产信托机构接受企业、企业主管部门以及机关、团体、事业单位等的委托，直接或代理发行债券、股票以筹措资金的一种信托业务。

1. 直接集资信托

房地产直接集资信托是信托机构以自己的名义，直接向社会发行债券筹集资金，作为经营信托业务的资金来源，信托企业按照高于同类存款的固定利率，定期向持券人付息。如遇亏损，利息可少发或不发，但本金有保证。如盈利多，也可从净盈利中提取一部分作为红利分配给持券人。

2. 代理集资信托

房地产代理集资信托是指信托机构接受房地产企事业单位的委托，代其向社会公众发行股票、债券筹集资金。信托机构还可以受托代为发放股息、红利和债息等。信托机构按照发行股票、债券总额的一定比例收取手续费。

四、房地产资金信托

房地产资金信托是指委托人基于对受托人的信任，将自己的资金委托给受托人，由受托人根据委托人的意愿以自己的名义，为受益人的利益或特定目的管理、运用资金的一种信托业务。资金信托是世界各国的主要信托形式。在我国，资金信托是整个信托业务比重最大的部分。以资金信托业务的形式筹集信托资金也是信托机构资金的主要来源渠道。

资金信托不同于信托存款，主要表现为以下几方面：

（1）信托关系不同。信托存款体现的是委托人与信托机构之间的一种信用关系，信托机构只是凭借其信用实力来吸收存款。资金信托体现的则是一种信托关系，信托机构除了凭借自己的信用外，主要是通过向委托人提供资金管理和营运的服务来实现委托人的目的。

（2）收益来源不同。对信托存款，信托机构只按国家规定利率支付利息，自身获得存贷利差。而在资金信托形式下，委托人所得到的是资金营运的收益，其收益率是根据委托人的要求和信托机构的营运水平商定的，信托机构只收取一定的劳务费。

（3）资金所有权关系不同。信托存款的存款人始终对存款拥有所有权，转移的只是使用权。而在资金信托关系下，委托人不再对信托资金拥有所有权，其名义所有权归受托人，信托关系结束，所有权转移给受益人。

单元三　房地产信托的主要业务

按照《信托公司管理办法》（银监会 2007 年第 2 号）规定，信托公司管理、运用或处分信托房产时，可以依照信托文件的约定进行。目前，我国房地产信托主要为资金信托业务，具体包括房地产信托贷款、房地产委托贷款、房地产信托投资等业务。

一、房地产信托贷款

信托贷款是一个受托人与多数委托人之间缔结信托契约,根据契约,受托人主动向委托人募集信托资金,并将得到的款项用于贷款或票据贴现。至于贷款对象则不受委托人影响。目前,我国信托机构经营房地产贷款的基本对象:凡经工商行政管理部门登记在册,并在银行开户、有法人资格的国有、集体工商企业、事业单位和中外合资经营企业、中外合作企业、外资企业以及个人,在办理房地产开发、经营和购买过程中资金不足,均可申请贷款。显然,贷款信托是一种典型的集合资金信托业务。房地产信托贷款的用途主要是解决企业单位或各级政府某些正当、合理的房地产开发业务,而银行信贷限于现行制度无法支持的资金需求。

1. 房地产信托贷款与一般银行发放的房地产贷款的区别

房地产信托贷款与一般银行发放的房地产贷款都是以偿还本息为条件的资金使用权的暂时让渡,但在具体形式上有所不同,主要表现为以下几方面:

(1)房地产信托贷款的资金来源较商业银行房地产贷款的资金来源窄,只限于国家规定吸收的房地产信托存款和自有资金,因此资金量较少。

(2)房地产信托贷款具有特定的对象和用途,它是为解决房地产开发经营和购买过程中资金不足问题而发放的,要坚持专款专用,不能挪作他用。

(3)房地产信托贷款的利率灵活,比银行利率稍高,可在一定的范围内合理浮动。按现行规定,信托贷款利率可在银行同期贷款利率基础上上浮 20%,这有助于金融机构监督房地产开发企业合理使用资金,提高资金的使用效率。

2. 房地产信托贷款的种类

根据贷款用途和使用方向,我国信托公司开办的房地产贷款主要有以下几种:

(1)房地产抵押贷款。抵押贷款又叫作"押款"。金融投资企业要求借款人必须提供一定的抵押物作为放款的保证。房地产抵押贷款即金融信托投资企业要求借款人以房产商品为抵押物作为保证的贷款。

(2)土地使用权抵押贷款。土地使用权抵押贷款是指借款人愿将已经出让或转让取得的土地使用权作为抵押物,向金融信托投资企业申请的一种以土地使用权作保证的贷款。

(3)商品房开发经营企业流动资金贷款。商品房开发经营企业在开展业务中,因流动资金周转困难可以向金融信托投资企业申请贷款。商品房开发经营企业按照有关部门下达的住房建设计划,在办理土地征用、组织设计、施工、购置设备、支付工程预付款、工程竣工结算和商品房销售过程中,因垫支大量的资金,导致企业流动资金周转困难,可向金融信托投资企业申请贷款。

3. 房地产信托贷款处理的程序

房地产信托贷款的处理应按下列程序进行:

(1)提出贷款申请。由申请贷款的单位向信托投资公司提出借款申请,填写"借款申请表"(表 8-2),如实反映借款原因和用途、预期经济效益及还款来源等情况。对固定资金贷款,必须提供借款项目的上级批准文件、项目可行性报告,以及借款单位近期有关会计、统计、业务报表资料,为信托投资公司审查贷款提供协助和方便。必要时,借款单位在贷款期间还要定期向信托投资公司报送有关基建项目进度等业务资料,并接受信托投资公司的审查。

表 8-2　借款申请表

单位名称				经济性质	
单位地址		电话		隶属关系	
申请借款金额		申请还款日期		经办人	

借款原因：

借款用途	进货名称	单价	数量	金额	供货单位
	项目名称内容	批准部门	批准文号及时间		备注

公司经济效益评价

指标	上年实际	本年(至　月)实际	指标	上年实际	本年(至　月)实际
资产负债率			存货周转率		
流动比率			资本金利润率		
速动比率			销售利润率		
应收账款周转率			成本费用利用率		

贷款种类：　　　　　　　　　　　　　　　　　　　　　　　　　　　　金额单位：万元

信托主办员意见：	部门经理审查意见：	主管副总经理审批意见：
年　月　日	年　月　日	年　月　日

(　)月 公司资产负债情况	流动资产合计		流动负债合计	
	存货		短期贷款	
	其中:产成品		应付及预收账款	
	发出商品		应付工资及福利	
	货币资金		未交税金	
	应收及预付账款		预提费用	
	待摊及待处理流动资金		长期负债	
	固定资产合计		所有者权益合计	
	其中:在建工程		其中:实收资本金	

借款单位盖章：	上级主管或担保单位意见：
年　月　日	年　月　日

（2）调查评估。信托投资公司对备选立项的贷款项目进行调查核实。调查的重点是贷款项目是否合法，是否符合国家方针政策的要求，尤其是房地产投资贷款，是否按规定的审批程序纳入固定资产投资规划；调查贷款项目是否合理，对贷款项目的可行性进行预测，尤其是从财务和资金上调查项目的预期效益，在此基础上落实还款资金来源。

（3）签约放贷。对情况属实可以给予贷款的企业，信托投资公司可将借款单位填写的借款申请书视为正式申请书，信托投资公司以此申请书为依据再与借款单位签订正式贷款合同（表 8-3），然后予以发放贷款。采用担保贷款的方式，则借款人的担保单位必须是具有担保能力的企业法人或经济实体，可签署贷款保证担保合同。若信托投资公司使用抵押或质押贷款，则应分别签署相应的贷款抵押担保合同和质押担保合同。

表 8-3　贷款合同

合同编号：＿＿＿＿＿＿＿＿＿

合同签订人：＿＿＿＿＿＿＿＿＿

贷款人：××信托投资公司

借款人：＿＿＿＿＿＿＿＿＿

担保人：＿＿＿＿＿＿＿＿＿

根据《中华人民共和国民法通则》《中华人民共和国合同法》《中华人民共和国担保法》《贷款通则》等有关法律、法规及规章的规定，经当事人双方协商一致达成以下条款，愿共同遵守。

第一条　贷款性质：＿＿＿＿＿＿＿＿＿＿＿。

第二条　贷款金额：人民币（大写）＿＿＿＿＿＿＿＿＿＿＿元。

第三条　贷款用途：＿＿＿＿＿＿＿＿＿＿＿。

第四条　贷款利率

1.本合同执行的贷款利率在中国人民银行制定的同期、同档次贷款基准利率（以下简称贷款基准利率）月息＿＿＿＿＿＿＿％的基础上，＿＿＿＿＿＿＿浮＿＿＿＿＿＿＿％（向上浮动请填"上"，向下浮动请填"下"），确定月息为＿＿＿＿＿＿＿％。

2.本合同项下贷款按＿＿＿＿＿＿＿结息，借款人在结息日应主动归还，或者以贷款从借款人账户划收方式收取。

3.本合同贷款期限在一年以上的（不含一年），在合同履行期内，贷款利率按如下＿＿＿＿＿＿＿方式确定并执行。

A：执行本合同约定的利率不变。

B：按如下＿＿＿＿＿＿＿方式调整：

a.按月度调整，依据贷款基准利率调整日所在月的次月 1 日起，按新贷款基准利率依本条第一款同比例浮动确定的新利率执行。

b.按季度调整，依据贷款基准利率调整日所在季度的次季度首月 1 日起，按新贷款基准利率依本条第一款同比例浮动确定的新利率执行。

c.按年度调整，依据贷款基准利率调整日所在年度的次年 1 月 1 日起，按新贷款基准利率依本条第一款同比例浮动确定的新利率执行。

以上利率变更为合同约定的执行内容，不属于合同变更，无须通知借款人、担保人和其他关系人。

第五条　贷款期限

贷款期限自＿＿＿＿＿＿＿年＿＿＿＿＿＿＿月＿＿＿＿＿＿＿日起，至＿＿＿＿＿＿＿年＿＿＿＿＿＿＿月＿＿＿＿＿＿＿日止。贷款发放及分次发放和使用时的期限以借款为准。

第六条　还款方式

贷款到期，借款人应按照本合同规定，按期足额主动归还本息，为保证贷款本息按期收回，贷款到期时，贷款人有权从借款人账户上划收全部贷款本息。

借款人需向贷款人提供全部开户行账号，不得隐瞒。

基本账户开户行：＿＿＿＿＿＿＿＿＿＿＿＿　账号：＿＿＿＿＿＿＿＿＿＿＿＿＿＿

一般账户开户行：＿＿＿＿＿＿＿＿＿＿＿＿　账号：＿＿＿＿＿＿＿＿＿＿＿＿＿＿

临时账户开户行：＿＿＿＿＿＿＿＿＿＿＿＿　账号：＿＿＿＿＿＿＿＿＿＿＿＿＿＿

专项账户开户行：_____ 账号：_____

其他账户开户行：_____ 账号：_____

开户行：_____ 账号：_____

第七条 借款人义务

（一）借款人在申请贷款时应向贷款人提供经审计机构核准的上年度及申请贷款前一期财务报表，经工商部门年检合格的营业执照及贷款人要求的其他与本贷款有关的资料，贷款期间借款人需按月向贷款人报送财务报表等有关资料。贷款人有权检查、监督借款人使用贷款的情况，了解借款人经营管理、经济效益、财务活动、存货及营销等情况。借款人有义务予以配合。

（二）借款人在合同履行期限内如遇兼并、股份制改造、分立、联营、合资等主体变更，或者承包、租赁及破产等重大事项，应提前30天以书面形式通知贷款人和担保人，并应征得贷款人同意，贷款人有权要求借款人清偿全部贷款本息及相关费用，或者由借款人向贷款人追加提供经贷款人认可的担保。

第八条 贷款人义务

贷款人应当对借款人的生产、项目投资经营情况予以保密，但法律、法规及规章有特别规定者除外。

第九条 合同的生效

本合同自贷款发放至借款人账户时起生效。

第十条 合同的变更或解除

（一）在合同履行期间，贷款人如发现以下情况，认为贷款将受或已受到损失时，贷款人有权解除合同，提前收回贷款全部本息，并停止支付借款人尚未使用的贷款，除非借款人提供经贷款人认可的新的担保。

1.借款人未按合同规定的期限偿还任一期贷款本息。

2.借款人违反合同规定的用途使用贷款，有意转移资金，进行非法经营，提供虚假报表。

3.借款人发生停产、歇业、资不抵债或申请破产及准备解散等情况。

4.借款人与第三人发生重大债务纠纷或其他纠纷，进入诉讼、仲裁或破产程序，可能影响贷款人的贷款安全。

5.借款人不履行第七条所规定的义务。

6.借款人有抽逃资金、转移财产、丧失商业信誉等情况发生。

7.因内部或外部的原因导致借款人财务状况严重恶化、责任财产减少或现金流动异常，可能影响其偿债能力。

8.借款人、担保人在向贷款人提供的各项资料中（包括贷款申请的资料和持续监督的资料）有任何虚假的陈述或记载。

（二）除前款规定的情况外，当事人一方要求变更或解除合同时，应于30天前通知其他各方，经当事人各方同意可办理变更或解除合同的有关手续。

第十一条 合同的担保及公证事项

（一）当事人认为贷款需要办理抵押担保、质押担保、保证担保的，由当事人签订_____担保合同_____号。该担保合同是本贷款合同不可分割的组成部分。担保人对借款人履行本合同义务向贷款人承担连带保证责任，保证期间为两年。只有在抵押、质押等担保手续合法办理完毕并生效后，贷款人才有义务向借款人发放贷款。

（二）当事人认为本合同需要办理公证时，应经公证机构予以公证，费用由借款人承担。

第十二条 违约责任

（一）借款人不按期偿还贷款，贷款人在贷款逾期期间按本合同利率加收50%的罚息。

（二）借款人如违反合同规定的用途使用贷款或有意转移资金，进行非法经营，提供虚假报表，被挤占、挪用部分的贷款在违约期间按本合同利率加收100%的罚息。

（三）借款人未按期支付到期利息，贷款人按中国人民银行有关规定计收复利。

第十三条 纠纷的解决

本合同的履行地为贷款人所在地。履行合同发生纠纷时，当事人应及时协商解决；协商不成时，可依法向贷款人所在地人民法院起诉。

第十四条 本合同一式四份，贷款人、借款人、担保人各执一份，另副本一份贷款人留存。

第十五条 三方协议的附加条款（如需本条款，应由三方当事人在本条款上盖章方为有效）。

续表

第十六条 本合同未涉及条款以中国人民银行《贷款通则》《中华人民共和国担保法》等有关法律、法规及规章的有关规定为准。

第十七条 合同附件

（一）贷款保证担保合同、贷款抵押担保合同、贷款质押担保合同；

（二）为本合同所立借据；

（三）为本合同所立借款申请书；

（四）其他附件。

以上合同附件与本合同具有同等法律效力。

本合同涂改一律无效。

贷款人签章： 借款人签章： 担保人签章：

法定代表人签章： 法定代表人签章： 法定代表人签章：

委托代理人签章： 委托代理人签章： 委托代理人签章：

年 月 日

（4）管理追踪。款项贷出后，信托投资公司要经常深入借款单位了解贷款项目的进展情况和出现的问题，以便按期收回本金和利息。

二、房地产委托贷款

委托贷款也称特定资金信托，是信托公司受委托人委托，在委托人存入的委托存款额度内，按信托计划指定的对象、用途、期限、利率和金额等发放的贷款，并负责到期收回本息的一项信托业务。当指定用于房地产开发时，即为房地产委托贷款。委托人在发放贷款的对象、用途等方面有充分的自主权。委托贷款的委托人可以是中央各部委、企业主管部门、各大公司、各级财政部门、劳动保险机构、科研机构等单位，也可以是个人。

1. 房地产委托贷款的特点

（1）信托机构不承担经营风险。房地产委托贷款中，由于委托贷款的对象和用途均由委托人事先指明，因而贷款如不能实现委托人预期的经济效益或者出现借款单位到期不能偿还贷款本息的情况，信托机构不负任何经济责任。

（2）委托贷款先存后贷，受托机构不予垫款。委托人须预先一次或分次将办理贷款的资金以委托存款的形式存入信托机构的指定账户；信托机构在委托存款的限额范围内发放贷款，委托人中途不能提走存款，如委托人急需使用资金，可在尚未动用的委托贷款余额内支取。

（3）委托贷款关系至少由委托方、受托方、借款单位以及受益方等四方构成。在该类贷款中，信托机构以提供服务和收取手续费为目的，委托贷款的利息收入全部归受益人。

2. 房地产委托贷款的处理程序

房地产委托贷款的处理应按下列程序进行：

（1）委托贷款的办理。由委托单位事先与受托单位签订合同，根据合同要求进行贷款。

（2）签订合同，发放贷款。受托单位接到委托单位发出的通知后，再与借款单位签订借款合同（表8-4），发放贷款。在市场经济中，由于种种原因可能导致委托贷款难以按期收回时，信托投资公司应及时以书面形式向委托单位提示。

表 8-4　借款合同

编号:特(　　　)

××信托投资公司(甲方)

立合同人:

××借款单位(乙方)

根据中华人民共和国《经济合同法》和国务院颁布的《借款合同条例》规定,甲、乙双方对以下各条款达成协议,签订本合同共同遵守。

第一条　甲方同意乙方申请,提供特定资金信托借款人民币(大写)_____元,作为乙方_____专项用途,乙方必须按照合同规定用途使用借款,不得挪作他用,不得使用借款进行违法活动,必须按期还本付息。

第二条　此项借款使用期限自_____年_____月_____日起,至_____年_____月_____日止。乙方可以在使用期限内,分次使用借款,分次归还。乙方使用_____资金,以进账单或支票方式,归还此项借款。

第三条　乙方借款时,必须填写借款申请书、借款借据,提出用款计划,提供上年度决算报表及上月财务报表。借款申请书、借款借据同属本借款合同组成部分(分期使用借款应分别填写借款借据)。

本借款合同生效后,甲方凭乙方所送借款借据及用款计划审核发放,批准贷放金额以借款借据上银行核批贷款金额为准。乙方应提供适销适用的物质和财产作为贷款的保证。

第四条　本借款按月利率_____厘_____毫计收利息,每季计收一次,由甲方在每季末前10天将应收利息计算出后,向乙方开户银行_____账户_____(账号_____)收取。如遇国家贷款利率调整时,甲方可相应调整本合同贷款利率。

第五条　乙方担保人对乙方所签订本合同的借款,负有连带偿还责任,如遇乙方不能按期如数偿还本借款本金和利息时,乙方担保人无条件地承担经济偿还责任,负责向甲方还清本借款本息。

第六条　本借款合同,甲方认为需公证时,应经公证部门公证,公证费由乙方负担。

第七条　甲方有权检查监督贷款的使用情况,了解乙方的计划执行、经营管理、财务活动、物资库存等情况,并查阅乙方有关账簿和资料,乙方应提供便利。乙方在贷款期内应按月向甲方报送会计及有关报表。

第八条　甲方或乙方要求变更或解除本借款合同时,应及时通知对方,变更或解除本借款合同的通知或协议,必须用书面形式,并由甲、乙双方及乙方担保人共同签章方为有效。变更或解除本借款合同前,乙方已占用的借款金额和应付的利息,仍按本借款合同执行。

第九条　甲方或乙方如发生合并、分立时,由变更后的一方当事人承担或分别承担履行本借款合同的义务和享受应有的权利。

第十条　在本借款合同执行中发生纠纷时,甲、乙双方应及时协商解决。如协商不成时,任何一方均可向合同管理机关申请调解、仲裁,也可直接向人民法院起诉。

第十一条　违反合同条款的责任

1.在本借款合同生效,乙方向甲方送出借款借据后的5日内,如甲方未提出异议,又未将借款金额划给乙方存款账户时,甲方应按借款金额及迟付天数,按本借款合同规定的利率,另加百分之二十的罚息付给乙方作为经济赔偿。

2.乙方如不按借款借据经甲方核定的日期归还借款时,甲方有权向乙方存款账户收取借款。对逾期归还的借款,根据逾期天数,根据本借款合同规定的利率,另加收百分之二十的罚息。

3.乙方如不能按时付给甲方本借款按季计收的利息,乙方同意所欠的利息,按本借款合同规定的利率和迟付天数,由甲方计收复息。

4.乙方如违反合同规定用途使用借款而挪作他用,甲方有权终止贷款,并将全部贷款本息收回。另根据挪用金额和挪用时间,按本借款合同规定的利率,加收百分之五十的罚息。

5.乙方借款如被超储积压和有问题的商品占用,甲方有权对这部分贷款按本合同规定的利率,另加收百分之三十的罚息。

第十二条　本借款合同正本一式三份,甲、乙双方各执一份,乙方担保人执一份;副本一份,经办信贷员留存贷款档案。

第十三条　本借款合同自_____年_____月_____日起生效,在借款本息全部还清后终止。

甲方签章:　　　　　乙方签章:　　　　　乙方担保人签章:

负责人:　　　　　　负责人:　　　　　　负责人:

年　月　日

注意事项

1.本合同不得使用圆珠笔填写,不得涂改,否则视为无效。

2.本合同各方负责人必须签章或签字,否则视为无效。

三、房地产信托投资

房地产信托投资是指依托投资公司(有房地产开发经营权)运用自有资金和稳定的长期信托资金,以投资者的身份直接参与对房地产的投资。这是目前我国信托公司的一项主要业务。

按照投资对象的不同,房地产信托投资可以分为企业项目投资和有价证券投资。前者又称为直接信托投资,后者称为间接信托投资。目前在我国,上市的房地产公司较少,因而房地产间接信托投资也较少,在此,主要介绍直接信托投资。

房地产直接信托投资是指有房地产开发经营权的信托公司运用自有资金和稳定的长期信托资金,以投资者的身份直接参与对房地产的投资。可采取独立直接投资、与其他企业联合投资和与外资联合投资的形式。

1. 独立直接投资

独立直接投资是指有房地产开发经营权的信托公司运用自有资金和稳定的长期信托资金,以投资者的身份直接参与房地产行业的投资,开展城市土地开发、房地产开发经营等活动,待房地产开发完成后,将房产出售,从中获取收益。

2. 与其他企业联合投资

目前,我国现行房地产联合信托投资一般分为两种:参与经营方式,称为"股权式投资",即由房地产信托企业委派代表参与对投资的企业的领导,并按投资比例作为分取利润或承担亏损责任的分成依据。合作方式,称为"契约式投资",即在资金上给予支持。房地产信托企业投资后按商定的固定比例,在一定年限内分取投资收益,到期出让股权并收回所投资金,不参与经营管理,不承担盈亏责任。

3. 与外资联合投资

为加快房地产业的发展,拓展房地产资金的来源渠道,各地房地产信托公司积极扩大国际往来,通过多种渠道筹措外资,合资经营开发房地产。与外资联合投资的具体形式有:

(1)以项目贷款为目标,采取由国外银行单独贷款方式向国内输入外资进行建设的方式。

(2)房地产信托企业同其他中资联合投资,不足部分向国外银行筹资,开发经营房地产。

(3)为建设特大型项目,房地产信托企业牵头担保,组织外国多家银行组成国际商业银团进行开发房地产贷款。

(4)配合政府有关部门在外商及港、澳、台商在中国内地投资房地产时,参与金融活动,即兴办中外合资房地产开发企业。

(5)国外房地产商在中国开发房地产时,以国家土地使用权入股,直接引进外资参与开发、建设。建成后,以合作经营方式或房地产商品偿还外资。引进的房地产开发外资由房地产信托企业自己在国内办理存取手续。

单元四　房地产投资信托基金

一、房地产投资信托基金的含义及特点

1. 房地产投资信托基金的含义

房地产投资信托基金(Real Estate Investment Trusts,缩写为 REITs),是一种以发行受益凭证

的方式汇集特定多数投资者的资金,以不动产为主要投资标的,对房地产信托资金进行管理、运用和处分,并将投资综合收益按比例分配给投资者的一种信托制度。

房地产投资信托基金包括契约型和公司型两大类。契约型又分为单位型(封闭型)和基金型(开放型)两种;公司型则包括固定型(封闭型)和追加型(开放型)两种。其特点主要为基金由众多不特定的投资者的资金组成,分散投资于众多项目,风险最低,基金由专业人员管理,投资收益在扣除基金管理费用后归原投资者所有,投资手续便捷、费用低廉等。

房地产投资信托基金对于完善房地产金融市场、拓展房地产企业和大众投资者的投融资渠道,以及促进房地产行业的整合、提升,实现资源的优化配置等都具有重要意义。

2. 房地产投资信托基金的特征

像其他基金一样,房地产投资信托基金是通过发行基金份额筹集资金,为基金份额持有人进行投资,以可产生长期收益的房地产项目为投资目标,以租金和其他相关经验收入为主要收入来源的一种产业基金。

作为一种证券化的基金,它是经国家立法专门投资于房地产的特殊基金,是一种集合投资方式和集合投资组织,其投资收益的绝大部分必须定期分配给投资者。从宏观上看,它是一种为大众服务的社会投资形式,是一系列创新制度的综合体。一般认为房地产投资信托基金具有以下几个基本特征:

(1)它本质上是一种投资基金。与其他投资基金一样,房地产投资信托基金是通过发行基金份额将投资者手上数额小且分散的资金汇集成“资金池”,投资于基金合同约定的领域,并将所得收益在扣除一定管理费用之后返还给投资者,以提高资金利用率的集合投资方式。

(2)它是一种产业投资基金。房地产投资信托基金是以特定产业——房地产业为投资领域的基金,通过拥有、控制和管理特定的房地产项目来获取收益。其投资项目不仅包括写字楼、公寓、酒店,甚至还包括如医院、养老院这类公益性质的房地产。房地产投资信托基金获取的收益以租金为主,而非发放贷款的利息收入,这就决定了它对房地产项目的投资总体看是长期行为,而非短期投机。

(3)它兼具公司和有限合伙人的优势。在美国,房地产投资信托基金的份额持有人也就是投资者无须承担普通合伙企业合伙人那样的无限责任,而是像公司股东那样只以所认购的基金份额为限承担责任。此外,根据美国1960年出台的《房地产投资信托法》的规定,即便基金采取公司法人的形式建立,也不对基金本身征税,而只对获得基金投资人按其收益征税。

(4)它的基金份额可上市交易。房地产投资信托基金份额同公司股票、债券一样属于证券的范畴,因此不仅可以认购和赎回,还可以在不同投资者之间转让。在符合法律规定和上市条件的前提下,房地产投资信托基金份额还可以上市交易,成为上市基金。

(5)它受到多种法律制约。从法律上看,房地产投资信托基金至少受到《中华人民共和国证券法》《中华人民共和国信托法》《中华人民共和国公司法》等法律的综合影响和制约。此外,由于其投资对象的特殊性,必然还会受到房地产领域法规、政策和《中华人民共和国物权法》的调整。

二、REITs 与房地产投资基金、房地产信托的区别

从表面上看,REITs与房地产投资基金、房地产信托等概念较为相似,但它们实际上仍存在着一定的差异。

1. REITs 与房地产投资基金的区别

从本质上看,REITs可以看成是一种特殊的房地产投资基金,是证券化的产业基金。它

具有房地产投资基金的一些特点,如可以通过投资组合降低风险,可以通过上市发行股票或受益凭证实现资产的流动性等。但 REITs 在运作形式、投资对象、融资规模、投资者人数等方面与一般的房地产投资基金存在着不同。

(1)运作形式不同。房地产投资基金是投资型基金,一般不直接从事具体房地产项目的开发,主要投资于房地产投资信托基金及非上市房地产开发企业等来实现间接的房地产投资;而 REITS 是一种资产运营型基金,即不进行项目投资开发活动,而是直接运作房地产资产,由此而产生经济收益作为基金回报,如通过拥有物业并出租获得租金收入。另外,房地产投资信托可获得一定的税收优惠。

(2)投资对象不同。REITs 一般只投资于现金流较传统住宅地产的现金流更为稳定的写字楼、商场等商业地产;而房地产投资基金的投资对象则相对宽泛,包括住宅、商业项目等各类房地产项目,也可投向各类与房地产有关的有价证券。

(3)融资规模不同。广义上的 REITs 包括公开上市 REITs、公共持有非流通 REITs 和私募 REITs,但是传统的和绝大部分 REITs 采用证券市场公开上市的方式,其规模通常远大于以私募居多的房地产投资基金。

(4)投资者人数不等。REITs 的投资者数量众多,以美国 REITs 的资格条件为例,要求 REITs 至少有 100 名股东。而房地产投资基金的投资者人数相对较少,通常仅有几十人。

2. REITs 与房地产信托的区别

REITs 是在信托的法律关系基础上发展起来的,是一种特殊类型的信托。REITs 与房地产信托都可以通过信托方式为房地产筹集资金,但是两者之间有着显著的区别,这主要表现在如下几方面:

(1)信托财产及其募集方式不同。一般房地产信托的信托财产可以是土地、房屋等不动产,也可以是资金,受到信托合同不超过 200 份的规模限制,信托产品基本属于私募性质;而 REITs 的信托财产主要是通过发行受益凭证向公众募集的资金,其募集方式可以是公开募集,也可以是私募。但是国际上的 REITs 大多是公开募集的。

(2)委托人不同。REITs 的委托人是房地产投资信托基金公司,是法人机构,而房地产信托的委托人是土地、房屋或资金的所有者,它既可以是法人,也可以是自然人。

(3)直接受益人不同。REITs 的受益人是代表全体社会公众投资者利益的投资信托基金公司(当然,最终受益者仍为投资者),而房地产信托的受益人则可能是房地产的所有者,也可能是认购受益权证书或是信托证券的投资者。

(4)融资期限不同。一般的房地产信托产品以 2~3 年的短期融资为主,REITs 的期限一般都超过 20 年。

(5)资金运用方式不同。一般的房地产信托产品可以信托贷款、股权投资、产业投资、证券投资等多种方式运用所筹集资金,就我国目前来讲,以信托贷款为主;REITs 则通过专业的房地产基金管理公司,直接收购并持有商业房地产项目,以持有期间的经营收益获利。

(6)受益凭证的流动性不同。就我国目前的情况来看,一般房地产信托产品的流动性较弱,尚无法在公开市场交易;而 REITs 的流动性较强,大多可在证券市场公开交易。

阅读材料

REITs 的优势

REITs 与传统的房地产投资方式相比,具有较为明显的优势,主要表现为以下几方面:

（1）REITs是一种房地产的证券化产品。REITs通常采用股票或者受益凭证的形式，使房地产这种不动产流动起来，具有很强的流动性。在国外可以上市交易，甚至投资者在持有股份一年之后可以要求投资信托公司回购其股份。

（2）REITs可实现专业化管理和组合投资，从而有效降低风险。REITs的资产是分散化了的房地产资产组合，可以投资于不同的项目，回避风险的能力较强。同时，基金管理公司通过专家理财，进行多元化投资，既能够选择不同地区、不同类型、不同经营方式的房地产项目和业务，也可以在法律规定范围内从事政府债券、股票等有价证券的投资，从而可以有效地降低投资风险，取得较高的投资回报。据统计，1971年12月31日至2002年12月31日期间，股权类REITs的收益率为12.35%，超过同期道琼斯工业指数（7.25%）、纳斯达克综合指数（7.79%）及标准普尔500指数（10.68%），同时，其波动性（13.46%）却低于其他三种股票指数。

（3）REITs股本金要求低，投股灵活，可面向中小投资者。房地产直接投资时，由于受财产价值不可分割性和房地产价值高昂性制约，中小投资者往往难以涉足房地产投资领域。而REITs通过发行受益凭证，将传统的按单位、按面积出售的房地产，改为按价值单元分割出售，股本面值低，持股灵活，任何投资者都有能力投资，扩大了投资者的数量。如美国的REITs，每股只需要10～25美元；同时是REITs对持股数量没有限制，既可以购买一股，也可以拥有数股。因此，中小投资者通过投资REITs在承担有限责任的同时，还可以间接获得大规模房地产投资的收益。

（4）REITs是以不动产为主的长期投资战略。与其他投资工具相比，REITs以房地产作为基础资产，抵御通货膨胀的能力更强。其长期投资战略使得REITs的市场价值较为稳定，也有助于房地产市场的平稳。通常情况下，REITs总资产的75%以上应为房地产、房产抵押贷款、其他REITs证券、现金和政府债券。因此，其至少75%的收入来自房地产租金、抵押贷款利息收入、出售房地产和其他REITs股份等房地产资源所得；95%以上的收入必须来自房地产相关所得和其他被动投资所得。可见，REITs的获利主要源于长期投资所得。

（5）REITs享受税收优惠。REITs只要具备一定条件，根据法规，一般都无需缴纳公司所得税。这种税收优惠，是各国REITs的共同特征和发展的基本动因。美国税法规定，对满足一定条件的REITs可以免征公司所得税，且如果投资者以自身所有的房地产入股REITs，以换取"合伙经营份额"，税法将不作税收处理，直到投资者将这种份额变现。这种递延税收的办法吸引了大量的投资者。

🏠 三、房地产投资信托的分类

按照不同标准，房地产投资信托可分为不同类别。

1. 按照投资方向分类

（1）权益型REITs。权益型REITs是指投资并拥有房地产，主要收入来源于房地产的租金的信托基金。权益型REITs的目的在于获得房地产的产权以取得经营收入。投资对象一般为商务区、公寓、医疗中心、办公楼、工业用房、饭店、娱乐中心以及综合设施。权益型REITs投资方式主要有两种：一种是直接收购房地产物业进行经营管理；另一种是投资房地产公司，通过间接方式投资房地产资产。

（2）抵押型REITs。抵押型REITs是将资金用于发放面向房地产项目持有人及经营者的房地产抵押贷款或投资于房地产抵押支持证券，以获取贷款及证券利息收入。抵押型REITs的管理机构本身不直接拥有物业，而将其资金通过抵押贷款方式借贷出去，从而获得商业房地产抵押款的债权。通常抵押型REITs股息收益率比资产型REITs高，但根据风险收益原理，高收益意味着高风险。

（3）混合型REITs。混合型REITs（Hybrid REITs）是介于权益型REITs和抵押型

REITs 之间的一种房地产投资基金,具有权益型 REITs 和抵押型 REITs 的双重特点,既拥有部分物业产权,又有各种抵押贷款债权。也就是说,混合型 REITs 在向股东提供物业增值空间的同时,也能获得稳定的贷款利息。

权益型 REITs、抵押型 REITs 和混合型 REITs 三种 REITs 的投资特性见表 8-5。

表 8-5　权益型 REITs、抵押型 REITs 和混合型 REITs 的投资特性

序号	项目	权益型 REITs	抵押型 REITs	混合型 REITs
1	投资形式	直接参与房地产投资经营	作为中介赚取利息差	两者均介入
2	投资标的	房地产	抵押债权及相关证券	两者均介入
3	影响收益的主因	房地产景气与经营业绩	利率	两者均介入
4	收益稳定性	较低	较高(具体视违约情况而定)	中
5	投资风险	较高	较低(具体视违约情况而定)	中
6	类似的投资标的	股票	债券	介于两者之间

美国早期 REITs 以权益型居多。20 世纪 60 年代末,抵押型 REITs 风靡一时。20 世纪 70 年代房地产泡沫破灭导致大量开发商破产和贷款违约,抵押型 REITs 受到了沉重打击,而权益型 REITs 以其良好的抗风险能力获得了更多投资者的青睐。目前美国市场上权益型 REITs 的数量占 80%,市值占 90% 左右。

2. 按照投资人能否赎回分类

(1)封闭型 REITs。封闭型 REITs 的发行规模固定,投资人若想买卖此种投资信托的证券,只能在公开市场上竞价交易,而不能直接同基金管理公司以净值交易,同时为保障投资人的权益不被稀释,此种基金成立后不得再募集资金。现有证券的价值将取决于 REITs 投资组合中资产的表现。

(2)开放型 REITs。开放型 REITs 的发行规模可以增减,投资人可按照基金的单位净值要求投资公司买回或向投资公司购买股份或认购权证。由于开放型 REITs 的流动性较强,一般对其投资方向有所限制。在美国,该类基金一般不能直接投资于房地产,而是主要投资于 REITs、房地产相关债券、房地产基金 50 指数等与房地产相关的金融产品。

封闭型 REITs 与开放型 REITs 的主要区别见表 8-6。

表 8-6　封闭型 REITs 与开放型 REITs 的主要区别

序号	项目	内容
1	基金单位发行的数量限制	封闭型 REITs 发行的数量是有限制的,发行的总金额是一定的,在设定期限内,不能增加或减少。而开放型 REITs 的发行则没有数量上的限制,可根据实际情况,增加发行数量
2	基金的买卖方式	封闭型 REITs 在第一次发行结束后,投资者不能将持有的基金单位转卖给基金经理人,而只能在证券交易所或证券交易中心转让,即在二级市场进行竞价交易。而开放型 REITs 在第一次发行结束后,投资者可将基金卖给基金经理人赎回现金,不需要在二级市场进行买卖,买卖不需要证券经纪商
3	基金的买卖价格	封闭型 REITs 的买卖价格受市场供求因素的影响,进行竞价买卖,可能出现低于或高于票面面值的情况,而开放型 REITs 的买卖价格不受市场供求关系的影响,基金卖出价是根据单位资产净值加上一定比例的发行费,基金买入价就是基金单位的净产净值

3. 按照组织结构分类

(1)契约型 REITs。契约型 REITs 以信托契约为基础形成代理投资行为,本身不具有法人资格。其基本结构由投资人(即资金委托人和受益人)、受托人(即 REITs 基金本身)、基金托管公司三方构成。其中,三方当事人之间的关系:受托人依照契约运用信托财产进行投资,委托人依照契约负责保管信托财产,受益人则依照契约享受投资收益。这种基金是最为流行的一种,英国、日本、新加坡等国以及我国香港、台湾地区大多数都是契约型 REITs。契约型

REITs 的投资标的是房地产投资。

（2）公司型 REITs。公司型 REITs 是指由发起人组建基金公司，并向社会公开发行股票或受益凭证的方式来筹集资金，投资者购买基金股票或受益凭证，即成为该公司的股东，凭受益凭证分享红利。当然，公司型 REITs 的投资标的是房地产。

契约型 REITs 与公司型 REITs 的主要区别见表 8-7。美国、日本、韩国等国家和我国台湾地区多采用公司型 REITs，新加坡及我国香港地区多采用契约型 REITs。

表 8-7　契约型 REITs 与公司型 REITs 的区别

序号	项目	契约型 REIT	公司型 REITs
1	法律依据	信托法	公司法
2	法人资格	无	有
3	发行凭证	基金单位	股票
4	资金属性	信托财产	构成公司的财产
5	资金运用	按信托契约规定使用	按公司的章程使用
6	与投资人的关系	信托契约关系	股东与公司的关系
7	与受托人的关系	以受托人存在为前提	本身即为受托人身份
8	利益分配	分配信托利益	分配股利
9	组织存续	契约期满，即宣告结束	除非依据《公司法》规定到了破产、清算阶段，否则可以永久存续

四、房地产投资信托的运作模式

1. 基本运作模式

公开上市交易 REITs 的基本运作模式如图 8-2 所示。其运行程序如下：

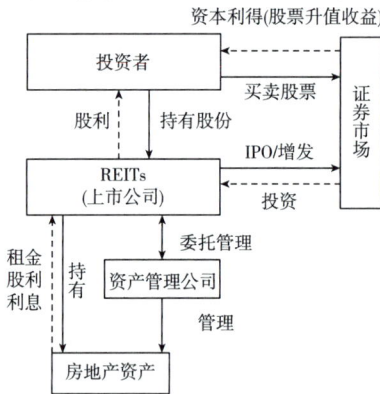

图 8-2　REITs 的基本运作模式

（1）首先由 REITs 在股票市场以 IPO 或增发形式发行股票募集资金，然后委托专门的资产管理公司持有和管理房地产资产。

（2）投资者购买 REITs 股票间接投资于房地产，并可以在股票市场进行交易，获得资本利得和流动性。

（3）资产管理公司利用托管资产进行组合投资，收入来源主要包括出租房地产的租金、投资于其他 REITs 股票所得的股利、投资于房地产抵押贷款和短期债务工具的利息收益。

（4）资产管理公司将收入返还 REITs，由 REITs 按比例进行股息分红。

2. 伞型合伙基金结构（UP REITs）

伞型合伙基金结构（Umbrella Partnership REITs，简称 UP REITs）运行模式如图 8-3 所

示。UP REITs 不直接拥有房地产,而是通过拥有伞型结构中的合伙人制的实体,间接拥有房地产。具体运作程序:由一家或者多家房地产企业集团用其所持有的若干收益性物业出资成立"伞型结构的合伙公司",并成为有限责任合伙人,同时还成立一家 REITs,向公众出售股份(股份的购买者即 REITs 的投资者即成为有限责任合伙人),将发行股份所得的资金投资到该"伞型结构的合伙公司"中,成为普通合伙人,合伙公司可以使用 REITs 的收益用于归还债务以及购买其他房地产等用途,而有限责任合伙人也可以通过交换自己所持有的合伙股权凭证对外出售,以此获得大量的流动性资产。

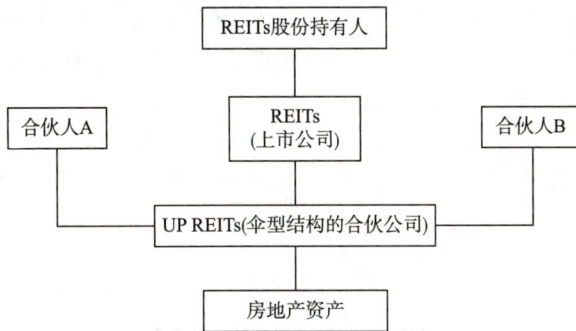

图 8-3　UP REITs 结构运作模式

UP REITs 结构运作模式与基本运作模式相比,具有以下优点:

(1)延迟纳税。房地产所有者以房地产出资换取基金单位,成为有限责任合伙人的交易环节不需要纳税,直至其将基金单位转换成现金或 REITs 股份时才需要纳税,从而延迟了纳税时间。

(2)易于上市融资。UP REITs 结构可以通过增加有限责任合伙人的数目,扩大 REITs 的规模,从而达到上市融资的资产要求。

(3)弥补资本经营不足。UP REITs 结构中的经营性合伙企业,可以通过 REITs 在资本市场融资,从而弥补了传统的 REITs 高比例股份分配造成的截留利润较低、经营资本不足的问题。

📖 阅读材料

房地产投资信托的产生与发展

REITs 起源于 19 世纪 80 年代美国的马萨诸塞商业信托。1924 年,第一个具有现代投资基金面貌的马萨诸塞投资信托基金在波士顿诞生。其成立的初衷是以信托的形式规避州法中禁止公司以投资为目的持有不动产的规定。随后逐渐发展为避免双重征税。因为如果信托公司将收入分配给受益人,可以免征公司所得税。但是,由于这些税收优惠在 20 世纪 30 年代被取消,导致其发展一度停滞。1960 年艾森豪威尔总统签署《房地产投资信托法案》(Real Estate Investment Trust Act of 1960)标志着 REITs 的正式创立。同年出台的《国内税收法案》的修正规定了 REITs 所能享受的税收优惠政策及 REITs 的结构和经营标准。此后,REITs 得到了迅速发展。但到了 20 世纪 70 年代中期,美国经济开始衰退,房地产价格的大幅下降和利率的上升,使 REITs 的资产水平急剧下降,从 1974 年的 200 亿美元下降到 1976 年的 97 亿美元。之后,REITs 的发展陷入长期的低迷状态。从 20 世纪 80 年代开始,美国重新修订了税收法案,并放宽了有关限制,REITs 的避税优势得以发挥,而且 REITs 不能直接拥有房地产资产的情况也得以改变。接着,美国又进一步修改了 REITs 的法律框架和产品结构,特别是"UP REITs"的引入及对机构投资者的放松,使 REITs 在 20 世纪 90 年代后获得迅速发展。此后,REITs 不仅在美国本土繁荣发展,其理念和成功经验还迅速向世界各国传播,并日益受到各国的广泛关注,英国、德国、法国、荷兰、比利时、加拿大等国纷纷以各种形式发展本国的 REITs 产品。

目前,美国、澳大利亚、日本、韩国和新加坡等主要国家的交易所都已有 REITs 上市交易。根据标准普尔公司的统计,从世界范围来看,REITs 在美国最为普遍。至 2003 年年底美国已经有近 200 只上市的 REITs,市值总额超过 2 390 亿美元,约占美国纽约证券市场市值的 4%,其管理的商业房地产资产超过 4 000 亿美元。在澳大利亚,房地产投资信托形式 ALPT 也非常活跃,目前规模已经占当地证券市场总值的 10%。在日本,第一只 REITs 于 2001 年在东京证券交易所上市。韩国 2001 年 7 月颁布了《房地产投资公司法》,现已有 4 只 REITs 上市。2003 年中国香港随新加坡推出了房地产投资信托的监管框架,2005 年 7 月颁布《房地产投资信托基金守则》。2005 年 11 月中国香港第一只房地产投资信托基金(REITs)——领汇基金(0823HK)挂牌上市,至目前先后有 7 只 REITs 挂牌。在我国,REITs 仍处于起步和发展阶段。

【案例分析】

越秀房地产投资信托基金

越秀房地产投资信托基金(405.HK,以下简称"越秀 REITs")是首个在香港上市的内地房地产投资基金。越秀 REITs 的资产主要为位于广州的 4 项房地产,包括白马商贸大厦、财富广场、城建大厦及维多利广场单位,总建筑面积约为 16 万平方米,估值总额为 40.05 亿港元。越秀 REITs 共有 10 亿个基金单位,其中全球发售基金单位数约为 5.8 亿个,其余基金单位由香港上市公司越秀投资(123.HK)及其关联公司持有。2005 年 12 月,越秀 REITs 全球公开发售,其中原计划国际配售 5.2 亿个,香港公开发售 6 000 万个,每个基金单位为 2.85 港元至 3.075 港元。12 月 20 日,越秀 REITs 公布招股结果:香港公开发售及国际配售分别获得 496 倍及 74 倍认购;最终发售价以上限定价,每基金单位为 3.075 港元。由于香港公开发售获超额认购,2.4 亿个基金单位由国际发售调配到香港公开发售,最终香港公开发售部分增加至 3 亿个基金单位,约占全球发售基金单位总数的 51.2%。

越秀 REITs 登陆香港是一个漫长而复杂的过程。2001 年 9 月 25 日,原国家计委批准广州市政府将其持有的广州市城市建设开发集团(以下简称"GCCD 集团")95% 的权益注入越秀企业(集团)有限公司(以下简称"越秀集团"),而越秀集团是越秀投资的控股股东。越秀集团将重组后的 GCCD 集团的权益转让给越秀投资。在重组完成后,越秀投资通过在英属维尔京群岛(BVI)注册的城市建设开发集团(中国)有限公司(以下简称"GCCD BVI")和广州华振公司持有白马商贸大厦的物业持有者白马合营公司 100% 的权益;越秀投资通过 GCCD BVI 的子公司 Acon BVI 与 GCCD 集团合资成立中外合营企业广州市城市建设开发有限公司(以下简称"GCCD")持有财富广场、城建大厦、维多利广场三座房地产,双方在 GCCD 中的权益分别是 95% 和 5%。

2005 年 10 月 19 日,白马合营公司将白马商贸大厦单位的所有权转让给柏达 BVI;分别于 2004 年 9 月 10 日和 2005 年 8 月 8 日,GCCD 将财富广场单位的所有权转让给金峰 BVI;分别于 2005 年 10 月 20 日、21 日、22 日及 26 日,GCCD 将城建大厦单位的所有权转让给福达 BVI;分别于 2005 年 7 月 6 日及 15 日,GCCD 将维多利广场单位的所有权转让给京澳 BVI;作为房地产单位受让方的上述四个 BVI 公司都是 GCCD BVI 的全资子公司。最后,越秀投资通过 GCCD BVI 将四个 BVI 公司的股权转让给越秀 REITs,形成符合香港《房地产投资信托基金守则》要求的结构。

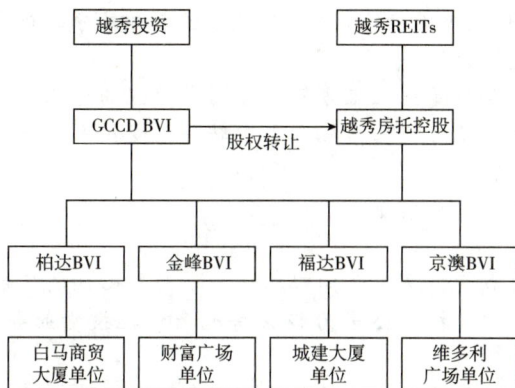

越秀REITs的"发售通函"载明,越秀REITs未来将"透过收购缔造商机及制订发展策略"。越秀REITs份额的主要持有人越秀投资承诺授予越秀REITs优先购买权,在未来5年内收购其位于广州的四处甲级办公及商业楼宇:2006年落成的"越秀新都会"、2007年落成的维多利广场裙楼上的两幢办公楼、2008年落成的"亚太世纪广场"和2009年至2010年落成的"珠江新城双塔"之西塔,总建筑面积约为80万平方米。

越秀REITs上市所筹集的资金将用于偿还贷款及向越秀投资收购上述四处房地产资产。

点评:2005年6月,香港证监会修订其《房地产投资信托基金守则》,允许其认可的房地产投资信托基金进行海外投资,持有和经营香港以外的房地产。这一修订为苦于内地没有相应机制的大陆房地产投资者和经营者提供了契机。本例中的广州越秀房地产项目就是近水楼台先得月,率先在香港发售REITs单位,并在香港交易所上市。

本例中的相关法律关系在"基本情况"部分已有较详细的描述和分析,这里不再赘述。想要特别指出的一点是,对于想在香港或其他海外REITs市场分得一杯羹的内地房地产项目而言,清晰的权益结构是必须满足的条件,也往往是需要解决的难题。由于体制原因,我国的房地产项目多有国资背景,有的甚至就是政府直接拥有;而土地国有的基本现实和划拨、出让、转让等多种土地使用权获得方式的并存,也使得房地产项目的权益结构易于出现模糊和混乱。因此,为满足海外市场监管要求,达到其发行和上市标准,权益结构调整就成为一道必做的功课。这一点,从越秀REITs发行上市前长达4年的结构调整和重组可见一斑。

还值得一提的是,越秀REITs并未直接持有内地的四处房地产,而是通过两层SPV,包括出于规避税收和监管等考虑而在英属维尔京群岛设立的四个SPV,间接持有内地房地产,用足了香港《房地产投资信托基金守则》提供的制度空间(守则规定特殊目的载体不得超过两层)。

模块小结

房地产信托是信托业的主要组成部分,房地产信托在其长期发展过程中不仅为房地产业的发展提供了大量的资金和手段,同时也依托房地产业使自身获得了长足发展。本模块主要介绍房地产信托资金的来源、房地产信托的主要业务、房地产投资信托基金。

思考与练习

一、填空题

1.委托人基于对受托人的信任,将其财产权委托给受托人,由受托人按委托人的意愿以自己的名义,以受益人的利益或者特定目的,进行管理或者处分的行为称为_____。

2.信托的本质可以概括为"_____"。

3._____是指委托人与受托人双方签订合同或协议的过程。

4._____是指通过信托行为从委托人手中转移到受托人手里的财产。

5.信托按信托资产的不同可分为_____、_____。

6.房地产信托是指信托机构接受_____、_____或_____的财产为房地产及相关财物的信托关系。

7.信托行为的设立形成了当事人之间以_____为核心的特定的信托关系。

8._____是房地产信托投资公司为经营房地产信托投资业务及其他信托业务而设置的营运资金。

9.房地产信托存款按其是否指定运用范围和对象划分,可分为_____和_____。

二、选择题

1.发生下列情况之一的,信托终止( )。

　A.信托合同约定的终止条件发生

　B.信托的存续违反信托目的

　C.信托目的没有实现

　D.信托当事人协商同意终止

　E.信托关系被撤销、解除

2.按信托成立方式的不同,信托可分为( )。

　A.意定信托　　　　　　　B.法定信托　　　　　　　C.推定信托

　D.资金信托　　　　　　　E.财产信托

3.构成房地产信托的三要素是( )。

　A.委托人　　　　　　　　B.受托人　　　　　　　　C.公证人

　D.受益人　　　　　　　　E.保证人

4.目前,我国信托基金来源主要有( )。

　A.财政拨款　　　　　　　B.银行结算　　　　　　　C.社会集资

　D.社会交税　　　　　　　E.自身留利

5.我国房地产信托主要为资金信托业务,具体包括( )。

　A.房地产信托贷款　　　　B.房地产委托贷款　　　　C.房地产信托投资

　D.房地产委托投资　　　　E.房地产融资

6.REITs与房地产投资基金的区别有( )。

　A.运作形式不同　　　　　B.投资对象不同　　　　　C.融资规模不同

　D.投资者人数不等　　　　E.资金运用方式不同。

7.按照投资方向划分,房地产投资信托可分为( )。

　A.权益型 REITs　　　　　B.抵押型 REITs　　　　　C.混合型 REITs

　D.营利性 REITs　　　　　E.保守型 REITs

三、简答题

1.简述信托运作原理。信托的运行原理的特征有哪些?

2.目前,我国房地产信托存款的来源主要有哪些?

3.什么是房地产直接信托? 什么是房地产代理集资信托?

4.资金信托不同于信托存款,主要表现在哪几方面?

5.房地产信托贷款与一般银行发放的房地产贷款的区别有哪些?

6.简述房地产信托投资基金的含义及特征。

7.房地产投资信托的运作模式有哪些?

模块九

房地产保险

模块九

知识目标

1.了解保险的含义及职能概念;房地产保险的含义及特点、与房地产保险的作用。

2.掌握房地产保险的主要险种和内容;掌握房地产保险的构成要素。

3.熟悉房地产保险合同;掌握房地产保险的运行原则、投保与承保、防灾防损、索赔与理赔。

能力目标

能够进行房地产保险的具体运作方式;能够分析房地产保险的主要险种及索赔与理赔。

案例导入

2014年10月13日,某公司与财产保险公司就该公司办公楼签订财产保险合同。期限为一年。一年后,该公司没有续保。保险公司多次找到经理张某洽谈续保事宜,仍无结果。直至2015年11月20日晚,保险业务员王某再次拜访张某,终于说服张某填了投保单,但因该公司手头无现金暂不能缴纳15万保费。在未实际收到保费的情况下,王某当场开了15万元的收据并盖章签字,以表示信任。21号清晨,该公司因电路走火引发火灾,但保险公司没有人员前来勘查。张某闻悉后,迅速到银行将15万元划拨到保险公司账上,然后向保险公司索赔,但保险公司拒绝承担赔偿责任。

讨论:此案实际上是因合同是否成立有效而引发的纠纷。

单元一　房地产保险概述

一、保险的含义及职能概念

（一）保险的含义

保险一词是从英语 Assurance 或 Insurance 翻译而来的。保险，从一般意义上讲，是指稳妥、可靠、担保等意思。在我国，保险的含义一般采用《中华人民共和国保险法》第二条的定义："投保人根据合同约定，向保险人支付保险费，保险人对于合同约定的可能发生的事故因其发生所造成的财产损失承担赔偿保险金责任，或者当被保险人死亡、伤残、疾病或者达到合同约定的年龄、期限等条件时承担给付保险金责任的商业保险行为。"可以从以下不同角度理解保险这一概念：

（1）从经济角度看，保险是一种分摊损失、提供经济保障的财务安排。即通过向所有投保单位和个人收取保费建立保险基金，用于补偿少数被保险人遭受的损失，使少数成员的损失由全体被保险人分担。此外，保险可以提高投保人的资金效益，人寿保险等险种还兼具储蓄和投资作用。

（2）从法律角度看，保险是一种合同行为，体现的是一种民事法律关系。根据合同约定，一方承担支付保险费的义务，换取另一方为其提供的经济补偿或给付的权利。

（3）从风险管理角度看，保险是一种风险转移的机制，面临风险的人们通过保险人组织保险基金，当被保险人发生损失时，可以从保险基金中获得补偿，使个人风险得到转移、分散，提高被保险人对风险损失的承受能力。

（二）保险的职能

保险的职能是指保险性质及其规律性的客观要求和具体反映。一般可分为基本职能和派生职能。

1. 基本职能

保险的基本职能是指保险在一切经济形态下所固有的职能，表现为组织经济补偿和分散风险的职能。

（1）组织经济补偿职能。组织经济补偿职能是保险的本质特征的反映。其内涵体现在：补偿由于自然灾害和意外事故所致保险财产的损失、对被保险人在保险期内发生人身伤亡或生存到保险期满给付保险金、承担被保险人因其行为失当依法对受害人（第三者）所付的经济赔偿的民事责任、保证商业信用和银行信用的履约责任。

（2）分散风险职能。分散风险职能是指保险人在危险发生之前，向其共同危险损失顾虑的经济单位和个人收取保险费，将其可能遭遇的危险损失转化为必然，由保险人集中承担"必然"损失，一旦部分被保险人遭遇危险损失，由保险人按照保险合同的约定给予赔偿，从而将部分被保险人遭受的损失分散给全体被保险人共同承担。

2. 派生职能

保险的派生职能是由保险的经济补偿职能派生出来的，主要包括收入分配、金融融资、防灾防损和社会管理等职能。

（1）收入分配职能。收入分配职能是指保险通过向投保人收取保费建立保险基金，在事故发生后对少数被保险人进行经济赔偿，以赔付形式参与对这部分资金的再分配，进而参与国民收入的再分配。

（2）金融融资职能。保险公司是金融性机构，可以直接参与社会融资，即可以将保险资金存入银行，通过银行以信贷方式融资资金，也可以运用保险资金直接投资，保险资金是资本市场资金的重要组成部分。

（3）防灾防损职能。对于保险人来说，减少灾害事故损失可以降低赔款支出，提高经济效益；而对于被保险人来说，也希望有一个安定的生产、生活环境，因为如果发生保险事故，虽然目前可以得到保险公司的赔偿，但间接损失、精神损失却得不到赔偿，甚至会因赔付记录较多今后再投保时面临较高的保险费率。因此，对于保险双方来说，都希望减少损失发生的频率和程度。

（4）社会管理职能。保险的社会管理职能是指保险在发挥其基本职能——经济补偿职能的过程中，促进和协调了社会各个领域之间的关系，使其正常运转和有序发展，充分发挥社会"润滑剂"的作用。

二、房地产保险的含义及特点

1.房地产保险的含义

房地产保险是指对房地产从设计、生产，到销售、分配、使用的整个生产、流通和消费过程中，在每个环节上可能发生的意外损失所采取的经济补偿。具体来说，房地产保险是指以房地产作为标的物，根据订立的经济合同，对特定的灾害事故造成的经济损失提供资金保障的一种经济形式，属于财产保险的范畴。房地产保险是整个社会保险的组成部分，也是房地产金融的重要内容。

2.房地产保险的特点

由于房地产这种财产独特的性质以及管理上的因素，使得房地产保险与其他财产保险险种相比具有以下特点：

（1）保险标的形态的单一性。财产保险的保险标的主要是有形的物质财产，而在有形物质财产的财产保险当中，其保险标的呈多样化的表现形态。如企业财产保险中，其保险标的既有固定资产，又有流动资产，而在固定资产当中，既含有房屋建筑物，又含有机器设备等；又如居民家庭财产保险的保险标的，既有个人所有的房屋、家用电器财产，又有室内家具等。而对于房地产保险来说，能够作为房地产保险标的财产就只有房屋这一种形态。房地产保险标的形态单一的特点，决定了房地产保险与其他财产险种的差异。

（2）保险险别适用的多样性。房地产业的内容非常广泛，包括土地的开发经营、房屋的建造、房屋的出售和出租、房屋的维修以及房产的管理等。在房地产经营、管理的全过程中，从房屋自备料开始到建成商品房以至房屋售出为止，都有可能由于各种自然灾害或意外事故给房屋在建造过程中诸方面的利益人造成经济上的损失，从而使房屋保险具有很大的必要性。因此，在房地产保险业务中，针对房屋的保险种类较多，这给房屋关系利益人选择保险范围提供了较大的余地，从而能使其在房屋建造、经营、管理等不同时期将风险转嫁给保险人，以保证房地产保险业务的顺利开展。

（3）保险主体的广泛性。保险主体是指参加保险这一民事法律关系并享有权利和承担义务的人，即保险人（保险公司）与被保险人。根据保险条例的有关规定，凡是与保险标的有着法律上可以主张利益的人，都可以作为保险合同的一个保险主体。房地产在开发、经营、管理的全过程中，涉及上下左右诸方面的行政、业务关系，如管理就涉及住房建设管理、房地产综合开发管理等，房地产经营方面又会涉及房地产（住宅建设）开发公司、房地产经营公司、房屋修缮公司、房屋建筑材料公司等诸家经营单位的相互业务联系等，所有这些，使房地产在开发、经营、管理过程中与多方面产生了不同性质上的利益关系。它们都是房地产保险的主体。

🏠 三、房地产保险的作用

房地产保险通过对房地产领域因自然灾害和意外事故造成的保险责任范围的损失提供经济补偿或资金给付，对房地产业的发展起积极的作用，具体表现为以下几方面：

（1）防灾防损，实现经济补偿。房地产保险是对自然灾害和意外事故造成的损失实行经济补偿。自然灾害和意外事故对房地产业造成的危险是指带来经济损失的纯粹风险，而不是房地产市场交易中可能产生的获利或亏本的投资风险。房地产保险可以使人们在房屋及其相关利益遭受自然灾害和意外事故而发生损失以后，获得一定的经济补偿，帮助受灾企业迅速恢复生产经营，帮助受灾家庭迅速重建家园，为企业的经营活动和人们的日常生活提供安全保障，有利于社会安定。

（2）推动住房制度改革，解除房屋购买者的后顾之忧。随着住房制度的改革，居民住房自有化的比例上升，自有住房已成为不少居民家庭的重要个人资产，而且是一项高价值的资产，重置不易。住房安全与否对一个家庭来说极其重要，人们对住房的质量要求也十分迫切。开展住房的相关保险，能够解除房屋购买者的后顾之忧，从而推动住房制度的改革。

（3）促进房地产业和保险业的发展。房地产是一种高价值的资产，房地产保险机制的建立，使购房者通过银行房地产抵押贷款获得资金融资，缩短购房资金积累时间，增加房地产需求。同时，房地产保险降低了与房地产抵押贷款相关的诸多风险，使房地产抵押贷款业务不断发展，促进房地产业的发展。房地产业的发展对房地产保险产生了更多的需求，促使房地产保险业务量的急剧增加，促进保险业的发展。

（4）强化房地产业的信用关系，促进社会信用制度的建立。房地产保险的建立，又可从一个独特的领域来满足房地产开发的需要。而保险的特有机能更保证了所有房地产信用关系的建立和实现。当然，房地产保险自身也是一种信用关系。无论是投保人还是保险人，都要履行自己应尽的义务，都要恪守保险契约中的承诺。而且由于保险基金独有的运行规律，有可能为发展房地产积累一部分资金，从而可以将其通过信用关系用于房地产投资，用于购买房地产股票和各种类型的债券，或者用于直接投资，从而促进社会信用制度的建立。

（5）开展保险融资，促进房地产资金的良性循环。随着房地产业的发展，人们对房地产保险的需求增加，由此促使房地产保险业务量的急剧增加。保险公司在保险费的收取和补偿之间有一个时间差，这就形成了一笔可观的闲置资金，保险公司可以用来进行投资，使暂时闲置的保险基金在运动中增值，支援国家的经济建设。保险公司还可将少量的资金用于房地产业投资，推动房地产业的发展，促进房地产业资金的良性循环。

（6）保障社会财富安全，增强社会防灾救灾力量。房地产保险的承保人可以对被保险的房屋财产等的安全情况进行检查，运用日常业务活动中积累的防灾防损经验，向被保险人提出消除不安全因素的合理建议和措施，并运用调节保险费率高低这一经济手段，督促被保人实行防灾防损,从而起到促进保障社会财富安全的作用。同时,承保人一般设有专门的防灾部门和人员,又有必要的物力和财力,从事防灾工作,增强了社会防灾救灾的力量。

四、与房地产有关的风险

在房地产经营管理过程中,房屋从设计策划、生产建造、销售服务等各个环节都有可能面临风险、发生损失。按照风险损失涉及的客体,可将与房地产有关的风险分为财产风险、责任风险、信用风险和人身风险。

1. 房地产财产风险

房地产财产风险是指由于房屋财产毁损、灭失和贬值而使房屋财产的所有者遭受的损失的风险,如房屋遭受火灾、水灾、地震与爆炸等所造成的损失等。房屋财产的损失按产生的原因划分,可分为自然原因、社会原因、政治原因、经济原因和技术原因。

(1)自然原因。自然原因包括火灾、爆炸、风暴、地震、洪水等可以损坏或毁灭房地产财产的自然力量。

(2)社会原因。社会原因包括个人品行的背离(如破坏、玩忽职守等)以及群体行为越轨(如战争、暴乱)等。

(3)政治原因。政治原因主要是指与房地产相关的政策法令的颁布而引起的房地产损失的原因。

(4)经济原因。经济原因造成的房屋财产损失是指在房屋开发经营过程中,由于经营不善、市场预测失误、价格波动、市场需求变化以及通货膨胀、汇率波动、利率升降等导致的房屋财产的经济损失。

(5)技术原因。技术原因造成的房屋财产损失是指由于科学技术发展的负效应而带来的房屋财产的种种损失,如某些新型材料的应用中的缺陷引致的房屋财产损失。

房地产财产风险又可分为直接损失和间接损失。

(1)直接损失。直接损失是指当房地产财产因自然风险和社会风险的作用导致房地产财产本身直接损坏或消失,例如,房屋被大火烧毁、室内墙壁被人破坏等就属于直接损失。

(2)间接损失。间接损失指的是房地产财产价值因其他财产的直接损失而降低的部分以及因财产直接损失使未来营业收入的减少及支出增加的部分。

2. 房地产责任风险

房地产责任风险是指由于人们对过失或者侵权行为使他人房屋财产损毁或者人身伤亡,在法律上负有经济赔偿责任的责任损失。其主要包括在房屋勘察设计、开发建造、销售经营、消费使用、物业管理等诸环节中,可能由于勘察设计不当、工程质量低劣、管理不善、使用不当等造成第三方财产损失或人身伤害,相关人员或单位需承担赔偿责任。例如,建筑设计师和工程师在设计或施工过程中由于职业过失造成房屋安全隐患、发生安全事故的,必须承担责任;房屋所有人或使用人擅自移动、改变房屋承重结构造成邻居人身伤害或财产损失的,也应承担赔偿责任等。

3. 房地产信用风险

房地产信用风险是指权利人因义务人不履行义务而导致损失的风险。例如,在个人房地产抵押贷款合同中,权利人即向消费者发放贷款的银行或其他金融机构,作为贷款人拥有如期收回本息的权利。而义务人是指获得了贷款的消费者,他们作为借款人负有如期归还本息的义务。如果在借款合同履行期间内,由于各种不确定的风险因素而使义务人不能或不愿履行还款义务,则权利人就面临着义务人到期不能履行的信用风险。

4. 房地产人身风险

房地产人身风险是与房地产相关的个人疾病、意外伤害、死亡而导致的损失。这会给个人、家庭和经济组织带来很大的损失,造成额外费用增加或者收入减少。如个人房地产抵押借款的借款人或个人房地产分期付款的付款人在一定时间内(通常是债务偿还期内)死亡,会给债权人或者其家人带来的损失。

📖 阅读材料

保险与相似制度的比较

1. 保险与储蓄

保险与储蓄都是人们以现在结余资金应付未来不确定性风险的一种管理手段,目的都在于"未雨绸缪"。所不同的是,储蓄依靠个人积累来对付未来风险,是一种自助行为。它一般不受特殊条件限制,不需付出代价,到期可提取本金加利息。而保险靠集体的财力对付风险带来的损失,是一种互助行为。它需付出一定代价,即保费。一旦保险事故发生后,只要符合保险赔偿和给付条件,被保险人和受益人都可以领取赔款和保险金。

2. 保险与救济

保险与救济都是补偿灾害事故损失的经济制度。救济是指对由于种种原因陷入经济困境者给予无偿的帮助,以维持其生活。这是一种单方面的人道主义行为,通常由民间组织和政府提供救济资金来源,救济方和被救济方之间不存在任何权利与义务关系。保险是一种合同行为,受合同约束,其资金主要来源于以保险费设立的保险基金。此外,救济对被救济人经济困难的大小是有一定条件规定的,只有在经济困难达到一定的限度时,救济才会开始。保险人对被保险人的风险保障根据保险合同履行职责,不存在风险大小的规定。因此保险和救济是完全不同性质的两种保障手段。

3. 保险与社会保险

社会保险是国家以立法形式强制建立的,通过筹集各方资金或财政预算安排,对劳动者在遭遇生、老、病、死、伤残等劳动风险,暂时或永久丧失劳动能力、或暂时失去工作从而失去工资收入或经营收入时,给予一定的物质帮助,以保障其基本生活,从而保持社会稳定的一种社会保障制度。目前,我国的社会保险主要包括养老保险、医疗保险、失业保险、工伤保险、生育和疾病保险五种保险,以及正在推广试行的新型农村合作医疗制度。

保险与社会保险的区别主要体现在:保险通常是指商业保险行为,其经营主体必须是以营利为目的的商业保险公司;而社会保险由政府或其设立的机构办理,不以营利为目的;保险是依合同实施的平等自愿订立的民事行为,而社会保险是依法强制实施的政府行为;保险的费用由投保人全部承担,而社会保险的保险费通常是个人、企业、政府共同负担。

单元二　房地产保险的主要险种和内容

一、房地产财产保险

财产保险是以财产作为保险标的的保险。目前,我国保险公司尚未开发专门针对房地产项目的房地产保险。这类风险常常通过现有的财产保险项目包括企业财产保险、城乡居民房屋保险、房屋建筑工程保险来分散。

(一)企业财产保险

企业财产保险主要承保火灾以及其他意外事故造成保险财产的直接损失。在房地产业务中,企业房产属于企业的固定资产,有因自然灾害和意外事故遭受损失的风险,在我国,这种风险通常通过企业财产保险来分散。企业财产保险包括财产基本险和财产综合险两种。但主要的承保对象和内容基本相同。

1. 企业财产保险标的的范围

企业财产保险标的的范围包括:属于被保险人所有或与他人共有而由被保险人负责的房屋等财产;由被保险人经营管理或替他人保管的房屋等财产;法律上承认的与被保险人有经济利益关系的房屋等财产均在保险范围之内。但土地、矿藏、违章建筑、危险建筑、非法占用的财产不在可保财产之列。

2. 企业财产保险的保险责任

(1)企业财产基本险保险责任。企业财产基本险保险的责任包括:火灾、雷击、爆炸;飞行物体及其他空中运行物体坠落;被保险人拥有财产所有权的自用的供电、供水、供气设备因保险事故遭受损坏,引起停电、停水、停气以致造成保险标的的直接损失;在发生保险事故时,为抢救保险标的或防止灾害蔓延,采取合理的必要措施而造成保险标的的损失。保险事故发生后,被保险人为防止或减少保险标的的损失所支付的必要的、合理的费用,由保险人承担。由于上述原因造成保险标的的损失,保险人依照条款约定负责赔偿。

(2)企业财产综合险保险责任。企业财产综合险保险责任不仅包括基本险的保险责任,而且把责任范围扩展到下列 12 项:崖崩、暴雨、洪水、台风、暴风、龙卷风、雪灾、雹灾、冰凌、泥石流、突发性滑坡、地面下陷下沉。综合险的除外责任与基本险相比较,主要区别是把上述 12 项灾害从除外责任中剔除,列为综合险的保险责任。此外,在综合险的除外责任中,还特别列明了地震所造成的一切损失和堆放在露天或罩棚下的保险标的以及罩棚,由于暴风、暴雨造成的损失作为除外责任,其余的除外责任与基本险相同。

3. 企业财产保险的除外责任

企业财产保险的除外责任包括:战争行为、军事行动、武装冲突、罢工、暴乱、暴动;地震、核反应、核子辐射和放射性污染;被保险人及其代表的故意行为或违法行为以及被保险人及其代表的纵容所致;房屋财产保险标的遭受保险事故引起的各种间接损失,如旅馆的房租收入、被保险人与其他人签订的合同,因保险事故发生造成不能履行后需要承担的经济赔偿责任等;房屋保险财产本身的缺陷、自然损坏;执法机关和政府机关因为其行为而使房屋保险标的受损。此类损失,保险人不承担补偿责任。

4. 企业财产保险的保险金额及保险价值

企业财产保险金额是最高赔偿限额。企业房屋保险金额及保险价值的确定有以下三种方式：

(1)按账面原值确定保险金额。账面原值是指房屋在建造或购置时所支付的货币总额。这是一种不足额投保。

(2)按账面原值加成数确定保险金额。即在保险人与被保险人协商一致的情况下，在账面原值的基础上再附加一个成数，使之趋近于重置重建价值。这种投保为足额投保。

(3)按重置重建价值投保。重置重建价值即重新购置或重新建造房屋所需支付的全部费用。

5. 保险期限和保险费率

企业财产保险的保险期限一般为一年。保险期限一般从约定起保日的零时到期满日的24时止。保单到期后，经双方协商可以续保。企业房屋财产险保险费率受担保险种的责任范围、房屋的建筑结构、占用性质、周围环境、防灾设施等因素的影响。

6. 赔偿处理

企业财产保险可采用现金或重置赔偿方式、恢复原状或置换受损财产的赔偿方式。建筑物部分遭受损失的，保险人对建筑物的赔偿金额应是修复或重建建筑物的费用，赔偿金额中应扣除改进和改善部分的费用，同时还要扣除原建筑物的折旧。建筑物全部损失则要根据保险价值与保险金额的对比确定赔偿金额。足额保险的，在保险金额内全部赔付；不足额保险的，则以保险金额为限。

(二)城乡居民房屋保险

城乡居民房屋保险是以城乡居民的房屋为保险标的的保险，包括房屋普通保险和房屋两全保险。前者是采取缴存保险费的方式，保险期限为一年，保险期满后，不退还保险费，续保须重新办理保险手续。后者是采取缴存保险储金的方式，保险期限为一年，保险期满后，无论保险期间内被保险人是否得到了保险赔偿，保险人都将投保人所交的保险储金退还，该保险具有储蓄和保障双重职能。

1. 保险范围

城乡居民房屋保险的保险范围包括一次性付款或抵押贷款购买的产权房屋和购房合同中载明的配置设备。但是购房后装修、购置的附属于房屋的财产和室内财产属于不保财产。

2. 保险责任

城乡居民房屋保险的保险责任通常包括：火灾、爆炸、洪水、冰雹、雪灾、崖崩、冰凌、泥石流、突发性滑坡、突发性地陷；暴风、暴雨造成房屋主要结构倒塌；空中运行物体坠落以及外来建筑物或其他物体的倒塌。

3. 除外责任

城乡居民房屋保险的除外责任包括：战争、军事行动或暴乱；核子辐射或污染；被保险人、房屋所有人、使用人、承租人、代看管人或其家庭成员的故意行为；保险标的因设计错误、原材料缺陷、工艺不善等内在缺陷以及自然磨损造成的损失和产生的费用；保险标的在正常保养、维修项目下发生的损失和费用；由于政府行为所致的损失及其他不属于保险责任范围的损失和费用。

4. 保险期限、保险金额及保险费

（1）保险期限。一次性付款购买的产权房屋，其保险期限自保险合同约定之日零时起，至保险期满日 24 时止，最长以 5 年为限。以抵押贷款方式购买的产权房屋，其保险期限与贷款合同期限相同，最长以 30 年为限。

（2）保险金额。城乡居民房屋保险金额为房屋每平方米售价乘以购房总面积或按合理的评估价格或双方约定价格确定。

（3）保险费。投保人在办理投保手续时，应一次缴清保险费。保险费的计算公式为

$$保险费＝保险金额×保险费率×缴费系数$$

实务上，有最低保险费规定，同时有无赔偿保险费率折扣优惠，如保险财产在保险期间安全无赔偿，第二年起续保时按当年应交保费给予 10% 无赔款保险费率折扣优惠。此规定应当在符合有关保险管理法规的前提下采用。

5. 赔偿处理

城乡居民房屋保险的被保险人在向保险人申请赔偿时，应提供保险单、出险通知书、损失清单，以及必要的单证和有关部门的证明。保险公司接到上述申请后，根据保险责任范围，核定损失金额并按本保险合同的规定在扣除免赔额后赔付。在发生保险责任范围内的损失时，保险标的如有抵押，保险赔款支付给投保人指定的受益人；保险标的无抵押，保险赔款支付给被保险人。

（三）房屋建筑工程保险

在房地产经营业务中，在建工程由于建筑工期较长，施工过程中可能因为自然灾害或意外事故遭受经济损失而面临风险，建筑工程保险可以有效地分散该项风险。房屋建筑工程保险，是指专门承保各种土木工程及建筑机械设备、材料的意外毁损或灭失，以及对第三者伤害、死亡或财物损害所致法定赔偿责任的综合性保险。

1. 被保险人

房屋建筑工程保险的被保险人是工程进行期间，对所建工程承担一定风险，并具有保险利益的各方。这里所指各方包括工程所有人、主承包人或分承包人、雇用的建筑师、设计师、工程师、工程管理监督人及其他专业顾问等。为了防止被保险人各方之间权益和责任的不同而引起的相互追偿，保险单都加贴共保交叉责任条款。一旦发生各被保险人之间相互的责任事故，每个负有责任的被保险人都可以在保险单所规定的项下得到保障。

2. 保险财产

房屋建筑工程保险承保的财产以房屋建筑工程合同的内容为依据，包括：房屋建筑工程及在工地的材料；房屋建筑用的机械、工具、设备和临时工房与其屋内存放的物件，业务或承包人在工地的原有财产；附带安装工程项目，工地内的现成建筑物和业主或承包人在工地的其他财产。

3. 保险责任

房屋建筑工程保险的保险人应负的赔偿责任包括：火灾、爆炸、洪水、暴风、暴雨、龙卷风、泥石流、地陷、崖崩、冰雹、雪灾、雷击、盗窃、恶意行为以及企业员工因缺乏经验、疏忽、过失等造成的事故；原材料缺陷或工艺不完善所引起的事故；除外责任外的其他不可预料的事故和清理现场等支出的合理费用。

4. 除外责任

房屋建筑工程保险的除外责任有:被保险人故意行为致损;自然磨损、停工、罢工、战争等因素造成的损失;因设计错误引起的损失和费用;非外力造成的机械或电器装置的损毁或建筑用机器、设备、装置的失灵;有关文件、账簿、票据、现金和有价证券、图表资料的损失;因原材料缺陷或工艺不良所支付的费用;盘点货物当时发现的短缺以及免赔额内的损失。建筑工程第三者责任保险应另行保险,其责任不在保险范围之内。

5. 保险金额

房屋建筑工程保险的保险金额按不同的承保项目分项确定。建筑工程本身一般以工程完工时的总造价为保险金额,包括设计费、材料设备费、施工费、运杂费、税款及保险费等项目。考虑到施工期间多种因素的变化如原材料价格的涨跌等,保险人一般让投保人根据计划价投保,待工程完毕后再按实际造价对保险金额予以调整。其他承保项目的保险金额则以投保标的的实际价值或重置价值为依据由保险双方协商确定。此外,因地震、洪水等特殊灾害造成损失的,保险人一般还另行规定赔偿限额,按保险金额的一定比例计算。

6. 保险费率

房屋建筑工程保险的保险费率一般由保险人根据承保范围大小、承保房屋建筑工程本身的危险程度、承包人及其他承办人的资信状况、保险人本身承保同类业务的以往损失记录等情况来确定。

7. 保险期限

房屋建筑工程保险的保险期限,自投保工程动工或用于保险工程的材料、设备运抵建筑工地时开始,到工程所有人对部分或全部建筑工程签发完工验收证书或验收合格,或工程所有人实际占有或使用或接收该部分或全部工程之时终止,以先发生者为准。但是要注意:这个建筑期限必须在保单列明的保险生效日与终止日内。房屋建筑工程保险采用的是工期保单。当工程在保险期限内不能完成时,经投保人申请并加缴保费后,保险人可签发批单延长保险期限。

8. 赔偿处理

房屋建筑工程保险的理赔,以恢复保险项目受损前的状态为限,可以现金支付,也可以重置受损项目或进行修理。保险金额如低于建成工程总价值、重置价值,其差额视为被保险人所自保。

二、房地产责任保险

责任保险是一种以被保险人对第三者依法应承担的民事赔偿责任为保险标的的保险,是一种无形财产保险。房地产企业或个人在房地产的设计、生产、经营活动中,由于疏忽过失行为对他人造成人身伤亡或财产损失,依法承担民事赔偿责任,可以投保有关房地产责任保险把风险转嫁给保险人。房地产责任保险可以分为公众责任保险、雇主责任保险、职业责任保险和产品责任保险。

(一)房地产公众责任保险

公众责任保险是指以损害公众利益的民事赔偿责任为保险标的的责任保险。房地产公众责任保险是以被保险人在固定场所从事房屋生产或者经营的以及利用房屋进行生产或者经营活动因意外事故而给他人的人身或者财产造成损害,按照法律被保险人应当承担的赔偿责任为保险标的的责任保险。

1.保险责任

房地产公众责任保险的赔偿责任主要包括:

(1)房地产投保人因生产经营中的疏忽大意和不测过失而造成第三者人身伤害和财产损毁,依法应承担的经济赔偿责任。

(2)房地产投保人由于责任事故发生可能引起诉讼,因而需要承担的有关诉讼费用及其他费用。房屋责任保险对战争等社会原因引起的责任、雇佣关系中的雇主责任以及投保人自己人身伤害和财产损失不予负责。

2.除外责任

目前,我国房地产公众责任保险主要用于场所责任,保单的除外责任主要包括:

(1)被保险人的合同责任,除非该合同责任同时构成法律责任。

(2)被保险人雇员遭受的人身伤害。

(3)被保险人或其代表或其雇佣人员所有的财产或由其保管或由其控制的财产。

(4)被保险人或其代表或其雇佣人员因经营业务一直使用和占用的任何物品、土地、房屋或建筑。

(5)由于下列各项引起的损失或伤害责任:对于未载入本保险单明细表而属于被保险人的或其所占有的或以其名义使用的任何牲畜、脚踏车、车辆、火车头、各类船只、飞机、电梯、升降机、自动梯、起重机、吊车中其他升降装置;火灾、地震、爆炸、洪水、烟熏;大气、土地、水污染及其他污染;有缺陷的卫生装置或任何类型的中毒或任何不洁或有害的食物或饮料;由被保险人作出的或认可的医疗措施或医疗建议。

(6)由于震动、移动或减弱支撑引起任何土地、财产、建筑物的损坏责任。

(7)由于战争、内战、罢工等行为直接或间接引起的后果所致的责任。

(8)核风险所引起的责任。

(9)罚款、罚金或惩罚性赔款及应由被保险人自行负担的免赔额。

(10)被保险人及其代表的故意行为或重大过失。

3.保险金额及保险费率

房地产公众责任保险的保险金额一般由保险合同双方协商确定,保险期限为1年。房地产公众责任保险的保险费率不固定,根据投保对象的不同分别制定。影响其高低的因素包括投保人所从事的业务性质及管理水平、风险的类型、投保人以往责任赔偿记录、赔偿限额和免赔额的高低。

(二)房地产雇主责任保险

雇主责任保险,是以被保险人即雇主所雇用的雇员在保险有效期内,从事与其职业有关的工作时,由于遭受意外或患职业病所致伤残或死亡,被保险人(雇主)根据法律或雇佣合同应承担的医药费及经济赔偿责任为承保风险的一种责任保险。它保障雇主对雇员在受雇过程中伤亡、疾病的赔偿责任。各类房地产企业和事业单位均可为其聘用的员工投保雇主责任险。

1.保险责任

房地产雇主责任保险的责任范围包括:被保险人的雇员,在保单列明的地区和保险有效期内,从事与其有关的工作时,遭受意外或患与工作有关的职业疾病而伤残、死亡、被保险人根据法律或雇佣合同应承担的经济赔偿责任;被保险人的雇员遭受上述伤残时所需的医药费以及被保险人和其雇员之间因发生本保险责任范围内的索赔而必须支付的诉讼费用。

2. 除外责任

房地产雇主责任保险的除外责任包括:

(1)战争、类似战争行为、叛乱、罢工、暴动,或者由于核子辐射所致的被雇人员伤残、死亡或疾病。

(2)被雇人员由于疾病、传染病、分娩、流产,以及因这些疾病而施行内、外科治疗手术所致的伤残或死亡。

(3)由于被雇人员自加伤害、自杀、犯罪行为、酗酒及无照驾驶各种机动车辆所致的伤残或死亡。

(4)被保险人的故意行为或重大过失。

(5)被保险人对其承包商雇用的员工的责任。

3. 保险费率

通常根据风险程度归类确定不同行业、不同工种的不同费率标准,承保时在该标准基础上参考赔偿限额确定。

4. 保险金额与保险期限

(1)目前,我国的房地产雇主责任保险赔偿金额没有法律规定的标准,由被保险人根据雇佣合同的要求,以雇员若干个月的工资额制订赔偿限额。

(2)房地产雇主保险的保险期限一般是一年,以保险双方当事人约定的时间为始终点,也有的合同以承包工程期为保险期限。

5. 附加险

房地产雇主责任保险的附加险主要包括:

(1)第三者责任保险,承保被保险人(雇主)因其疏忽或过失行为导致雇员以外的他人人身伤害或财产损失应负的法律赔偿责任,它实质上属于公众责任保险。如果雇主在投保雇主责任保险时要求加保,保险人可以扩展承保。

(2)雇员第三者责任保险,承保雇员在执行公务时,因其疏忽或过失行为造成对第三者的伤害且依法应由雇主承担的经济赔偿责任。

(3)附加医药费保险,承保被保险人的雇员在保险期限内,患有疾病等所需的医疗费用的保险,它实质上是向普通医疗保险的扩展。

(三)房地产职业责任保险

房地产职业责任保险是指承保各种房地产专业技术人员由于工作上的疏忽或过失所造成合同一方或他人人身伤害和财产损失的经济赔偿责任的保险。在房地产业务中,需要分散的职业责任风险主要包括设计师、工程师等职业风险,它也包括在普通职业责任保险范畴中。

1. 保险责任

房地产职业责任保险的责任范围包括两项:一是被保险人及其前任、被保险人的雇员及雇员的前任因职业事故应承担的赔偿金;二是被保险人因职业事故引起的诉讼费用和其他事先同意的费用。目前,我国开办的建筑工程勘察设计责任保险就属于职业责任保险。

2. 除外责任

房地产职业责任保险的除外责任一般包括:战争和罢工造成的损失;核风险所引起的责任;被保险人的故意行为造成的损失;被保险人的家属、雇员的人身伤害或财务损失;被保险的契约责任;被保险人所有或由其照管、控制的财产损失;因被保险人或者从事该业务的前任或其任何雇员或从事该业务的雇员的前任的不诚实、欺骗、犯罪或恶意行为所致的任何索赔;因文件灭失或损失引起的索赔;因被保险人隐瞒或欺诈行为以及被保险人在投保或保险期间不如实告知保险人应报告的情况引起的任何责任;被保险人被指控有对他人诽谤或恶意中伤行为引起的索赔等。

3. 保险金额、保险费及保险期限

房地产职业责任保险保单的赔偿限额一般为累计赔偿限额,不规定每次事故的赔偿限额。总保险费由纯保险费和附加保险费组成。纯保险费等于损失金额除以保险单位。由于业务性质差异较大,保险单位的划分也有较大不同。房地产职业责任保险的责任期限通常为一年。

(四)房地产产品责任保险

产品责任保险是承保生产商、经销商等对所生产或出售的有缺陷产品,在承保区域内使用或消费该产品时发生事故,造成消费者或其他人的人身伤害或财产损失,依法应由生产商或经销商承担法律赔偿责任的保险。房地产开发商或销售商向保险公司投保产品责任险,便将这种经济损害赔偿责任转嫁给了保险人,一旦由于房屋责任事故给消费者或第三者造成人身伤害或财产损失,保险人承担依法应由房地产开发商或销售商负责的经济损失赔偿责任。

1. 保险责任

保险人所承担的产品责任风险,必须是房地产商销售或出租的供他人使用的房产,在使用过程中造成对消费者或用户及他人的财产损失、人身伤亡所导致的经济赔偿责任,以及由此导致的有关法律费用。

2. 除外责任

房地产产品责任保险的除外责任一般包括:非正常状态下使用时造成的损害事故;被保险房产本身的损失;被保险人故意违法建造、出售的房产所造成的损失;仍在建造,其所有权未转移到用户或消费者手中时发生的责任事故;根据合同或协议应由被保险人承担的其他人的责任等。

3. 赔偿处理

在房地产产品责任保险单中,通常规定两项赔偿限额,即每次事故的赔偿限额和保单累计赔偿限额。被保险人在保险期限内对任何一次事故而提出索赔的赔偿金额,以保险单规定的相关赔偿限额为限。多次事故赔偿金额达到保险单责任的一年累计赔偿限额时,保险单保险责任即行终止。

三、房地产信用保证保险

房地产信用保险和保证保险承保的都是信用风险。信用保险是指权利人向保险人投保债务人的信用风险的一种保险。保证保险是被保证人根据权利人的要求请求保险人担保自己信用的保险。房地产领域的信用保险和保证保险主要涉及卖方信用保险、住房抵押贷款信用保险、合同保证保险、住房质量保证保险、住房抵押贷款保证保险等。

(一)卖方信用保险

由于房地产交易金额较大,经常采用分期付款的方式。一旦买方无力偿付分期支付的购房款,就造成开发商——卖方的经济损失。这时,以保险人为卖方进行的各种形式的延期付款行为所提供的保险业务——卖方信用保险,就可以为房地产开发商分散这类风险。通常该保险实行变额保险的方式,使保险金额的递减程度与延期付款过程中未付款的款额变化相同,并采取共同保险的方式。这种保险的承保业务手续复杂,保险人必须在仔细考察买方资信情况的条件下才能决定是否承保。

(二)住房抵押贷款信用保险

住房抵押贷款信用保险是保险人对贷款人(银行或其他金融机构)与贷款人(购房者)之间的借贷合同进行担保并承保借款信用风险的保险。金融机构对自然人发放住房抵押贷款时,可能发生债务人不履行贷款合同致使金融机构遭受经济损失。通过保险后,一旦借款人无法归还贷款,金融机构便可以从保险人处获得赔偿,然后将债权转让给保险人追偿。

目前,我国住房抵押贷款信用保险还未受到重视,贷款人和房地产开发商在进行房地产业务时,通常要求买方提供全面保证,自己并不需要分散风险。但随着房地产市场的变化,特别是抵押贷款证券化的试行与发展,该类保险必将受到重视。

(三)合同保证保险

合同保证保险是指因被保证人不履行合同义务而造成权利人经济损失时,由保险人代被保证人进行赔偿的一种保证保险。

1. 合同保证保险的种类

在房地产业务中,合同保证保险主要涉及的是建筑工程承包合同保险,其中包括投标保证保险、预付款保证保险、履行合同保证保险和维修保证保险。

(1)投标保证保险。投标保证保险承保工程所有人因中标人不继续签订合同而遭受的损失。即由于中标人拒绝签订合同,工程所有人只能与标价次低的投标者签订合同或重新招标,前后两次标价的差额即为损失额,应由保险人承担。

(2)预付款保证保险。预付款保证保险承保工程所有人因承包人不能履约而遭受的预付款损失。

(3)履行合同保证保险。履行合同保证保险承保工程所有人因承包人不能按时、按质、按量交付工程而遭受的经济损失。国外保险公司承保工程合同的履约险,必须严格审查承包人的资格、能力和财力(包括承包人的信誉、经营作风、经营管理水平、业务经验、技术力量、施工力量等)。同时要求承包人提供上年度财务报告、以往和目前进行的承包工程的资料、往来银行名称和账号、投保工程的合同副本。通常还要求承包人提供反担保。我国实行的工程履约保险,由于国内工程受材料、设备供应、运输、能源、施工、技术、工程管理、市政工程配套能力等因素的影响常常不能按期竣工,存在较大风险,因此,保险公司在承保时条件非常严格。

(4)维修保证保险。维修保证保险承保工程所有人因承包人不履行合同规定的维修任务而受到的损失;或者承保承包人所履行的保证期责任。实践中,建筑合同中通常规定一年的保证期,承包人对完工工程在保证期内的工程质量负责。为了确保此项义务的履行,工程所有人通常要求承包人投保维修保证保险。

2.承保条件

目前我国规定,合同保证保险承保的工程应具备下列条件:

(1)投资项目已得到政府有关部门批准,工程已列入国家计划,施工力量、设备材料、市政配套设施工程等已落实。

(2)承包人向保险人提供反担保或对违约方有追偿把握。

(3)工程项目已投保工程保险。而且在承保前要对工程施工的有关情况进行严格调查,施工期间经常了解工程进度及存在的问题,督促有关各方采取措施按期完工。

3.保险责任

合同保证保险承保被保证人因违约行为造成的经济损失。通常根据工程承包合同内容来确定保险责任。因人力不可抗拒的自然灾害造成的权利人的损失;工程所有人提供的设备、材料不能如期运抵工地,延误工期而造成的损失等不在赔偿责任范围内。该保险中,保险人的赔偿责任仅以工程合同约定的承包人对工程所有人承担的经济责任为限。如果承包合同中约定了承包人若不能按期保质完工就要向工程所有人支付罚款,那么,保险人的赔偿金额就以该罚款数额为限。

(四)住房质量保证保险

住房质量保证保险是对通过建设部住房性能认定的住房质量提供保证的保险。保险费由开发商承担,购房者在购买住房的同时可获得相应的保险公司签发的保险凭证。住房质量保证保险可以将开发商从长期的保修义务中解脱出来,把风险转嫁给保险公司。同时,消费者在购房时也更加放心,不必再为以后可能出现的建筑质量问题担忧;保险公司则通过计算合理的费率、预收保费,获取稳定的利润,毕竟发生质量问题的房子只是少数。当投保人所投保的产品因保单列明的原因导致权利人向被保险人索赔,保险人对依法应由被保险人承担的产品本身的质量赔偿责任进行赔偿。

1.保险对象

凡经当地或全国商品住房性能认定委员会认定通过的住房开发商,均可作为住房质量保证保险的投保人针对认定通过的住房投保该保险。该保险的被保险人为上述住房的权利人,即可依法持有上述住房所有权证明的个人、法人或其他组织。

2.保险责任

住房质量保证保险的保险责任是由投保人开发的并经当地或全国商品住房性能认定委员会认定通过的住房,在正常使用条件下,因潜在缺陷在保险期间内发生质量事故造成住房的损坏,经被保险人向保险人提出索赔申请时,保险人负责赔偿修理、加固或重新购置等费用的责任。其保险责任范围包括:

(1)整体或局部倾斜、倒塌。

(2)地基产生超出设计规范允许的不均匀沉降。

(3)阳台、雨篷、挑檐等悬挑构件坍塌,或者出现影响使用安全的裂缝、破坏、断裂。

(4)主体承重结构部位出现影响结构安全的裂缝、变形、破损、断裂。

(5)屋面、外墙面、厨房和卫生间地面、管道渗漏。

(6)户门、窗户翘裂。

(7)电气管线破损。

3. 保险金额及保险费

（1）保险金额的确定方法。权利人为投保人的住房（投保人尚未出售的住房），其保险金额为该住房的建筑面积与保险单明细表中列明的预计单位建筑面积平均销售价格之乘积；权利人为非投保人的住房（投保人已出售的住房），其保险金额为该住宅的实际销售价格。

（2）保险费。保险费在合同签订时由开发商一次交清。

4. 赔偿处理

对因住房产品质量缺陷而在使用过程中发生产品本身损坏的，保险人在保险单规定的保险金额内按实际损失赔偿；对可修复的住房产品，按修复费用予以赔偿；此外，可在保险合同中订立共保条款，要求被保险人共同承担损失，分担赔偿责任。

（五）住房抵押贷款保证保险

住房抵押贷款保证保险是购买住房的贷款人应债权人要求，为分期付款向保险人寻求信用保证的一种保险。一旦借款人不能履行还款义务，受益人（债权人）遭受经济损失时，保险人代为补偿。借款人对保险人代为支付的款项应予返还。在该保险中保险人承保的是借款人还款的信用。

1. 保险责任

住房抵押贷款保证保险的保险责任包括：因借款人无力履行住房抵押贷款合同、借款人死亡而无继承人或受赠人、借款人的继承人或受赠人拒绝履行该贷款合同和借款人解散、破产、被兼并或依法撤销，且无该贷款合同受让人的，从而导致借款人连续3个月未履行或未完全履行与被保险人签订的贷款合同约定的偿还贷款的责任，由保险人向被保险人赔偿。

2. 除外责任

造成借款人未履行或未完全履行住房抵押贷款合同是由于被保险人没有按贷款审核的标准对借款人进行审核，由此可撤销此保险并按退保费率退还未到期保险费；如果造成借款人未履行或未完全履行住房抵押贷款合同是由于被保险人的故意行为或被保险人与借款人的共同故意行为，则不退还未到期保险费。另外，如果有已发生的赔款，保险人有权向被保险人索回。

3. 保险金额、保险期限和保险费

（1）保险金额为住房抵押贷款合同项下贷款本金及利息总和，有的保险人规定保险金额为住房抵押贷款合同项下贷款本金及利息之和的75%。

（2）保险期限从住房抵押贷款合同生效之日起至借款人按照住房抵押贷款合同规定偿清全部贷款本息及有关费用时终止。

（3）年保险费根据期初（年初）本息余额计算，保险费率根据首期付款、保险期限和保险金额而定，并一次性收取总保险费。

4. 赔偿处理

当发生保险责任范围内的事故时，被保险人应向保险人提出书面索赔申请。经保险人核实后，在收到索赔申请的1个月内予以赔偿。赔偿金额为贷款合同项下所拖欠的本息（含逾期息和罚息）及其他有关费用，在此以后按贷款合同规定按期偿还债务，直至贷款人恢复履行贷款合同或保险人还清借款人的全部债务为止。

四、房地产人身保险

人身保险是以人的寿命和身体作为保险标的的保险。当被保险人遭受不幸事故、意外灾害、疾病、衰老等事故，以致死亡、伤残或年老退休时，保险人根据保险合同的规定，给予被保险人或者受益人保险金额和年金。房地产领域涉及的人身保险业务主要有建筑工程团体人身意外伤害保险和住宅抵押贷款个人定期寿险。

（一）建筑工程团体人身意外伤害保险

意外伤害保险是指以意外伤害而致身故或残疾为给付保险金条件的人身保险。团体人身意外伤害保险是以团体方式投保的人身意外伤害保险。

1. 保险责任

建筑工程团体人身意外伤害保险的保险责任包括在保险期间内，被保险人在从事建筑施工及与建筑施工相关的工作，或在施工现场或施工期限指定的生活区域内，因遭受意外伤害事故而致身故或残疾，保险公司依约定给付保险金。

2. 除外责任

建筑工程团体人身意外伤害保险的除外责任包括：

（1）投保人、受益人故意杀害或伤害被保险人。

（2）被保险人犯罪或拒捕、自杀或故意自伤。

（3）因受酒精、毒品、管制药品的影响。

（4）被保险人因精神错乱或失常而导致的意外。

（5）被保险人未遵医嘱，私自服用、涂用、注射药物。

（6）被保险人受细菌、病毒或寄生虫感染（但因受伤以致伤口脓肿者除外），或被保险人中暑。

（7）被保险人因检查、麻醉、手术治疗（含整容手术）、药物治疗等导致的事故。

（8）被保险人因意外事故、自然灾害以外的原因失踪而被法院宣布死亡的。

（9）原子核或核能爆炸、辐射或污染。

上述原因导致被保险人身故的，保险人对该被保险人保险责任终止，并退还该被保险人的未满期保险费。

3. 保险金额和保险费

（1）保险金额。保险金额由合同双方约定，但是同一保险合同所承保的团体中每一被保险人的保险金额应一致。

（2）保险费缴存及计费方式。保险费可以从按被保险人人数、建筑工程项目总造价、建筑施工总面积计收的三种方式中选择一种，并一次缴清。

4. 保险期限

建筑工程团体人身意外伤害保险的保险期限一般为一年或根据施工项目期限确定，自保险公司同意承保、收到保险费并签发保险单的次日零时起，至约定的工程预期竣工验收合格日 24 时止。

5. 赔偿处理

建筑工程团体人身意外伤害保险的保险人对每一被保险人所负给付保险金的责任以保

险单或保险凭证所载每一被保险人的保险金额为限,一次或累计给付的保险金达到每人保险金额时,本保险合同对该被保险人的保险责任终止。

(二)住房抵押贷款个人定期寿险

当借款人向银行或公积金管理机构申请住房贷款时,贷款人通常会要求借款人购买房屋财产保险或定期寿险。住房抵押贷款个人定期寿险以贷款购房者为被保险人,投保人可以是借款人本人或配偶、直系亲属,办理住房贷款业务的金融机构也可为贷款客户投保。一般情况下,贷款人会要求在扩展条款中指定该保险的受益人为贷款机构。

1. 保险责任

在保险有效期内,如被保险人因疾病或遭受意外事故导致身故或全残,保险人于事故发生后的第一个贷款归还日,按即时保险金额向受益人给付保险金,保险责任终止。

2. 除外责任

住房抵押贷款个人定期寿险的除外责任包括:

(1)投保人、受益人故意杀害、伤害被保险人。

(2)被保险人违法、故意犯罪或拒捕,故意自伤、醉酒、斗殴。

(3)被保险人服用、吸食或注射毒品。

(4)被保险人无证或酒后驾驶。

(5)被保险人自杀(以两年为限)。

(6)艾滋病或感染艾滋病毒期间所患的疾病。

(7)因意外伤害、自然灾害事故以外的原因失踪而被法院宣告死亡。

(8)战争、军事行动、暴乱或武装叛乱。

(9)核爆炸、核辐射或核污染。

3. 保险金额与保险费

住房抵押贷款个人定期寿险采用即时保险金额(即时保险金额是指根据贷款合同规定按期还贷后的贷款余额),初始保险金额按保险人的核保结果确定,即时保险金额随着贷款的逐年偿还而逐年递减。保险费根据被保险人投保时的年龄和贷款期限确定,缴费方式为趸缴。

4. 保险期限

住房抵押贷款个人定期寿险的保险期限与贷款期限相同,通常设 3 年、5 年、8 年、10 年、15 年、20 年六个档次。

阅读材料

我国房地产保险业务发展中的误区

我国城镇住宅制度改革以来,房地产逐渐成为大部分家庭和企业价值最高的财产。然而与人寿保险和汽车等其他财产的迅猛发展相比,房地产保险却始终难以大规模启动。这与我国房地产保险发展中存在的观念和实务操作中的误区有着密切关系。

首先,银行、保险公司与购房者之间对风险未能进行合理的划分。我国当前的房地产保险业务中,银行试图在把成本转嫁给借款人、把风险转嫁给保险公司的条件下获得房产抵押和信用保险的双重保障,完全规避自己的信贷风险,这是不合市场经济逻辑的。保险公司收取保费的同时承担了包括购房者的道德风险、行为风险（应属于银行缴费的信用保险的保险责任）以及引起购房者收入流减少或中断（应属于购房者缴费的保证保险的保险责任）的全部风险，在目前我国信用环境尚待建设的情况下承担的风险过大。

其次，对部分险种仍然存在概念上的混淆。以保证保险与信用保险为例。在西方成熟的房地产保险市场上，贷款银行以购房者的信用为保险标的，以自己为受益人与保险人签订的保险合同即为房地产信用保险合同。保险费由银行缴纳，银行作为受益人，可以在出售抵押房产仍不能收回全部贷款时，从保险人那里获得赔偿。当购房者以自己的信用为保险标的，以自己为受益人与保险人签订的由于自己收入流中断而不能如期还款时由保险人代为付款的保险合同，则是房地产保证保险合同，保险费由购房者缴纳。而目前我国各家公司试办的所谓"住房消费信贷保证保险"多是保证保险和信用保险的混合物，银行不缴纳保险费也不作为投保人，但却得到了信用保险应有的保险赔付；而购房者虽然缴纳了保证保险的保险费，自己却不能得到应有的保障缴费义务与受益权利严重扭曲，不符合保险制度中权利与义务对等的基本原则。

最后，忽略了政府在房地产信贷保险中的作用和责任。许多发达国家抵押贷款保险发展的初级阶段都被定义为政策性保险业务，一般需要专门的政府机构主办或得到政府的大力扶持。但是我国现阶段房地产抵押贷款保险的风险基本上完全由商业化的保险公司承担。

此外，房地产保险实务中还存在费率超高、手续烦琐、法律缺失等操作误区。

单元三　房地产保险的构成要素

房地产保险的构成要素是指房地产保险业务开展的相关参与者和基本条件。房地产保险的参与者主要包括房地产投保人、保险人、被投保人和受益人及中介人等，他们是保险基金建立的首要条件。

一、房地产投保人

房地产投保人是指住房所有者，需要保险的人，也就是对保险住房具有保险利益、与保险人订立保险契约并缴纳保险费的人。自然人和法人都可以成为房地产投保人，只要其具有相应的民事权利能力和行为能力、对房地产保险标的具有可保利益。

房地产投保人的主要权利和义务如下：

（1）投保人应按期如数缴纳保险费，否则，保险人可以根据情况要求投保人补缴保险费及其利息，或者按比例减少保险金额，或者终止合同。

（2）被保险住房一旦出险，投保人应如实向保险人报告发生危险的情况。否则，保险人有权解除保险合同。

（3）在住房财产保险中，投保人应当及时维护被保险住房的安全，并接受保险人对住房安全的监督和合理建议，切实做好安全防灾工作。否则，由此发生事故所造成的损失应由投保人自己负责，保险人不负赔偿的责任。

（4）住房保险范围内事故发生后，投保人应及时通知保险人。如果不履行及时通知义务，保险人有权解除合同，或者相应地减少赔款等。

（5）当事故发生时，住房财产保险的投保人应积极采取措施，以防止损失的扩大。

(6)投保人将住房出售或转让给第三人时,如按合同规定,需要通知保险人的,应及时通知。否则,保险人对发生保险事故所造成的损失不承担赔偿责任。

(7)投保人有权按保险契约获得保险赔偿。

二、房地产保险人

房地产保险人是指与房地产投保人订立保险契约、收取保险费和在房地产出险后负责赔偿的人,如房地产保险公司以及承办保险业务的银行等金融机构。

房地产保险人的主要权利和义务如下:

(1)收取保险费的权利。房地产保险人需向房地产投保人收取保险费。

(2)告知义务。订立保险合同时,房地产保险人应当向房地产投保人说明保险合同的条款内容,对于保险合同中规定有房地产保险人责任免除条款的,房地产保险人在订立保险合同时应当向房地产投保人明确说明。

(3)及时签发保险单证的义务。保险合同条款达成协议,房地产保险人应当及时向房地产投保人签发保险单或者其他保险凭证。

(4)积极进行防灾防损管理的义务。房地产保险人根据保险合同的约定,对房屋等保险标的的安全状况进行检查,及时向房地产投保人、被保险人提出消除不安全因素和隐患的书面意见,经过被保险人同意,可以对保险标的采取安全预防措施。

(5)赔付保险金的义务。房地产保险人在收到被保险人或者受益人的赔偿或者给付保险金的请求后,应当及时作出核定。对属于保险责任的,应该与被保险人或者受益人达成赔偿或者给付保险金的协议,并且按照法律或者保险合同约定的期限,履行赔偿或者给付保险金的义务。

三、房地产被保险人与受益人

1. 被保险人

房地产被保险人是指其房屋等财产或人身受保险合同保障,享有保险金请求权的人,当房地产投保人为自己的房屋或自身利益投保时,则投保人与被保险人为同一人。当投保人为他人利益投保时,被保险人是投保人在保险合同中指定的人。当保险利益转移后,受让人及继承人可以是被保险人。

法律上通常对于被保险人的资格没有严格规定,在投保人与被保险人分离的情况下,只要投保人对于保险标的具有可保利益即可。

2. 受益人

房地产受益人是指房地产人身保险合同中由房地产被保险人或者房地产投保人指定的享有保险金请求权的人。房地产投保人、房地产被保险人可以为房地产受益人。投保人指定受益人时必须经被保险人同意,如果被保险人是无民事行为能力或限制民事行为能力人,则受益人可以由被保险人的监护人指定;如果没有指定受益人,则在被保险人死亡时,由继承人领取保险金。实践上,被保险人或者投保人可以变更受益人,但是应当书面通知保险人。投保人变更受益人必须经被保险人同意。

法律上对于受益人的资格也没有严格规定,自然人或法人都可以充当受益人,自然人中无行为能力人、限制行为能力人甚至胎儿均可充当受益人,而且受益人无须与保险标的有可保利益,当然也不承担缴纳保费的义务。

四、房地产保险中介人

房地产保险中介人是指介于各保险人或保险人与投保人之间、专门从事房地产保险业务咨询与招揽、风险管理与安排、价值衡量与评估、损失鉴定与理算等中介服务活动，并从中获取手续费或佣金的单位或个人。房地产保险中介人主要包括房地产保险代理人、房地产保险经纪人和房地产保险公估人。

1. 房地产保险代理人

房地产保险代理人是指根据保险人的委托，向保险人收取手续费，并在保险人授权的范围内代为办理保险业务的单位和个人。保险代理人根据保险人的授权代为办理保险业务的行为保险人承担责任。保险代理人为保险人代为办理保险业务，有超越代理权行为，投保人有理由相信其有代理权，并已订立保险合同的，保险人应当承担保险责任；但是保险人可以依法追究越权的保险代理人的责任。

2. 房地产保险经纪人

房地产保险经纪人是指基于投保人的利益，为投保人与保险人订立房地产保险合同或与房地产有关的人身保险合同提供中介服务，并依法收取佣金的单位或个人。在我国保险经纪人的组织形式限于合伙企业、有限责任公司和股份有限公司。因保险经纪人在办理保险业务中的过错，给投保人、被保险人造成损失的，由保险经纪人承担赔偿责任。

3. 房地产保险公估人

房地产保险公估人是指接受房地产保险人、投保人或被保险人委托办理房地产保险标的的勘查、鉴定、估损以及赔款的理算，并向委托人收取佣金的单位或个人。在我国房地产保险公估人一般是指有限责任制的保险公估公司。

房地产保险公估人以第三者的立场，凭借其专业知识与技术，以及客观公正的态度，处理房地产保险公司当事人双方委托办理的有关保险业务、公证事项，其报酬由委托人支付。鉴于保险公估活动具有较强的技术性和专业性，其行为的后果将直接对保险合同当事人的权益产生重大影响，因此各国对保险公估人都有极其严格的资格认定。在房地产保险市场中，保险公司都是通过代理人和经纪人拓展业务与理赔，扮演着裁判员与运动员的双重角色，难免产生赔偿纠纷，而保险公估人既可以受托于保险人，也可以受托于投保人，但其既不代表保险人，也不代表投保人，而是站在独立的立场上，与上述双方保持着等距离的关系，能对委托事件作出客观、公正的评价，不仅可以减少赔偿纠纷，更好地实现保险的经济补偿功能，还可以帮助保险公司节省大量的人力、物力和财力，提高保险公司的信誉。

五、房地产保险基金

保险基金的建立是保险人履行赔偿义务的重要物质基础，也是经营房地产保险业务的必要条件。房地产保险基金是房地产保险人为了补偿保险事故所造成的财产损失或人身伤亡所引起的经济需要，向房地产投保人收取保险费而集中起来的一种社会后备基金。它是用于房地产保险赔偿或给付的专用基金，是房地产保险正常运行的基本条件。

房地产保险基金是由开业资金和保险费两部分构成的。开业资金是保险人开业时所需的一定数额的铺底资金，一部分用于购置设备和经营费用开支，另一部分用作赔付，这部分赔付的资金就是开业时的保险基金。保险费是投保人为获得保险人的保险经济保障而交付的费用,是保险基金的主要构成部分。保险费数额的多少取决于房地产保险金额和房地产保险费率。

1. 房地产保险金额

房地产保险金额是指房地产保险人承担赔偿或给付保险金责任的最高限额。在房屋财产保险中,房屋保险金额不得超过投保房屋的保险价值(指投保房屋的实际价格),如果超过保险价值的,超过部分无效。房屋保险金额低于保险价值的,除保险合同另有约定外,房地产保险人按照房屋保险金额与房屋的保险价值的比例承担赔偿责任。

2. 房地产保险费率

保险费率是按保险金额收取保险费的比率。房屋财产保险费率根据所承保的房屋财产保险危险的大小,以及房屋财产保险额损失率资料和房地产保险人的业务费用的多少等来合理制订。也就是说,房地产保险费率由纯费率和附加费率两部分组成。纯费率是每单位房屋财产保险金额的可能损失额,附加费率是房地产保险人每单位房屋财产保险金额的经营费用(含合理的利税)。保险费率是决定保险费数额的重要因素。保险金额乘以保险费率即保险费。

3. 房地产保险期限

保险期限是保险合同从生效之日起到终止之日的时间,即保险合同的有效期限,房地产保险期限,一般以1年为限,来年续保,再收保费。在实践中,有的房地产保险人曾对此规定无赔款费率折扣优惠。如规定保险财产在保险期间安全无赔款,第二年起续保时按当年应交保险费给予一定比例(如10%)无赔款费率折扣优惠。

阅读材料

房地产保险单和保险责任的确定

房地产保险单是载明房地产投保人与保险人所约定的权利与义务的书面证书,也是保险凭证。保险单上主要载有房地产投保人和保险人的名称、保险标的、保险金额、保险期限、保险费、赔偿或给付的责任范围以及需要约定的其他事项。保险单根据投保人的申请,由保险人单方签署,交由投保人收执。

保险单上必须载明住房保险责任,它是住房保险人承担的约定住房经济赔偿范围和责任。住房保险一旦签约,从投保人缴纳保险费时起,保险契约就开始生效。住房风险即由投保人转嫁给保险人,保险人成了住房风险的承担者。在约定保险责任范围内发生的住房经济损失,保险人都要负责赔偿。由于保险人所设立的各险种保险范围以及投保人要求保障的范围和内容不同,保险人承担的责任也就有区别,这在保险单上都应有明确的规定。

住房保险责任范围可分为基本责任和特约责任两类。基本保险责任包括住房投保人要求保险人承担直接和间接的赔偿责任。直接赔偿责任是指对约定的自然灾害和意外事故对住房造成的直接经济损失所承担的赔偿责任。这种赔偿责任由单一风险责任和综合风险责任组成,保险单上也需明确保险的是前者,还是后者。前者是指保险单上规定只对某一种风险造成的损失给予经济补偿,如对住房火险保障,则只对火灾所造成的损失负有赔偿责任,如果发生除火灾以外的其他灾害事故,则保险人不予赔偿。综合风险责任,则指保险单上明确规定对多种风险承担赔偿责任,如财产保险中,对火灾、冰雹、雷击、洪水、地震、地陷、龙卷风、雪灾等多种自然灾害对财产所造成的损失都负责赔偿。间接赔偿责任是指住房在遭受约定的自然灾害所造成的直接损失以外的损失，如为了控制灾害的扩大，减少经济损失而支付的施救费用所承担的赔偿责任。

除基本责任外，还有特约责任。这种特约责任是除基本责任外，由投保人和保险人协议商定后，在保险单上特别注明的一种风险责任。家庭住房财产保险的特约责任可以是，除自然灾害责任外的如防盗窃保险，即对住房内的财产因被盗而造成的经济损失承担赔偿责任。

在保险单上还有"除外责任"规定。除外责任是指排除在外的责任，即保险人并非对住房所受到的任何经济损失都承担赔偿责任。住房保险中的除外责任有住房投保人自行放火毁房所造成的损失；住房投保人由于不履行约定的义务而造成的损失；其他不属于住房保险责任范围内的灾害造成的损失。对于除外责任范围的损失，保险人都可以不承担赔偿责任。

单元四　房地产保险合同

一、保险合同概述

（一）保险合同的含义及特点

合同也称契约，是指当事人之间确定、变更、终止民事法律关系的协议。我国《中华人民共和国保险法》（以下简称《保险法》）第十条规定："保险合同是投保人与保险人约定保险权利义务关系的协议。"保险合同除了具有一般合同的法律特征外，还具有自己的特殊性，主要表现为以下几方面：

（1）保险合同是义务合同。保险合同作为一种法律行为，对双方当事人均具有法律约束力。各方当事人均负有自己的义务，享有自己的权利。如保险事故发生后，被保险人享有请求保险人支付保险金的权利，投保人则有支付保费的义务。

（2）保险合同是要约合同。要约合同是指合同的成立必须履行特定的程序或采取特定的形式。保险合同作为一种重要的合同，大多数国家都规定必须采取书面形式，我国也规定投保人投保和保险人承保必须采用书面形式。

（3）保险合同是保障性合同。保险合同是经济合同，而经济合同是交换合同，所以，保险合同也是交换合同。但是它不同于一般的交换合同，它具有保障性。保险合同的保障性是绝对的，对合同总体而言，保险的赔偿和给付是必然的，其保障性是绝对的；对个体保险合同而言，虽然有个别合同未发生保险事故，被保险人未得到经济补偿，但得到了精神上的安慰和心理安定。

（4）保险合同是有偿合同。有偿合同是指合同当事人双方权利的取得是有偿的。保险合同中，保险人有向投保人收取保险费的权利，但是要承担约定保险事故所致损失的经济补偿，或给付保险金的义务；投保人则是以缴纳保险费为代价而享有取得经济补偿或保险金的权利。

（5）保险合同是最大诚信合同。由于保险双方信息的不对称，保险合同对于诚实信用程度的要求远大于其他民事合同。可以说，保险合同的权利义务完全建立在诚实信用基础上，因此，保险合同被称为"最大诚信合同"。

(6)保险合同是附和合同。附和合同又称格式合同,是指未经当事人双方充分协商,而由一方提出合同的主要内容,另一方只能在已提出内容的基础上选择接受或拒绝而成立的合同。保险合同内容通常是由保险人事先拟就的,具有标准化格式,投保人投保时只是根据自己和被保险人的需求作出选择,因此,保险合同是一种附和合同。

(二)保险合同的主体和客体

1.保险合同的主体

合同的主体是指合同权利和义务的承担者。通常,合同的主体可分为合同的当事人和合同的关系人,而保险合同除当事人和关系人之外,还包括保险合同的中介人。

(1)保险合同的当事人。保险合同的当事人是与保险合同直接相关、订立保险合同的人,包括保险人和投保人。

①保险人。保险人是指与投保人订立保险合同,并根据保险合同收取保险费,在保险事故发生时承担赔偿或者给付保险金责任的保险公司。

②投保人。投保人是与保险人订立保险合同并按照保险合同负有支付保险费义务的自然人、法人或其他组织。投保人须具有民事权利能力和民事行为能力。

(2)保险合同的关系人。保险合同的关系人是指虽然不直接参与保险合同的订立,但是与保险合同密切相关的人,包括被保险人和受益人。

①被保险人。被保险人是指其财产或者人身受保险合同保障,享有保险金请求权的人。在财产保险中,被保险人必须对保险标的具有保险利益,既可以是法人,也可以是自然人;在人身保险中,被保险人就是保险标的,必须是满足保险合同规定的年龄、职业、健康状况等条件的自然人。在投保人为自己所关注的利益投保时,投保人就是被保险人;当投保人为他人所关注的利益投保时,投保人与被保险人不同。所以,在人身保险中,投保以死亡为给付保险金条件的保险时,必须经被保险人同意。

②受益人。受益人是指人身保险合同中由被保险人或者投保人指定的享有保险金请求权的人,投保人、被保险人可以为受益人。受益人可以是自然人,也可以是法人,须由被保险人或投保人指定,但投保人指定受益人必须征得被保险人同意。当被保险人为无民事行为能力的人时,由其监护人指定受益人。当受益人为数人时,可以指定受益顺序或受益份额,否则受益人按相等份额享有受益权。被保险人或者投保人可以变更受益人,但是应当书面通知保险人。投保人变更受益人必须经被保险人同意。

(3)保险合同的中介人。保险合同的中介人是指与保险合同的订立或履行有一定关系的人。其通过提供保险服务,把保险人和投保人、被保险人联系起来。保险合同的中介人一般包括保险代理人、保险经纪人和保险公估人。

①保险代理人。保险代理人是根据保险人的委托,向保险人收取代理手续费,并在保险人授权的范围内代为办理保险业务的单位或者个人。

②保险经纪人。保险经纪人是基于投保人的利益,为投保人与保险人订立保险合同提供中介服务,并依法收取佣金的单位。保险经纪人本质上是投保人的代理人。如果保险经纪人也为保险人代收保险费时,即同时为保险人的代理人。因保险经纪人在办理保险业务中的过错,给投保人、被保险人造成损失的,由保险经纪人承担赔偿责任。

③保险公估人。保险公估人是独立于保险人与被保险人之间的保险合同之外的第三方,具有丰富的专业技术知识,本着客观和公正的态度,向保险人或被保险人收取费用而为其保险标的查勘、鉴定、估损及赔款计算的人。

2. 保险合同的客体

保险合同的客体是保险合同当事人权利和义务所共同指向的对象,是投保人或被保险人对保险标的所具有的保险利益。保险利益是保险合同成立的必要条件之一,投保人对保险标的应当具有保险利益,否则保险合同无效。其中保险标的是指作为保险对象的财产及其有关利益或者人的寿命和身体。保险标的是保险利益的载体,是确定保险合同关系和保险责任的依据。

(三)保险合同的内容和形式

1. 保险合同的内容

保险合同的内容是指保险合同双方之间由法律确定并保证其实现的权利和义务,一般通过保险合同条款表现出来。保险条款规定了双方当事人的权利和义务及其他有关事项,是双方当事人履行合同义务、承担责任的依据。保险条款通常包括下列内容:

(1)当事人条款。该条款应明确记载保险人名称,投保人、被保险人的名称和住所,人身保险受益人的名称和住所。

(2)保险标的。这是保险合同中最重要的条款。在保险合同履行过程中,其保险标的是不可以变更的。

(3)保险责任和责任免除。保险责任是指保险合同中载明的保险事故发生后保险人所应承担的经济赔偿或给付责任。由于保险人并不对保险标的的所有风险承担责任,而仅对与投保人约定的特定风险承担责任。因此,风险种类不同,所承担的风险应在保险条款中予以列明。责任免除是明确保险人不承担的风险及不承担赔偿责任范围的条款,是对保险人风险责任的限制。保险责任和责任免除条款是保险合同的重要条款,通常由保险人或有关部门根据法律制定,投保人在投保时只能进行选择。

(4)保险期间。保险期间是指保险合同开始到保险合同终止的期间。保险人对保险期间内发生的保险事故负责。所以保险双方当事人在订立保险合同时必须明确保险期间,并在保险合同中载明。保险期间可以日历时间或行程时间来确定。

(5)保险价值。保险价值是指保险标的的实际价值总额,是确定保险金额和损失赔偿的依据。在财产保险中,保险价值的确定有两种方法:一是定值保险,即在投保时确定;二是不定值保险,即在出险时确定。

(6)保险金额。保险金额是保险人承担赔偿或给付保险金责任的最高限额。实践中可以由投保人或者保险双方协商确定。财产保险的保险金额,是在对保险标的估价的基础上,依据保险利益确定的。人身保险的保险金额是根据被保险人的经济需要和投保人的缴费能力经双方协商确定的。

(7)保险费及其交付方式。保险费是指投保人为获得保险保障而支付给保险人的费用。保险费是保险基金的来源。保险费的多少取决于保险金额和保险费率两个因素。保险费率是指保险人在一定时期按一定保险金额收取保险费的比率。保险费包括纯保费和附加保费两部分。交付保险费是投保人的义务,包括趸交和分期缴付两种交付方式。

(8)保险赔偿和给付办法。该条款规定保险金的计算方式和给付办法,有利于保险人履行义务。

(9)违约责任和争议处理。

(10)订立合同的时间。

2. 保险合同的形式

我国《保险法》未对保险合同的形式作出直接规定。在保险实务中,保险合同一般采取保险单、保险凭证和暂保单等书面形式。

(四)保险合同的订立和履行

1. 保险合同的订立

保险合同与其他合同一样,订立过程也经过要约与承诺两个阶段。要约一般由投保人发出,即投保;保险人作出承诺,即承保。保险合同的成立要具备三个条件:保险合同内容合法;保险合同主体合意,双方意思表示一致;保险合同主体合法。我国《保险法》第 13 条规定:"保险合同成立后,投保人按照约定交付保险费;保险人按照约定的时间开始承担保险责任。"

2. 保险合同的履行

保险合同订立后,投保人应当按照合同的约定履行其承担的义务,主要包括如实告知的义务、交付保险费的义务、维护保险标的安全的义务、危险增加和保险事故发生时的通知义务、保险事故发生时的施救义务、提供索赔单证的义务、不当得利返还义务和协助追偿义务等。保险人应按照约定全面履行自己的义务,主要包括按规定期限签发保险单的义务、赔偿或给付保险金的义务、支付施救费和事故查验费及相关仲裁或诉讼费的义务、通知义务、保密义务等。

(五)保险合同的变更与终止

1. 保险合同的变更

保险合同的变更是指在保险合同的有效期内,如果保险合同所载明的内容,因情况变化而影响保险合同的效力,需要变更有关保险事项,这是应由要求变更的一方向对方提出书面申请,经对方同意后方可变更合同的内容。保险合同的变更包括保险合同的主体变更、客体变更和内容变更。

(1)主体变更。主体的变更包括当事人的变更和关系人的变更。

(2)客体变更。客体的变更主要由于保险标的价值增减变化引起。客体的变更通常由投保人和被保险人提出,保险人同意后加批生效。

(3)内容变更。内容的变更主要是指在当事人及关系人不便的情形下对合同条款的变更,如财产险中保险标的的数量、存放地点,人身保险中被保险人的职业等。内容变更一般由投保人提出。

2. 保险合同的终止

保险合同的终止是指保险合同成立后,由于某些原因,合同的权利义务关系不再具有法律效力。具体可分为以下四种情况:

(1)自然终止。即保险合同期限届满,保险人的保险责任终止。

(2)义务已履行而终止。即根据保险合同规定,保险人已经支付全部赔款或给付全部保险金额后,保险责任终止。

(3)协议注销而终止。当保险合同中约定的注销条件出现时,合同自动终止或由一方当事人提出注销,投保人提出时合同立即终止,保险人提出时要经过一定期限,期限届满时合同终止。

(4)违约失效而终止。被保险方因违约使合同失效致使保险合同终止。

二、房地产保险合同的要点

房地产保险合同是房地产投保人与房地产保险人约定保险义务关系的协议。房地产保险合同的内容是以房地产保险合同当事人的权利与义务为核心的保险合同的全部记载事项，主要由基本条款和特约条款组成。其要点如下：

（1）当事人和关系人的名称和住所。房屋财产保险合同的当事人是指签订房屋财产保险合同的人，即房地产保险人和投保人。房屋财产保险合同的关系人是指被保险合同保障的人，即房地产被保险人和受益人。

（2）房地产保险标的。房地产保险标的是指作为保险对象的房屋财产及其有关利益或者人的寿命和身体。其中，房屋财产及其有关利益是房屋财产保险的保险标的，人的寿命和身体是与房地产有关的人身保险的保险标的。

（3）房地产保险责任和责任免除。房地产保险责任是指在房地产保险合同中列明的承担赔偿或给付责任的风险项目。房地产保险责任的范围通常由房地产保险人根据法律和实际需要印制在保险合同中作为房地产保险合同的一部分内容。责任免除是指房地产保险人不承担赔偿或给付保险金责任的风险项目，也是房地产保险合同必须具备的内容。房地产保险责任免除涉及房地产被保险人或受益人的切身利益，需要明示。

（4）房地产保险期限和保险责任开始时间。房地产保险期限是房地产保险人和投保人约定的保险责任的有效期限。它既是计算保险费的依据，也是房地产保险人和投保人或被保险人享有权利和承担义务的时限界定依据。保险期限的起讫时间是保险承担保险责任的开始和终止时间。在保险期间内发生的保险事故，房地产保险人承担经济补偿或给付保险金的责任。房地产保险责任开始时间是保险人开始承担赔偿或给付保险金责任的时间，一般为房地产保险期间起始日的零时或者 12 时开始。

（5）房地产保险金额和保险费。保险金额是指房地产保险人承担赔偿或者给付保险金责任的最高限额。它既是计算保险费的依据，也是房地产保险合同双方享有权利和承担义务的重要依据。保险金额与保险价值的关系根据承保方式的不同而有所不同。房地产保险费是投保人为获得保险人承担其保险标的的风险责任而付出的代价，它是保险金额与保险费率的乘积。保险费是投保人向保险人支付费用，作为保险人根据房地产保险合同的内容承担赔付责任的对价。保险费及保险费率一般由保险人预先计算并载明于房地产保险合同中，其中保险费率通常用百分比或千分比来表示。保险费的支付方式由当事人双方约定。

（6）房地产保险赔偿处理。在房地产保险合同中，还应载明保险金赔偿或者给付的办法，包括保险金赔偿或给付的标准和方式。保险人可选择采用现金方式、实物补偿方式或恢复原状方式实施赔付，其中以现金方式进行赔付为主。在赔付办法中，可以规定免赔额或免赔率，确定相对免赔或绝对免赔标准，以减少小额赔付手续或控制保险人的赔付责任。

（7）房地产保险违约责任和争议处理。房地产保险违约责任是房地产保险合同的当事人未履行房地产保险合同的义务造成对方损失所应该承担的法律责任。除在房地产保险合同中载明按照法律的有关规定处理外，当事人之间也可以约定违约责任的内容。房地产保险争议处理是发生房地产保险合同争议时采用的处理方式。对于房地产保险合同争议，当事人可以约定解决的方式，包括约定通过法律诉讼或仲裁来解决房地产保险合同的争议。

三、房地产保险合同的形式

房地产保险合同以书面的形式表示，主要有保险单、保险凭证、暂保单、投保单和批单等。

（1）保险单。保险单是指保险合同成立后，保险人向投保人签发的正式书面凭证。保险单将保险合同全部内容详尽列明，是被保险人向保险人索赔的主要凭证，也是保险人向被保险人赔偿的主要依据。抵押住房保险保险单的参考格式见表9-1。

（2）保险凭证。保险凭证又称小保单，是指保险人签发给投保人的证明房地产保险人已经承保的书面证明，是一种简化的保险单。一般不记载房地产保险合同的全部内容和条款，但其有与保险单相同的法律效力。

（3）暂保单。暂保单又称临时保险单，是指在保险单或保险凭证未出具之前，房地产保险人或保险代理人向房地产投保人签发的证明房地产保险人已经承保的书面证明。它一般载明与房地产保险人已商定的重要事项，如保险标的、承保险种、保险金额及保险费率、房地产被保险人名称、缔约双方当事人的权利义务及保险单以外的特别保险条件等。

（4）投保单。投保单也称要保书，是指投保人向保险人申请订立保险合同的书面要约。投保单通常由保险人事先统一印刷，投保人依其所列项目逐一据实填写后交付给保险人，如果其内容被保险人完全接受，并在投保单上加盖了印章，保险合同即告成立。抵押贷款住房保险投保单的参考格式见表9-2。

（5）批单。批单是房地产保险人应房地产投保人或被保险人的要求出具的修订、补充或增减房地产保险合同内容的书面凭证。它是房地产保险合同的重要组成部分，凡是经过批单更改过的内容，应以批单为准，后签发批单的法律效力优于先签发的批单。

表9-1　××财产保险公司抵押住房保险保险单

正本　　　　　　　　　　　　　　保险单号码　　　号

被保险人　　　　　　　保险地址　　　　　　　　借款合同编号：

保险项目	保额标准	保险金额

保险金额：人民币（大写）

备注：
1.建筑面积：　　　平方米
2.住房面积：　　　平方米（　室　厅）
3.房屋结构：钢混（　）、砖混（　）、砖木（　）、木（　）
4.附属设备：

保险期限：共　年，自　年　月　日零时起至　年　月　日二十四时止。

保险年费率：　‰

保险费（按年计收）每年人民币（大写）＿＿＿＿＿＿＿＿￥＿＿＿＿＿＿

共　年，保险费合计人民币（大写）＿＿＿＿＿＿＿＿￥＿＿＿＿＿

本公司自收到保险费后，按抵押住房保险条款规定负保险责任。

××财产保险公司（签章）

投保人签章　　复核：　　　　签单：

年　　月　　日

表 9-2　××财产保险公司抵押住房贷款保险投保单

批注事项：

投保人：　　　　　　　　投保房屋地址：　　　　　　　　投保单号码　　　号

投保人情况	姓名 年龄 联系电话		服务单位 身份证号码 联系地址	
投保情况	被保险人姓名 坐落地址 建筑面积 房屋结构	m²	身份证号码 房屋他项权证或 抵押确认编号 使用性质： 期房交付日期	自用□　出租□
	实际价值		贷款　是□ 否□	贷款金额
	贷款银行			贷款性质
	贷款金额（大写）	¥		
	保费（大写）	¥	费率	‰
	保险期限　自　年　月　日零时起至　年　月　日二十四时止			
	争议解决方式：			
特别约定：				

　　投保人兹声明，以上所填均属事实，并对贵公司《抵押住房贷款综合保险条款》包括责任免除部分和特别约定的内容已经了解，同意签署正式保单。

投保人：

年　　月　　日

单元五　房地产保险的运行

一、房地产保险的运行原则

　　保险的基本原则是在保险形成和发展过程中逐渐形成的保险行为的公认准则。房地产保险是一种合同行为，为了合理确定合同双方的权益，在履行房地产保险合同时应遵循保险的基本原则。

（一）最大诚信原则

　　诚实是指一当事人对另一方当事人不得隐瞒、欺骗；信用是指任何一方当事人都应当善意地、全面地履行自己的义务。诚实信用原则是世界各国调整民事法律关系的一项基本原则。保险是一种特殊的民事活动。必须遵守最大诚信原则。房地产保险的最大诚信原则是指保险双方当事人在实施保险行为过程中必须诚实守信，不得隐瞒有关保险活动的任何重要事实，否则合同无效。最大诚信原则的内容包括告知、保证、弃权与禁止反言。其中告知约束保险双方当事人，保证约束被保险人，弃权与禁止反言则约束保险人。

1.告知

告知是保险合同一方当事人在签订和履行合同时以及合同有效期内,负有向另一方当事人就重要事实进行口头或书面陈述的义务。具体来讲,在订立合同时,投保人应将足以影响保险人决定是否承保和确定费率的重要事实如实告知保险人。如人身保险中既往病史、财产险中保险标的的品质等保险人应主动说明保险合同条款及免责条款内容,对不属于赔偿义务的索赔请求应发出拒绝通知书并履行告知义务。告知通常有无限告知和询问告知两种立法形式。前者要求投保方主动将相关重要事实如实告知保险人,后者是指投保人只对保险人询问的问题如实告知,对询问以外的问题无须告知。我国实行的是询问告知。

2.保证

保证是指保险双方在合同中约定投保人或被保险人担保在保险期限内对某一事项的作为或不作为,或者担保某一事项的真实性。它是保险人接受承保或承担保险责任的条件。也就是说,保险合同的成立以不存在某种促使危险增加的事实为先决条件,保险人所收取的保险费也以保证事项的存在为前提,或不能存在其他危险标的为前提。

3.弃权与禁止反言

(1)弃权。弃权是指保险合同当事人放弃自己在合同中可以主张的某项权利。弃权可以分为明示弃权和默示弃权。明示弃权可以采用书面或口头形式;默示弃权是指当事人若未明确表示放弃某项权利的意图,但从其言语或行为中可以明确推断其有放弃权利的意思。

(2)禁止反言。禁止反言是指当事人既然已放弃其在合同中可以主张的权利,而后不得再向他方主张该权利。它主要约束保险人,通常体现在保险理赔环节或保险人与其代理人的关系中。

(二)保险利益原则

保险利益是指投保人或被保险人对保险标的具有法律上承认的经济利害关系。也就是说,具有可保利益的保险标的因没有发生保险事故而使投保人或被保险人受益,如果发生保险事故,投保人或被保险人会因此受到损失。保险利益原则要求投保人或被保险人对向保险人要求投保的房屋财产等标的具有法律上承认的经济利益;否则,所订立的有关保险合同是无效的。

在房地产保险中,保险利益的存在必须具备下列三个条件:

(1)合法的保险利益。保险利益必须是被法律认可并受到法律保护的利益,不得危害社会公众利益。它产生于国家制定的相关法律或法规,以及法律所认可的有效合同。

(2)确定的保险利益。保险利益必须是确定的利益,即保险利益必须是已经存在的利益或将要获得的合法的、可以实现的利益。

(3)有经济价值的保险利益。保险利益必须是在经济上可确定的利益,即可用货币计量的经济利益。保险的目的就是补偿被保险人因保险标的的出险所受的经济损失,如果当事人对保险标的不具有经济利益或具有的利益不能用货币来计量,则保险补偿就无法实现。

(三)损失补偿原则

损失补偿原则是指当保险事故发生时,被保险人通过保险赔偿可以恢复到受灾前的经济状况,但是不能因损失赔偿而获得额外收益。即补偿以保险责任范围内损失的发生为前提,以被保险人的实际损失及有关费用为限。这是房地产保险理赔的基本原则。保险人在运用该原则实施经济补偿时应以实际损失、保险金额、保险利益为限。

1.保险赔偿金额应有一定限度

房地产保险赔偿金额的确定方法如下：

(1)以实际损失为限度。保险人对被保险人损失的赔偿应以实际损失为限度，被保险人不能得到超过其实际损失的赔偿。

(2)以保险金额为限度。保险金额为被保险人与保险人双方共同约定的保险人赔偿最高金额的限度，赔偿金额只能低于、等于保险金额，不能高于保险金额。

(3)以可保利益为限度。例如，财产受押人在受押财产发生保险责任范围内的损失时，只能得到相当于其借出款项的赔偿金额。

2.保险赔偿应有一定的范围

根据房地产财产保险合同的规定，保险人仅对被保险人在保险有效期内因遭遇保险责任范围内的风险而产生的损失进行赔偿，而对除外责任引起的损失以及保险有效期外发生的损失不承担赔偿责任。

3.保险人对损失补偿形式的选择

被保险人参加房地产保险的目的是获得经济损失的补偿，如果发生保险事故，保险人只要通过赔偿使被保险人恢复到保险标的发生损失前的原来状态即可。因此，通常保险人进行经济损失赔偿的形式有现金支付、恢复原状、更换零部件、重置等。对于房地产财产保险，保险人可以采取恢复房屋至原状、支付现金或重置的方法来补偿被保险人的损失。

(四)近因原则

近因是指造成某种结果的直接、有效、起决定作用的原因。保险中的近因是指造成保险标的损失的直接、有效、起决定作用的原因。近因原则指保险赔偿与保险金给付的先决条件是造成保险标的损害后果的近因属于保险责任；若近因属于除外责任，则保险人不负赔偿责任，不能进行保险赔偿与保险金给付。

确定房地产风险近因的关键是确定风险因素与损失之间的因果关系。确定这种因果关系的基本方法有以下两种：

(1)从原因推断结果。即从最初事件出发，按逻辑推理直到最终损失发生，最初事件就是最后一个事件的近因。如雷击大树，大树压坏房屋，房屋导致家电损毁，则家电损毁的近因就是雷击。

(2)从结果推断原因。从损失开始，沿系列自后往前推，直到最初事件，若未中断，则最初事件就是近因。如第三者被两车相撞致死，导致两车相撞的原因是其中一位驾驶员酒后开车，酒后开车就是导致第三者死亡的近因。

在实践中，由于致损原因的发生与损失结果之间的因果关系错综复杂，运用近因原则不是轻而易举的事，需根据实际案情，仔细观察，实事求是地分析。

(五)代位追偿原则

代位追偿原则是指保险标的发生保险事故所致损失依法应由第三者承担经济赔偿责任，保险人自向被保险人支付保险赔偿金之日起，相应取得对第三者在保险赔偿金额范围内的请求赔偿的权利。

房地产保险代位追偿权的取得应符合下列条件：

(1)损害事故发生的原因及受损的标的都属于保险责任范围。

(2)保险事故的发生是由第三者的责任造成的,肇事方依法应对被保险人承担民事损害赔偿责任,被保险人在取得保险赔偿后将向第三者请求赔偿权转移给保险人。

(3)保险人按合同的规定对被保险人履行赔偿义务之后,才有权取得代位追偿权。

(六)重复保险分摊原则

重复保险分摊原则是指在重复保险情况下,被保险人所能得到的赔偿金额由各保险人采用适当的方法进行分摊。我国《保险法》规定:"重复保险的保险金额总和超过保险价值的,各保险人的赔偿金额总和不得超过保险价值。除合同另有约定外,各保险人按照其保险金额总和的比例承担赔偿责任。"重复保险的分摊方式包括比例责任分摊方式、限额责任分摊方式和顺序责任分摊方式。

1.比例责任分摊方式

比例责任分摊是指各保险人按其承保的保险金额占保险金额总和的比例分摊保险事故所造成的损失支付赔款。其计算公式为

$$保险公司赔偿金额＝该保险人的保险金额/所有保险人的保险金额总和×实际损失$$

$$(9\text{-}1)$$

2.限额责任分摊方式

限额责任分摊是指以各保险人在没有重复保险的情况下单独应付的赔偿金额作权数来分摊。其计算公式为

$$某保险人赔偿金额＝损失金额×\frac{某保险人的独立责任限额}{各保险人的独立责任限额之和} \qquad (9\text{-}2)$$

3.顺序责任分摊方式

顺序责任分摊是指各保险公司按出单时间顺序赔偿,先出单的公司在自身保额限度内赔偿,后出单的公司只在损失超出前一家的保额时,在自身保额限度内赔偿超出的部分。

这种赔偿方式对各保险人来说是不公平的,因此很少采用。在实务中,各国较多采用比例责任分摊方式和限额责任分摊方式,我国采用比例责任分摊方式。

二、房地产保险的投保与承保

(一)房地产保险的投保

投保是投保人在各种信息的刺激下作出投保决策,向保险人发出购买保险产品的要约过程。通常情况下,投保人愿意向管理良好、资金雄厚、保单条款和服务能满足其需要的保险公司及其代理人投保。在这个过程中,保险人的工作主要包括做好信息宣传工作,让潜在的投保人充分了解所能提供的保险产品,协助投保人填妥投保单。

1.保险人的信息宣传工作

保险人应选择合适时机和恰当的渠道做好保险信息宣传工作,让潜在的投保人充分了解所提供的保险产品。房地产保险中保险人的信息宣传工作应符合下列要求:

(1)利用一切有利时机和舆论工具,针对不同的对象进行灵活宣传。一般应选择社会生

活发生重大事件或变革时、大灾过后及重大文体活动或节假日、纪念日等。通过广播、电视、报纸、杂志、计算机网络等传播媒介进行全方位、广泛的宣传。

(2)宣传内容要针对不同的对象,宣传不同的内容。

(3)慎选展业人员,进行全面培训,提高其展业水平。

2.协助投保人填妥投保单

当投保人确定投保方案后,投保人需填写保险公司事先拟定的投保单,在这个过程中,保险公司的展业人员或代理人应做好以下工作:

(1)帮助投保人分析其所面临的风险。

(2)站在投保人的立场,帮助确定其适合的保险需求。

(3)帮助投保人选择适合的缴费额度。

(4)帮助投保人制订保险计划,包括保险金额、保险期限、保险范围等。

(5)保险人及其代理人按《保险法》要求如实履行告知义务。

(6)遵循自愿投保原则。

(二)房地产保险的承保

承保是指投保人与保险人通过协商,对保险合同内容取得一致意见并签订保险合同的过程。承保的程序包括接受投保单、审核验险、接受业务、缮制保险合同等。

1.接受投保单

房地产投保人将填写好的投保单交给保险人或通过代理人转交,作为房地产保险人接受投保并签出保险单的依据,也是投保人申请购买保险的凭证。

2.审核验险

房地产保险人接收到投保人递交的投保单后应进行审核验险。通过审核验险可防止非可保风险的介入,去除不合格的保险标的,准确估计风险程度,提高承保质量。投保单审核验险的内容主要包括三方面:一是审核投保申请,主要包括审核投保人资格、审核投保标的、审核保险费率和保险起讫期限等内容;二是控制保险责任,即在承保时依据自身承保能力进行承保控制,控制有较大风险的投保人试图以平均保险费率购买保险的逆选择,对不符合条件的投保人不予承保等;三是分析风险因素,即对可能面临的实质风险、道德风险、心理风险和法律风险进行具体分析。

3.接受业务

房地产保险人通过审核验险后要作出承保或拒保或有条件承保的决定。拒保的,要解释清楚。对符合条件的投保人,保险人应根据保险标的的保险金额、保险期限和保险费率计收保险费,投保人按保险合同的约定支付保险费。

4.缮制保险合同

房地产保险人核保作出承保之后,应当及时向投保人签发保险单或其他保险凭证,并办理批单手续。填写保险单时应做到单证相符、保险合同要求明确、数字准确、复核签单、手续齐备。

三、房地产保险的防灾防损

防灾防损是房地产保险经营业务的重要环节,是保险双方共同努力,采取措施,减少或消除风险发生的因素,从而降低保险经营成本,提高经济效益的经济活动。

1.房地产保险防灾防损的特点

房地产保险防灾防损是社会防灾防损的一部分,具有以下特点:

(1)防灾的主体是保险企业。

(2)防灾的对象是保险标的,其覆盖面较小。

(3)防灾的依据是保险合同的约定。

(4)防灾的手段是向投保人提出建议促使其整改,对不接受建议的被保险人只能解除合同或不予续保。

2.房地产保险防灾防损工作的内容

房地产保险防灾防损工作主要包括以下几方面的内容:

(1)加强保险防灾宣传、咨询工作,举办各种宣传活动,提高人们的防灾意识。

(2)积极配合社会上专门的防灾组织,开展各项防灾工作。

(3)对重点保户进行安全检查,定期或不定期深入重点保户进行实地安全检查。

(4)条款制约与费率优惠。如在投保、续保中规定无赔款或防护好的优待、有赔款加费;规定免赔率或免赔额,对经常发生保险赔款的保户在投保时拒保。

四、房地产保险的索赔与理赔

1.房地产保险索赔

保险索赔是指被保险人或受益人在保险标的遭受损失后,按保险单有关条款的规定向保险人要求赔偿损失或给付保险金的行为。它是保险保障的具体体现。

房地产保险索赔应按下列程序进行:

(1)发出出险通知。在损失发生后,被保险人必须发出出险通知。在损失发生时,被保险人要及时将事故发生的时间、地点、原因及有关情况,以最快方式通知保险人,以便其查勘,即被保险人有通知的义务。

(2)尽力采取救助措施。保险事故发生后被保险人或受益人必须尽力救助,并保护好现场,否则,保险人将对扩大的损失不负责任。

(3)提供索赔文件。保险事故发生后,被保险人应当向房地产保险人提供确认保险事故的性质、原因、损失程度等有关的证明和资料,主要有保险单、房地产权证、出险证明书、损失鉴定书、受损财产清单等。如果该损失是由第三方责任造成的,被保险人还须出具权益转让书。

(4)领取赔偿金。保险赔偿金额一经双方确认,被保险人即可领取赔偿金,但当赔偿涉及第三者责任时,被保险人还应该出具权益转让书,将向第三者追偿责任的权利转让给保险人,并有义务协助保险人向第三者追偿。

2.房地产保险理赔

保险理赔是指保险事故发生后,保险人对被保险人提出的索赔请求进行赔偿处理的行为。房地产保险理赔应按下列程序进行:

(1)立案编号,现场勘察。保险人接到出险通知后,应立即查对保险单立案编号。立案时,应将被保险人姓名、保险单号码及出险时间、地点、原因,以及损失约数等详细记录下来。然后根据被保险人的出险通知内容,立即派人员到现场对受损标的进行勘察。现场勘察包括查看出险地点、查明出险时间、查明出险原因、了解保险标的的受损情况等。

（2）审核单证。现场勘察结束后，保险人根据勘察报告和有关事件、单证进行责任审核。其内容包括审定保险责任、明确赔付范围、核定施救整理费用、第三者责任追偿处理等。

（3）损失核赔。保险案件经过审核确定属于保险责任以后，保险人要进一步核定应赔数额。人身保险是采取定额保险的形式，保险金额事先已经确定，所以不会发生灾害事故以后重新估价的问题。财产保险则不然，其大量损失属于部分损失，是在保险金额限度以内依据实际损失进行赔偿。因此，在赔偿以前，必须确定其实际损失，按实际损失进行赔付。

（4）给付赔偿金。保险赔偿金额一经保险合同双方确认，保险公司应在约定的时间内支付赔款并结案。给付赔偿金的方法以一次性给付为主，也可分期给付，根据订立保险合同时有无特别约定而定。给付的种类可以是金钱给付，也可以是实物给付。

（5）代位求偿权取得。当房地产保险财产发生保险责任范围内的损失，应当由第三方负责赔偿时，被保险人应向第三方索赔。如果被保险人向保险人提出赔偿请求，保险人可按保险合同的有关规定先予以赔偿，但被保险人必须将向第三方追偿的权益转让给保险人，并协助保险人向第三方追偿。

【案例分析】

李建在 2008 年 6 月 8 日购得一栋价值 120 万元的房屋，同月 15 日，李建向某保险公司投保房屋保险，保险金额为 120 万元，保险期限为 1 年，于当日缴清了保险费。2009 年 2 月 10 日，李建将该房屋以 130 万元的价格、连同保险单一起转让给王强，保险单转让之前李建没有经保险公司批准办理任何手续。2009 年 3 月 15 日，因意外发生火灾，房屋全部被烧毁。问：李建与王强谁符合向保险公司索赔的条件，保险公司是否应该赔偿？为什么？

保险利益原则要求投保人或被保险人对向保险人要求投保的房屋财产等标的具有法律上承认的经济利益，否则所订立的有关保险合同无效。一般财产保险业务不但订立合同时要求投保人对保险标的必须具有保险利益，同时还要求在保险合同有效期内自始至终存在，特别是在发生保险事故保险标的遭受损失时必须具有保险利益。在房屋出险时李建将该房屋以 130 万元的价格转让给王强，对该房屋已经不存在保险利益，所以李建不具备索赔条件，况且李建在房屋出售时没有向保险公司告知，没有办理保单批改手续，即保险合同失效。保险标的转让根据相关法律规定，保险标（房屋）的转让属于合同变更，应当通知保险公司。因此，李建没有履行通知义务，保险公司是可以不赔偿的。

李建将保险单转让给王强，保险单转让之前李建没有经保险公司批准办理任何手续，因此王强与保险公司不存在保险关系，不是该保险合同的被保险人，因此，保险公司也可以拒赔。

模块小结

保险是由保险人对经济损失提供的补偿，从被保险人的角度来讲，保险是一种转移机制，它能将大的、不确定的损失转变成小的、确定的损失的一种经纪合作制度。随着中国房地产业逐步成熟，人们对房地产保险的需求日益强烈。本模块主要介绍房地产保险概述、房地产保险的主要险种和内容、房地产保险的构成要素及保险合同。

思考与练习

一、填空题

1. _____是指保险性质及其规律性的客观要求和具体反映。

2. 保险的基本职能是指保险在一切经济形态下所固有的职能,表现为_____和_____。

3. _____是指由于人们对过失或者侵权行为使他人房屋财产损毁或者人身伤亡,在法律上负有经济赔偿责任的责任损失。

4. _____是指权利人因义务人不履行义务而导致损失的风险。

5. _____是与房地产相关的个人疾病、意外伤害、死亡而导致的损失。

6. 企业财产保险的保险期限一般为_____,保险期限一般从约定起保日的零时到期满日的_____止。

7. 当发生保险责任范围内的事故时,被保险人应向保险人提出书面索赔申请。经保险人核实后,在收到索赔申请的_____内予以赔偿。

8. 房地产_____是指房地产人身保险合同中由房地产被保险人或者房地产投保人指定的享有保险金请求权的人。

9. 保险费数额的多少取决于_____和_____。

二、选择题

1. 保险的派生职能是由保险的经济补偿职能派生出来的,主要包括(　　)。
　　A. 收入分配　　　　　　B. 金融融资　　　　　　C. 防灾防损
　　D. 社会管理　　　　　　E. 组织经济补偿

2. 按照风险损失涉及的客体,可将与房地产有关的风险分为(　　)。
　　A. 财产风险　　　　　　B. 责任风险　　　　　　C. 信用风险
　　D. 人身风险　　　　　　E. 自然风险

3. 房地产责任保险可以分为(　　)。
　　A. 公众责任保险　　　　B. 雇主责任保险　　　　C. 职业责任保险
　　D. 产品责任保险　　　　E. 信用责任保险

4. 房地产雇主责任保险的附加险主要包括(　　)。
　　A. 第三者责任保险　　　B. 产品责任保险　　　　C. 职业责任保险
　　D. 雇员第三者责任保险　E. 附加医药费保险

5. 房地产保险中介人主要包括(　　)。
　　A. 房地产保险代理人　　B. 房地产担保人　　　　C. 房地产保险经纪人
　　D. 房地产保险公估人　　E. 房地产受益人

6. 房地产保险的运行原则包括(　　)。
　　A. 最大诚信原则　　　　B. 保险利益原则　　　　C. 损失补偿原则
　　D. 近因原则　　　　　　E. 代位追偿原则

三、简答题

1.简述房地产保险的含义及特征。

2.房地产保险的作用具体表现在哪几方面?

3.目前我国规定,合同保证保险承保的工程应具备哪些条件?

4.房地产投保人的主要权利和义务有哪些?

5.房地产保险防灾防损工作内容主要包括哪些?

6.简述房地产保险索赔的程序。

模块十

房地产证券化

单元一　房地产证券化概述

一、证券化的概念

证券是指各类记载并代表一定权利的法律凭证的统称，是用以证明持券人拥有按照其所持证券记载的内容而取得应有的权益的凭证。证券按照权利内容划分，可分为商品证券、货币证券和资产证券。这三类证券称为广义证券,也称广义有价证券;而狭义上的证券或有价证券是指在证券市场上发行和流通的股票、债券、基金、权证、银行定期存单等。

证券化一般可理解为将不可交易的金融资产转化为可交易的证券的过程。证券化(Securitization)由融资证券化(Financing Securitization)和资产证券化(Asset Securitization)两部分组成。

(1)融资证券化。融资证券化是指筹资者采取发行证券的方式在金融市场上向资金供应者直接融通资金,而不是采取向银行等金融机构借款的方式间接融通资金的行为。

(2)资产证券化。资产证券化是指将缺乏流动性但是预期未来能够产生稳定现金流的资产,通过适当的安排,转化成为能够在金融市场上可以出售和流通的证券的行为。

资产证券化与融资证券化的不同之处在于,资产证券化是在企业已存在的信用关系,如贷款、应收账款等基础上产生的存量资产的证券化,证券化本身并不增加资本量;而融资证券化则是企业在证券市场上发行股票或企业债券进行直接融资的证券化,能使企业资本容量扩张。

二、房地产证券化的概念、特征及作用

1.房地产证券化的概念

房地产证券是指将证券发行所筹资金用于房地产的证券。房地产证券化是指将房地产投资直接转变成有价证券形式,投资人和房地产投资标的物之间的关系由拥有房地产的所有权变为拥有证券的凭证。房地产证券化权益有广义和狭义之分。广义的房地产证券化包括两大系统:一是房地产权益证券化;二是房地产抵押贷款证券化。房地产权益证券化亦即商业房地产证券化,狭义的房地产证券化指的就是这种权益证券化。

(1)房地产权益证券化。从融资者的角度讲,房地产权益证券化是指非金融机构,主要是房地产投资经营机构将房地产价值由固定资本形态转化为具有流动性功能的证券商品。从投资者角度讲,房地产权益证券化是指把流动性较低、非证券形态的房地产直接投资转化为资本市场上的证券资产,从而使得投资者与投资对象之间的关系由直接的物权拥有转化为股权、债权拥有的有价证券形式。通俗地说就是投资者不直接投资建房,也不拥有房地产实物资产,而是转而投资并拥有具有流通性的证券。

(2)房地产抵押贷款证券化。房地产抵押贷款证券化是指银行等金融机构为了实现信贷资产的可流动性,以一级市场(发行市场)上抵押贷款组合为基础,发行抵押贷款证券的结构性融资行为。此种证券化最为成功的代表品种就是住房抵押贷款证券化。

房地产权益证券化和房地产抵押贷款证券化的主要区别是前者是房地产企业、房地产投资公司等非银行金融机构的融资行为,其证券化基础是房地产企业的信用或特定房地产开发项目的信用;后者一般是银行解决抵押贷款资产流动性问题,分散风险的行为,其证券化基础是已存在的银行信用。

2.房地产证券化的特征

房地产证券化的特征具体可表现为以下两个方面:

(1)企业所有权与经营分离,以实现专业化经营目标。利用资金集聚的大数法则原理,达到风险分散化与收益最大化。

（2）从房地产证券化的市场参与者来看，其涉及面之广也是其他资产证券化所不及的。从房地产证券化具备的必要条件来看，它是一项复杂的系统工程，需要各方的配合与协调。

3. 房地产证券化的作用

房地产证券化是房地产金融的一项创新活动。无论对房地产业还是金融机构来说，都具有十分重要的作用，具体表现为以下几方面：

（1）促进资本市场的发展。房地产证券化可以积聚中小投资者和机构的闲散资金，促进个人储蓄向房地产投资的转化，扩大资本市场的规模；同时为一般投资者提供了共享房地产开发与经营收益的机会，增添了一种新的投资工具，有利于资本流动，实现资源的合理配置，有力地推动了我国资本市场的完善和发展。

（2）促进房地产市场的发展。房地产证券化使房地产投资大门向广大中小投资者敞开，从而打破了少数有钱人对房地产投资的垄断。将投资者与经营者分开，由真正的专家去经营，这样市场秩序将逐渐建立并得到大力发展。

（3）推动房地产企业的发展。房地产证券化能够拓展房地产企业融资的渠道，改变房地产企业过度依赖银行贷款间接融资的局面；房地产证券化可以为房地产企业提供多元化的融资渠道，是目前房地产企业资金来源的必然选择。

（4）满足房地产投资多元化的需求。房地产证券化包括抵押贷款证券、房地产投资信托等多种投资方式，从而拓展了投资者的选择范围。同时，房地产抵押贷款证券实际上是将一定数量的在期限、利率、房地产类型等方面具有共性的多个债权进行投资包装，经信用担保后以证券的方式出售给投资者，能够较好地满足个人和机构投资者多元化的投资需求。

（5）有利于商业银行转移金融风险。住房抵押贷款属于银行贷款中的优质资产，但随着住房抵押贷款规模的不断扩大，在房地产价格波动加剧的现实条件下，商业银行金融风险较大。房地产证券化有效地解决了住房抵押贷款存在"短存长贷"的风险，金融机构成为房地产投资者与房地产经营者之间重要的中介机构，整个金融系统就有了一种新的流动机制，银行可以较快地收回资金，从而提高了金融系统的安全性。

阅读材料

房地产证券化的意义

房地产证券化是房地产金融领域的一种创新，其迅猛发展对我国资本市场、房地产市场、房地产企业、商业银行和房地产投资者的发展都大有裨益。

一、房地产证券化有利于我国资本市场的完善和发展

房地产证券化的过程实际上也是房地产市场与资本市场不断融合的过程，其对资本市场的意义体现在以下方面：

（1）积聚中小投资者和机构的闲散资金，促进个人储蓄向房地产投资的转化，扩大了资本市场的规模。

（2）房地产证券化为一般投资者提供了共享房地产开发与经营收益的机会，增添了一种新的投资工具，有利于资本流动，实现资源的合理配置，有力地推动了我国资本市场的完善和发展。

（3）房地产证券化的发展使得参与各方得到锻炼，有利于促进我国资本市场的现代化和规范化发展。

二、房地产证券化有利于房地产市场的长远发展

(1)房地产证券化能化解市场金融风险。证券化将流动性差的房地产资产转变为流动性好的证券,从而有效化解金融风险。

(2)房地产证券化有利于促进房地产流通和消费。住房抵押贷款证券化的推行将支持商业银行扩大住房抵押贷款证券化的规模,从而促进住房消费。

(3)房地产证券化有助于房地产价格发现。由于房地产证券价格与房地产价格呈正相关性,其变动必然反映房地产价格的变动趋势;证券的交易相对房地产交易容易、灵活得多,房地产证券价格对房地产市场供需状况的变化所作出的反应将相对迅速、灵敏;房地产证券还包含着房地产收益的预期,因此,对房地产市场来说,房地产证券又有了价格发现的功能。

三、房地产证券化有利于房地产企业的发展壮大

房地产证券化能够拓展房地产企业融资渠道,改变房地产企业过度依赖银行贷款间接融资的局面。房地产业是资金密集型行业,资金实力和资本运营的实力是现在房地产企业竞争成败的关键因素。2003年6月,中国人民银行发布《关于进一步加强房地产信贷业务管理的通知》,即"121号文件"。该文件的主旨在于提高房地产企业获取银行贷款的条件,控制房地产信贷风险。近年来,房地产价格的过快增长,通货膨胀的压力使得银行持续实行从紧的信贷政策,房地产企业的资金链压力越来越大。房地产证券化提供的多元化融资渠道,是目前房地产企业资金来源的必然选择。

四、房地产证券化有利于商业银行转移金融风险

商业银行住房抵押贷款存在"短存长贷"的风险,资产的流动性差,虽然相对而言,住房抵押贷款属于银行贷款中的优质资产,但随着住房抵押贷款规模的不断扩大,在房地产价格波动加剧的现实条件下,商业银行金融风险较大。住房抵押贷款证券化有效解决了"短存长贷"的风险,金融机构成为房地产投资者与房地产经营者之间重要的中介机构,整个金融系统就有了一种新流动机制,银行可以较快地收回资金,从而提高了金融系统的安全性。

五、房地产证券化有利于房地产投资队伍的培育

房地产证券化之前,房地产投资的巨额性使得广大的中小投资者无法投资房地产业;房地产证券化之后,广大的中小投资者可以通过购买房地产股票、债券、住房抵押贷款证券等来投资房地产业,从而扩大了房地产中小投资者队伍的规模。对于机构投资者而言,通过房地产证券化房地产业投资相对于以前的物权投资,流动性大大提高,加强了投资的安全性,从而也就稳定和壮大了机构投资者队伍。

三、房地产证券化的构件过程

一个债务关系产生时,一定的现金流就被确定了,这个过程也可以看作是一个带有期限、金额以及一定的风险特征的金融资产生产的过程。资产证券化过程实质是将可以产生未来现金流收入的一组资产进行组合,构建一个能够产生一定现金流以及具有特定风险特征的资产集合。这个资产集合的权利所有者通过资产集合所产生的现金流获得特定收益。由于每一个资产池都具有独特的资产性质,并且在规模、提前偿付率或者说地理位置上都有所区别,这也就带来了每个资产池现金流收益特征的差异。

一般来说,银行发放的个人房地产抵押贷款等流动性较差的资产是证券化产品的传统对象。房地产资产证券化(或者说房地产证券化产品)的产生一般有如下过程(图10-1)。

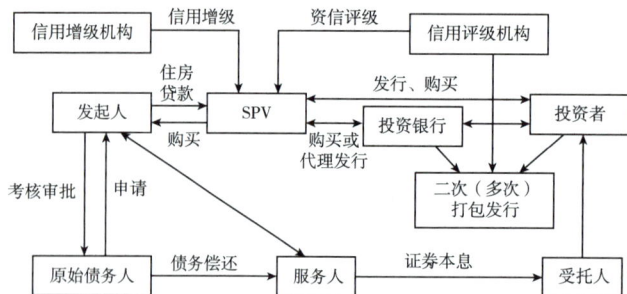

图 10-1　房地产证券化流程

第一是构建基础资产池。如果发起人出于一定目的,如税务、监管、财务或战略角度的考虑,需要剥离或出售现在持有的、可产生收益的一部分资产,那么资产证券化是完成这一目标的手段之一。

第二是设立用以剥离资产的中介机构并且进行基础资产池所有权的收购。特殊目的实体,亦即 SPV(Special Purpose Vehicle),由于具有免税的性质,用于资产证券化特殊目的实体的活动受到监管机构的严格控制,其资本化程度必须很低,该实体所获得的现金流收入将来源于证券发行以及基础资产池所产生的现金流。

第三是针对基础资产池进行信用增级。为了减少基础资产池的违约风险,吸引更广泛的投资者,改善资产证券化的发行条件,使证券化产品的风险特征符合投资者的要求,几乎所有的资产证券化过程都有一个信用增级的过程。

第四是对资产池信用进行评级。这一过程由第三方信用评级机构完成,评级机构将在一系列模型的分析架构下,对基于该资产池的现金流损失的可能性进行评价。第三方评级机构对于证券化产品的评级是投资者作出投资决策的重要依据,所以在资产证券化过程中,对于资产池进行信用评级是一个重要环节。

第五是对特殊目的实体基于之前打包的资产池,进行证券发行。一般来说,基于资产证券化过程的证券类型有普通的转手证券、剥离的转手证券、抵押担保债券、房地产投资信托基金等。

四、房地产证券化的运作方式

在美国,房地产证券化的具体运作方式一般有以下六种。

1. 将债权直接出售给证券投资者

银行可以直接将房地产抵押证券出售给资本市场的机构投资者,如保险公司、其他商业银行。这种方式操作简单,但证券的流动性差。

2. 通过中介机构将债权出售给投资者

通过中介机构,证券发行方可以在较短的时间内扩大证券的销售范围,但同时要支付一定的费用。在这种方式中,中介机构以促销者的身份参与,其作用仅是帮助证券发行方。

3. 通过政府指定机构担保后出售给投资者

各家房地产抵押贷款发行机构可以请政府指定的担保机构(如政府国民抵押协会)对房地产抵押债权统一进行担保,组合"打包"后发行房地产抵押证券。经过担保的证券对投资者来说风险更低,因而更容易销售,发行方的成本也更低。

4. 通过政府中介机构转售给投资者

银行或其他抵押贷款机构首先将抵押债权(一般是房地产抵押贷款)出售给联邦全国抵押协会(房利美)、联邦住宅贷款抵押公司(房地美)等中介机构,中介机构取得债权后以所有者身份将抵押债权"打包"发行证券给投资者。这种运作方式中,中介机构参与了债权的买卖,不同于上一种方式当中仅作为中介机构给予担保。

5. 抵押债权证券与债权的交换

联邦全国抵押协会、联邦住宅贷款抵押公司或其他中介机构以其发行的抵押证券,同银行等贷款机构的抵押债权进行交换,并将抵押债权证券化后出售给投资者。在这种方式中,银行等贷款机构出售抵押债权获得的不是现金收入,而是中介机构发行的证券。

6. 中介机构以抵押债权为资产发行公司债券或股票

联邦全国抵押协会、联邦住宅贷款抵押公司或其他中介机构将其购买的银行等贷款机构的抵押债权变为自身的资产,然后再以这些资产为基础发行公司债券、股票,从而达到融资的目的。

单元二 房地产证券化产品

一、房地产证券化产品的种类

按照资产池内资产的种类以及证券化产品结构化程度不同,证券化产品主要有抵押证券、抵押担保证券和资产支持证券。

1. 抵押证券

抵押证券也叫作住房抵押贷款支持证券,是最早出现的也是最具代表性的资产证券化产品。其基础资产池一般是由大量同质的住房按借贷款构成的,这些住房按借贷款的本息支付是抵押证券所支付现金流的来源。一般来说,抵押证券均为转手证券,未进行结构化处理,在发行时即确定了转付利率,转付利率即投资者所获得的利息收入水平。转付利率一般来说低于资产池的加权平均利率,差额部分作为担保费、服务费以及其他费用被分配给相关机构。

2. 抵押担保证券

抵押担保证券是在抵押证券的基本流程基础上,将基础资产池所产生的现金流进行结构化处理,从而产生了多种具有不同收益率、风险特征、期限配置的证券产品。比较而言,抵押证券由于其收益与基础资产池所产生现金流直接相关,众多资产池在相同的宏观经济环境以及市场环境下表现类似,所以导致了抵押证券投资模式单一、各产品间业绩相似,而投资者特别是机构投资者,出于自身资产配置的策略取向不同,带来了对于证券产品风险收益的多样化需求,抵押担保证券正是迎合了这些投资者的需求而产生的。而对于资产证券化发起人来说,抵押担保证券所带来的是更多的收益,由于投资者寻求特殊风险收益的证券产品,一般来说他们愿意为此付出额外的费用,那么资产证券化发起人即可获得额外的收益。一个抵押担保证券对于发起人来说,相当于一个套利行为,可以将基础资产池所产生的现金流按照特定结构进行销售,从而获得比基础资产池更高的现金流收益。

3.资产支持证券

资产支持证券是基础资产池由房地产抵押贷款之外其他的生息资产构成的资产证券化产品的总称,主要种类有汽车贷款资产担保证券、信用卡资产担保证券、学生贷款担保证券。此外,还有比较特殊的担保债务凭证,它包括了担保贷款凭证和担保债权凭证。

二、资产证券化产品的组成结构

以上介绍的几种常见资产证券化产品在美国次贷危机中时常被人们提起,广受关注。但总体来看,由于这些金融产品的构成相当复杂,相互之间盘根错节、相互重叠,容易使大多数人看得一头雾水。即便学习过上面介绍的内容也很难一下就形成直观的概念。图 10-2 有助于初学者形成一个关于资产证券化产品结构层次的初步印象。

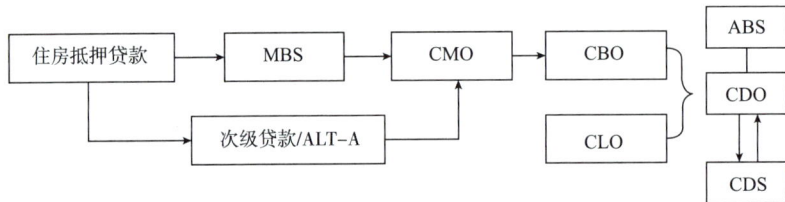

图 10-2 资产证券化产品的组成结构

三、房地产证券化产品的定价分析

1.房地产证券化产品定价基础

基于通用的理性人风险偏好假设以及货币的时间价值而衍生的限制理论,是对于规定收益产品进行定价分析的基础。未来所产生的现金流,均可以按照一定的折现率转换为分析期初的价值,即

$$现值=未来现金流/折现率 \tag{10-1}$$

折现率——对这个未来现金流的预期收益率,实际上是对现金流的预期收益(即资本成本)来计算现值的。一般来说,决定折现率的因素有两个:货币的时间价值与风险补偿。货币的时间价值与市场的利率预期及利率期限结构有关,风险补偿的问题则涉及更为复杂的方面,不但与经济基本面变化及市场预期相联系,而且具有复杂的个体差异。

2.房地产证券化产品提前偿付率分析

房地产证券化产品的基础资产池每月产生的并非纯粹利息,而是房地产抵押贷款还款计划表中的每月本息偿付,房地产抵押贷款的债务人往往具有提前偿付的权利,可以在约定的期限前,加速本金的偿付,从而减少总债务的存续时间。一般来说,估计提前偿付率的常用的方法有 12 年生命周期法、FHA(联邦住宅管理局)经验法、固定(条件)提前偿付率法(CPR)、PSA 法四种。

(1)12 年生命周期法。联邦住宅管理局 1957—1980 年的资料显示,一般 30 年期的抵押贷款,借款人多在第 12 年提前偿还本金余额。FHA 导出平均单一家庭住宅贷款最久将持续12 年,因此假设抵押担保证券之担保群组在第 143 个月以前,贷款者均按期缴付本金、利息,在第 144 个月时才会全部偿还。据此,政府国民抵押协会的 30 年期抵押担保证券假设到期日为 12 年,可折算出现金流量,再求得证券价格。但是,这个方法很快就被发现会导致错误的预测结果,因为并非所有的转手证券都以相同的速度提前偿付,利率的改变将会使某些贷款群组的提前偿付率比另外一些快。当抵押贷款群组的市场利率低于契约利率时,这些抵押贷款提前偿付率就会加速。因此,此方法已被其他较复杂的方法所取代。

（2）FHA（联邦住宅管理局）经验法。联邦住宅管理局依其历史资料以 30 年房贷估计并设定提前偿付率,此偿付率根据该局提供保证的个人住房贷款整理未清偿者资料,建立未清偿者情况表,以此为基础计算。这个方法的优点是提前偿付的概率会随时间变动,该概率在贷款初期时比较低,随后增加,并在第 5～8 年间达到顶峰,但之后又会下降。

（3）固定（条件）提前偿付率法（CPR）。固定（条件）提前偿付率法假设在特定期间内,贷款抵押群组以一个固定比率提前偿付,即假设每一期的提前偿付额为期初贷款本金余额的固定比率。CPR 的优点在于简单易用,而缺点是只利用过去的经验就对未来的趋势加以估计,并未考虑到环境因素改变对提前偿付率的影响。

（4）PSA 法。PSA 法是美国公共证券协会为了估计个人住房抵押贷款证券的提前偿付率所研发的分析方法。PSA 法结合了 FHA（联邦住宅管理局）经验法和固定（条件）提前偿付率法的特点。

阅读材料

房地产证券化产品的情景分析

在证券化产品持有过程中,市场利率的变化将导致房地产抵押贷款资产池所产生的未来现金流的现值产生波动。简单来说,在资产池中债权资产对应着固定利率的情况下,由于未来现金流的金额与时间已经被固定,影响贷款现金流现值的是折现率。随着市场利率的上升,折现率也将上升,导致资产池现值的下降;相应地,随着市场利率的下降,折现率也将下降,从而资产池的现值会上升。

一般用来简单估计未来现金流对于利率变化的敏感性的方法被称作久期。久期的计算方式为

$$久期 = \sum(每期现金流的现值 \times 期数) / \sum 每期现金流的现值$$

在折现率发生变动时,可以久期来大致估计资产池现值的变动情况。估算方法为

$$\frac{\Delta P}{P} = -D \times \frac{\Delta r}{1+r}$$

其中:P 代表资产价格（即现金流的现值）;D 代表久期;r 代表贴现率;Δ 代表变化量。

单元三　房地产权益证券化

房地产权益证券化包括房地产股票、房地产债券和其他房地产受益凭证的发行。本节主要介绍房地产股票及债券的发行。

一、房地产股票及其发行

（一）房地产股票的定义

股票是指股份有限公司发行的、表示其股东按其持有的股份享受权益和承担义务的可转

让的书面凭证。房地产股票是股份制房地产企业为筹集资金,发给股东作为投资入股凭证,并借以取得股息和红利的一种书面凭证。

(二)房地产股票的类别

1. 按股东承担的风险和享有权益的大小分类

按股东承担的风险和享有权益的大小划分,房地产股票可分为普通股和优先股。

(1)普通股。普通股是股息随公司盈利变动的股票,是股份有限公司最先发行的基本股份。普通股的股息必须在支付公司债息和优先股股息之后才能分得。普通股的基本权利有四个方面:一是投票表决权;二是盈利分配权;三是优先认股权;四是剩余财产分配权。

(2)优先股。优先股是指在剩余索取权方面较普通股优先的股票。优先股取得固定股息,其优先性体现为普通股之前收取股息,但优先股股东通常没有投票权,只有在特定的情况下才有临时投票权。优先股由于股息固定,其风险小于普通股,预期收益也低于普通股。

2. 按股票是否记名分类

按股票是否记名划分,房地产股票可分为记名股票和不记名股票。

(1)记名股票。记名股票是指在股票上载有股东姓名的股票。公司备有股东名册记录股东姓名及地址等信息。在记名股票转让时,必须将受让人的姓名或法人名称记载在公司股票之上,并将其姓名和地址等信息记录在公司股东名册之上,转让才能生效。

(2)无记名股票。无记名股票是指不在股票上记载股东姓名的股票。股票转让时,只需进行股票的交付即使转让生效。无记名股票相对记名股票而言更加普遍。

(三)房地产股票发行的方式

房地产公司发行股票的基本目的是筹集项目建设和发展资金。股票的发行方式是多种多样的,按照不同的标准可以作不同的分类。

1. 按股票发行目的的不同分类

按股票发行目的的不同,房地产股票发行的方式可分为设立发行和增资发行。

(1)设立发行。设立发行是指房地产公司在设立时,向发起人或社会投资者发行股票。

(2)增资发行。增资发行是指已经设立的房地产股份有限公司因生产经营需要,追加资本金而发行股票。

2. 按股票发行对象不同分类

按股票发行对象不同,房地产股票发行的方式可分为公募发行和私募发行。

(1)公募发行。公募发行是指面向市场上大量的非特定投资人发售股票。该方式发行费用较高,发行风险大,工作量大,但股票比较容易上市转让。公募发行股票大多采用间接发行方式。由于我国不允许股份公司自行直接发行股票,因此向社会公开募集股份,应与证券承销商签订协议,由其承销股票。

(2)私募发行。私募发行是指面向少数特定的投资人发售股票,如对金融机构、与公司往来密切的工商企业、单位内部职工等。私募发行的费用低,风险小,能迅速集资,但难以转让。一般私募发行股票多采用直接发行方式。

3. 按股票发行有无中介机构参与分类

按股票发行有无中介机构参与分类,房地产股票发行的方式可分为直接发行和间接发行。

（1）直接发行。直接发行指发行者自身承担和办理证券发行过程中的一切业务。此发行方式发行成本低,但社会影响面小,发行范围也较狭窄。

（2）间接发行。间接发行是指房地产公司委托证券承销商发行证券,可采取代销、余额包销和全额包销三种形式。

（四）房地产股票发行的条件

房地产股份有限公司的设立,可以采取发起设立或者募集设立的方式。以发起设立方式设立股份有限公司的,发起人应当书面认定公司章程规定认购的股份;一次缴纳的,应立即缴纳全部出资;分期缴纳的,应立即缴纳首期出资。以募集设立方式设立股份有限公司的,发起人认购的股份不得少于公司股份总数的 35%。但是,法律、行政法规另有规定的,从其规定。

房地产股份有限公司公开发行新股应符合下列条件:

（1）其生产经营符合国家产业政策。

（2）其发行的普通股限于一种,同股同权。

（3）发起人认购的股本数额不少于公司拟发行的股本总额的 35%。

（4）在公司拟发行的股本总额中,发起人认购的部分不少于人民币 3 000 万元,但是国家另有规定的除外。

（5）向社会公众发行的部分不少于公司拟发行的股本总额的 25%,其中公司职工认购的股本数额不得超过拟向社会公众发行的股本总额的 10%;公司拟发行的股本总额超过人民币 4 亿元的,证监会按照规定可以酌情降低向社会公众发行的部分的比例,但是最低不少于公司拟发行的股本总额的 10%。

（6）发起人在近 3 年内没有重大违法行为。

（7）证券委规定的其他条件。已上市房地产股份有限公司非公开发行新股,应当符合经国务院批准的国务院证券监督管理机构规定的条件,并报国务院证券监督管理机构核准。

（五）房地产股票发行的程序

房地产股份有限公司公布发行股票应按照下列程序进行。

1. 作出公开发行股票的决定

房地产股份有限公司发行新股,首先由董事会就新股发行问题作出决议,然后召开股东大会进行表决。房地产股份有限公司申请公开发行股票,依法采取承销方式的,应当聘请具有保荐资格的机构担任保荐人。在新股发行前及发行后的一段时间应由有资格的证券咨询机构(保荐机构)给予有关辅导。

2. 准备报批文件,办理报批手续

股票发行申请人聘请会计师事务所、资产评估机构、律师事务所等专业性机构,对其资信、资产、财务状况进行审定、评估和就有关事项出具法律意见书后,按照隶属关系,分别向省、自治区、直辖市、计划单列市人民政府(以下简称"地方政府")或者中央企业主管部门提出公开发行股票的申请,报请审批。

房地产股份有限公司申请公开发行股票时,应当向地方政府或者中央企业主管部门报送下列文件:

（1）申请报告。

（2）发起人会议或者股东大会同意公开发行股票的决议。

（3）批准设立股份有限公司的文件。

（4）工商行政管理部门颁发的股份有限公司营业执照或者股份有限公司筹建登记证明。

（5）公司章程或者公司章程草案。

（6）招股说明书。

（7）资金运用的可行性报告。需要国家提供资金或者其他条件的固定资产投资项目，还应当提供国家有关部门同意固定资产投资立项的批准文件。

（8）经会计师事务所审计的公司近3年或者成立以来的财务报告和由两名以上注册会计师及其所在事务所签字、盖章的审计报告。

（9）经两名以上律师及其所在事务所就有关事项签字、盖章的法律意见书。

（10）经两名以上专业评估人员及其所在机构签字、盖章的资产评估报告；经两名以上的注册会计师及其所在事务所签字、盖章的验资报告；涉及国有资产的，还应当提供国有资产管理部门出具的确认文件。

（11）股票发行承销方案和承销协议。

（12）地方政府或者中央企业主管部门要求报送的其他文件。

3. 制作招标意向书，实施承销协议

房地产股份有限公司股票发行人应按国务院证券监管部门规定的格式制作招标意向书，证券承销机构实施承销协议。申请以配售股份形式发行新股的，按国务院证券监管部门的有关规定实施。

🏠 二、房地产债券及其发行

（一）房地产债券的定义

房地产债券是指企业或政府为筹集房地产开发经营资金，依照法定程序发行，约定在一定期限内还本付息的有价证券。房地产债券的持有人有权按照约定期限取得利息、收回本金，但是无权参与房地产债券的发行人对所筹集资金的经营管理。

（二）房地产债券的类别

房地产债券的种类很多，按照不同的分类标准可分为不同类型。

1. 按照发行人的不同分类

房地产债券按照发行人的不同，可分为企业债券、金融债券和政府债券。

（1）企业债券。企业债券是房地产企业为筹集房地产资金，依法向社会公开发行并承诺在一定期限内还本付息的债务凭证。随着经济体制改革的进行和现代企业制度的推广，企业债券将更多地出现在公司制的企业中，称为公司债券。

（2）金融债券。金融债券是金融机构为筹措房地产投融资资金而发行的债券，此外，金融机构房地产抵押贷款证券化后发行的有关债券一般也可以纳入其中。购买者实际上就成了这类债券的投资者。这种将房地产抵押贷款证券化后形成的债券，称为房地产抵押债券。

（3）政府债券。政府债券是政府为房地产开发建设筹措资金，承担还本付息责任而发行的债券。

2. 按照利率变动与否分类

房地产债券按照利率变动与否，可分为固定利率债券和浮动利率债券。

（1）固定利率债券。固定利率债券是指确定利率的公司债券，是最常见的一种债券。

（2）浮动利率债券。浮动利率债券是指利率可以变动的债券。这种债券利率的确定与市场利率挂钩，一般高于市场利率的一定百分点。

3. 按照内涵选择权分类

房地产债券按照内涵选择权可分为可赎回债券、偿还基金债券、可转换债券和带认股权证的债券。

（1）可赎回债券。可赎回债券是指公司债券附加提前赎回和以新偿旧条款，允许发行公司在到期日之前回购全部或部分债券。

（2）偿还基金债券。偿还基金债券是指要求发行公司每年从其盈利中提取一定比例存入信托基金，定期偿还本金的债券。

（3）可转换债券。可转换债券是指发行人依照法定程序发行、在一定期限内依据约定的条件可以转换成股份的公司债券。

（4）带认股权证的债券。带认股权证的债券是指把认股证作为合同的一部分附带发行的债券。

（三）房地产债券的发行

1. 房地产债券发行的条件

房地产企业发行公司债券应符合下列条件：

（1）房地产股份有限公司的净资产不低于人民币 3 000 万元，房地产有限责任公司的净资产不低于人民币 6 000 万元。

（2）累计债券余额不超过房地产公司净资产的 40%。

（3）最近 3 年平均可分配利润足以支付房地产公司债券 1 年的利息。

（4）所筹集资金的投向符合国家房地产业政策。

（5）债券的利率不超过国务院限定的利率水平。

（6）国务院规定的其他条件。

此外，上市公司发行可转换为股票的公司债券，除应当符合以上规定的条件外，还应当符合本法关于公开发行股票的条件，并报国务院证券监督管理机构核准。

2. 房地产债券发行的程序

房地产债券的发行应按下列程序进行：

（1）由公司权力机构作出决定。房地产公司债券的发行应由房地产公司的权力机构作出决定。房地产股份有限公司、房地产有限责任公司发行房地产公司债券，由董事会制定方案，股东大会或股东会作出决议；国有独资房地产公司发行房地产公司债券，由国有资产监督管理机构作出决定。

（2）选择保荐人，报管理部门审批。房地产公司要选择债券发行保荐人，然后由保荐人按照中国证监会的有关规定编制和报送募集说明书和发行申请文件，并报中国证监会审批。

房地产公司向中国证监会核准公司债券发行时，应提交下列文件：

①公司营业执照。

②公司章程。

③公司债券募集办法。

④资产评估报告和验资报告。

⑤国务院授权的部门和国务院证券监督管理机构规定的其他文件。

(3)依法发行公司债券。经中国证监会批准可以发行公司债券后,房地产公司应与证券承销商签订代理发行协议,由其负责债券的发行,筹集资金。房地产公司发行公司债券时,可以申请一次核准,分期发行。自中国证监会核准发行之日起,公司应在 6 个月内首期发行,剩余数量应当在 24 个月内发行完毕。超过核准文件限定的时效未发行的,须重新经中国证监会核准后方可发行。首期发行数量应当不少于总发行数量的 50%,剩余各期发行的数量由公司自行确定,每期发行完毕后 5 个工作日内报中国证监会备案。

单元四　住房抵押贷款的证券化

一、住房抵押贷款证券化的含义、特征及意义

1. 住房抵押贷款证券化的含义

住房抵押贷款证券化是指商业银行等金融机构在信贷资产流动性缺乏的情况下,将其持有的住房抵押贷款债权进行结构性重组,形成抵押贷款资产池,经政府和私人机构担保和信用增级后,在资本市场上发行和销售由抵押贷款组合支持的证券的融资过程。它是房地产抵押贷款债权证券化的主要形式。

由住房抵押贷款证券化形成的资金融通市场被称为房地产抵押贷款二级市场。前面所讲房地产抵押贷款就是房地产抵押的一级市场,它是由房地产抵押贷款形成的市场。在房地产抵押一级市场中有两个市场主体,一个为抵押人,即购房者,一般为家庭、企业法人等;另一个为房地产抵押权人,是放款的金融机构。两者以房屋为纽带形成债权、债务关系,它是推动房屋销售市场的重要因素。

房地产抵押贷款二级市场是房地产抵押贷款交易的市场,原始权益人为了减少自身风险,让房地产抵押贷款重组、打包、担保、信用增级后,出售给机构或个人投资者。一级市场是二级市场的基础,二级市场使得银行等金融机构信贷资金回笼,风险分散,反过来促进一级市场的健康发展。

2. 住房抵押贷款证券化的特征

与传统的房地产融资相比,住房抵押贷款证券化具有以下特征:

(1)使传统金融机构的中介信用和市场信用相结合。由于住房抵押贷款证券化赖以存在的证券化基础资产是商业银行等金融机构发放的住房抵押贷款,因此,住房抵押贷款证券化必然以金融机构与借款者已经存在的信用关系为基础。同时,金融机构利用市场信用,通过直接向证券市场投资者发行证券的方式,将那些贷款期限较长、流动性差的抵押贷款转化为证券化市场可流动的证券,缓解了金融机构发放抵押贷款时存在的"短存长贷"及信贷资产利率期限结构不合理的问题。

(2)促进企业整体信用向特定资产信用转化。在住房抵押贷款证券化的过程中,作为住房抵押贷款证券化的基础资产与金融机构的其他资产以及金融机构本身的破产实现了有效隔离。因此,住房抵押贷款证券化投资者的收益只与作为证券化基础资产的特定资产的信用有关,而与非证券化资产及企业的整体信用无关。

（3）采用了复杂的信用增级技术。信用增级是指住房抵押贷款证券化中的发行人为了吸引更多的投资者，改善发行条件，通过自身和第三方来提高抵押贷款支持证券信用等级的行为。与传统融资方式相比，住房抵押贷款证券化采用的信用增级形式更为复杂和多样，一般包括证券化发起人（抵押贷款银行）提供的信用增级、发行人提供的信用增级、第三方提供的信用增级及证券化信用自我增强等形式。

3. 住房抵押贷款证券化的意义

住房抵押贷款证券化作为一种金融创新有力地促进了金融市场效率的提高及金融分工的深化。它的实施对于住房抵押贷款市场的发展有着极其重要的意义，具体可体现为以下几方面：

（1）住房抵押贷款证券化改善了金融机构资产的流动性。住房抵押贷款的贷款期限一般比较长，属于流动性比较差的资产业务，而住房抵押贷款的主要资金来源存款负债的期限一般比较短，并且存款负债的期限又缺乏刚性，金融机构资产与负债期限的不匹配使其容易陷入资金周转不畅的困境。住房抵押贷款证券化的实施，能够使相关金融机构及时调整自己的资产负债结构，改善其资产的流动性，并为满足新的住房抵押贷款需求提供新的资金来源。

（2）住房抵押贷款证券化可有效转移金融机构的贷款风险。住房抵押贷款发放过程具有"借短贷长"、流行动性差的风险。然而，如果引入证券化技术，通过在二级市场将住房抵押贷款出售变现，将彻底打破一级市场固有的流动性约束。金融机构不仅可以利用未来的贷款本息转化成的现金，选择新的、效益更高的投资项目，而且通过贷款资产转移，可将与贷款相关的利率风险和信用风险进行转嫁，从而有效改善信贷资产结构，提高信贷资产的安全性。

（3）住房抵押贷款证券化可促进银行业的健康发展。住房抵押贷款证券化在减少银行的风险的同时，信贷资金的迅速回笼提高了银行的资本利用率，扩大了银行的经营范围。银行可以将不良资产打包出售，从而改善自身的资产负债结构。住房抵押贷款证券化使得银行可以加强与其他非银行金融机构的合作，其资本经营多元化增加，提高了银行的经营效益。

（4）住房抵押贷款证券化有利于刺激居民购买的有效需求。住房抵押贷款证券化，为我国的住房贷款资金供给提供了新的资金来源，资金来源的增多，有助于降低住房贷款的筹资成本，进而会降低居民住房贷款成本，提高居民的支付能力和有效需求，促进房地产及相关产业的发展。

二、住房抵押贷款证券化的种类

住房抵押贷款证券化所使用的金融工具被统称为抵押贷款相关证券，最常见的主要有抵押贷款转手证券、抵押贷款支持债券、抵押贷款转付证券和担保抵押贷款债券、剥离式抵押支持证券等类型。

1. 抵押贷款转手证券

抵押贷款转手证券是特设目的载体以购买的住房抵押贷款集合为基础发行的证券。它是一种所有权凭证，证券持有人（投资者）对证券化基础资产及其还款现金流量拥有直接所有权，并按其购买份额享受相应权利和承担相应风险。由于抵押贷款转手证券的发行人没有对证券化基础资产的现金流进行重组，银行和住房抵押贷款证券化的发行人只是将抵押贷款及其产生的还款现金流在扣除了有关费用（如担保费、服务费等）之后直接"转手"给投资者，因此，与证券化相关的所有风险完全由证券投资者承担。

抵押贷款转手证券的特点是抵押资产集合的产权过手给证券持有人,证券份额代表了证券持有人对抵押集合中抵押权的产权份额。在证券发行前,抵押集合的产权是属于发行者的。证券发行后,抵押集合作为一项财产,其产权由所有证券持有人共同拥有。发行者只是这项财产的经营者,负责抵押集合的管理和服务,并接受全体证券持有人的监督。

在美国,抵押贷款转手证券最基本的类型主要包括政府国民抵押协会转手证券、联邦住房抵押贷款公司转手证券、联邦国民抵押协会转手证券和私营金融机构发行的转手证券。前三种转手证券由于有政府机构信用担保或政府机构暗示性质的信用担保,所以被称为机构转手证券,而私营金融机构发行的转手证券,由于没有政府机构做担保而被称为非机构转手证券或常规转手证券。机构证券占抵押证券的绝大多数,而非机构证券占的比例很小,其中,由政府国民抵押协会担保的证券是美国最早且规模最大的抵押证券。它是经过双重保证,即用于证券化的抵押贷款都有联邦住宅管理局或退伍军人管理局保险或担保,同时由政府国民抵押协会负责授权代理机构发行抵押证券,并且保证证券的如期偿还,所以无倒账风险,对投资者而言绝对安全。

抵押贷款转手证券的优点在于拥有相对高的收益率、高流动性等。但是,它也存在一些缺陷,如由于无法预测贷款提前偿付导致的现金流的时间不确定性,而且在利率下降时提前偿付将更为迅速,这使得抵押贷款转手证券的投资者面临提前偿付风险。

2. 抵押贷款支持债券

抵押贷款支持债券是指银行以其持有的住房抵押贷款作为担保发行的债券。这是一种债务凭证,而不是所有权凭证,其所有权仍由贷款抵押支持债券的发行人所有。与抵押贷款转手证券相比,抵押贷款支持债券发行人重组了信贷资产的现金流;发生人既可以用抵押贷款组合产生的现金流量,也可以用其他来源的资金来偿还债券本息。贷款抵押支持债券不必像抵押贷款转手证券那样按月支付本息,而是与一般债券一样,可以按季或半年支付利息,本金则在债券到期日支付给投资者。而且为了提高抵押贷款支持债券的信用等级,发行机构一般会按债券本金的 110%～200% 对担保债务进行超额抵押,从而更好地满足了证券投资者的需求。

3. 抵押贷款转付证券

抵押贷款转付证券是根据投资者对收益、风险和期限等的不同偏好,对住房抵押贷款所产生的现金流进行重新组合而发行的证券。抵押贷款转付证券兼有抵押贷款转手证券和抵押贷款支持债券的一些特点。抵押贷款转付证券类型下,偿还转付债券本金和利息的资金来源于住房抵押贷款所产生的现金流,转付证券的投资者承担被证券化的住房抵押贷款提前偿还而产生的再投资风险,这与抵押贷款转手证券相同;而被证券化的住房抵押贷款的所有权仍属于发行人,被证券化的住房抵押贷款和发行的转付证券分别保留在银行的资产负债表中,这与抵押贷款支持债券相同。

4. 担保抵押贷款债券

担保抵押贷款债券是将抵押贷款按期限分成短期、中期和长期三种不同的组群,同转付证券一样将借款人偿还的本息传递给投资者。担保抵押贷款债券发行后列入金融机构的负债,由其承担相应风险。由于按贷款期限划分为不同组群,使投资人可根据自己的需求选择不同期限的证券进行投资。当出现期前还款情形时,发行人可以将本金先行付给期限较短的类别,然后依序偿还至期限较长的证券,这种安排可以大大消除传递型债券现金流量不稳定的风险。

担保抵押贷款债券的最大优势在于期限、利率和种类的多样化。存款金融机构热衷于期限短、抗利率风险功能强的抵押担保债券,以满足其调整资产组合、抵御市场风险的要求;而养老基金和保险公司则偏爱期限长、收入稳定的债券类型。

典型的担保抵押贷款债券包括三个"正规"级(A 类、B 类及 C 类)和一个"剩余"级。"正规"级自债券发行结束后即按期还本付息,而"剩余"级(称为 Z 类)类似于零息债券,在"正规"级本金尚未偿清之前只按复利方法计算利息,并不支付本金和利息,只有当"正规"级本金全部支付完毕后,Z 类债券才开始支付本金和利息。A 类、B 类、C 类及 Z 类证券的利率由低到高,期限由短到长,从而有效地满足了不同债券投资者的风险偏好。A 级担保抵押贷款债券作为相对短期的债券,平均期限一般设计为 1～3 年,以吸引那些寻求短期资产的投资者,如个人投资者;B、C 级担保抵押贷款债券是中期资产,平均设计年限分别为 3～5 年和 5～10 年,主要吸引人寿保险公司及养老金等机构投资者;Z 级担保抵押贷款债券是一种相对长期的证券,平均年限可设计为 10～15 年,主要满足进行长期投资的保险公司和基金公司。

5. 剥离式抵押支持证券

剥离式抵押支持证券是继 1983 年担保抵押债券创立以后另一个最主要的抵押支持债券的衍生创新。它在 1986 年 7 月由美国政府国民抵押贷款协会创立。它主要是将一个抵押贷款组合中的利息和本金按一定的比例重新分配,形成两个或多个剥离式抵押支持证券。

本息分离证券是一种特殊形式的剥离式抵押支持证券。其基本做法是来自抵押支持证券的现金流被剥离开,以本金证券和利息证券的持有者分别仅能获得来自抵押贷款的本金收入流和信息收入流。当然,投资者也可以同时拥有本金和利息债券,在这种情况下,投资者将以不同比例收到本金和利息。

🏠 三、住房抵押贷款证券化的条件

住房抵押贷款证券化的实施需要具备下列条件:

(1)住房抵押贷款一级市场有充分的发展。住房抵押贷款一级市场是住房抵押贷款证券化的基础,没有良好的一级市场作为基础,就不可能有稳定的抵押贷款二级市场。要实施住房抵押贷款证券化,需要有一定规模的住房抵押贷款余额,这样才有利于建立住房抵押贷款证券化的资产池,同时有了一定规模的住房抵押贷款余额,住房抵押贷款的所有人才更有可能有实施住房抵押贷款证券化的要求。一个运行良好的抵押贷款一级市场有如下特征:抵押贷款产品种类丰富,抵押贷款要达到相当的规模,抵押贷款机构的多元化、完善与严格的信用体系。

(2)有成熟的证券市场。住房抵押贷款证券化是二级市场的目的和表现形式,证券的设计、承销、交易都需要成熟的证券市场。我国证券市场发展虽然取得了巨大的进步,但仍然存在制度和管理上的许多问题。对于住房抵押贷款证券化的发展来说,证券市场方面应该说基本具备了条件。

(3)有成熟的房地产市场。成熟的房地产市场是保证交易的合法性的关键,也是购买产权清晰房屋的保证。另外,成熟的房地产市场还应有完善的房地产市场结构,如房屋买卖市

场、租赁市场、中介市场中的担保市场和保险市场等。相比之下,我国目前的房地产市场还很不完善。

(4)有强大的中介机构体系。住房抵押贷款证券化需要各种专业化的中介机构的参与,如证券公司、信用评级公司中担保公司、信用增级机构等,这些中介机构都是证券化操作不可缺少的环节。从这个方面来看,我国实施证券化在中介机构的发展培育方面还有较大差距。

(5)有配套的住房抵押贷款证券化的法规。住房抵押贷款证券化需要有相关的配套法规,这样才能使住房抵押贷款证券化做到有法可依、有章可循,以利于住房抵押贷款证券化的顺利运行。目前,我国相关的法规主要包括《中华人民共和国商业银行法》《中华人民共和国证券法》《中华人民共和国信托法》,以及为证券化服务的抵押登记变更、会计、税务处理办法和收费规定等。虽然这些法规已经颁布,但仍需要完善,尤其是对金融资产证券化需要从立法的高度加以推进,以使住房抵押贷款证券化的法规更加完善。

(6)有政府的主导作用。住房抵押贷款证券化除了提高银行资金流动性之外,还具有相当多的公开政策目标,包括支持中低收入居民购房、促进住房金融稳定等,这些都要求政府承担起相应的责任。因此,我国住房抵押贷款证券化市场的培育和发展应该发挥政府的主导作用。

四、住房抵押贷款证券化的运行

(一)住房抵押贷款证券化的运行模式

目前,住房抵押贷款证券化的运行模式主要有两种,即表内住房抵押贷款证券化和表外住房抵押贷款证券化。

1.表内住房抵押贷款证券化

表内住房抵押贷款证券化是指商业银行按一定标准形成抵押贷款组合,并以该抵押贷款组合形成的现金流作为偿付基础在资本市场上发行住房抵押贷款债券,向个人或机构投资出售。按表内模式运行时,住房抵押贷款的证券化发起人本身就是抵押支持证券的发行人,两者同为商业银行。由此可见,表内模式的实质是作为证券化发起人的商业银行以住房抵押贷款为担保,在资本市场发行证券进行融资的行为。

2.表外住房抵押贷款证券化

表外住房抵押贷款证券化是指商业银行把按一定标准形成的抵押贷款组合出售给特定交易机构,并由它以此为基础发行债券,向个人和机构投资者出售,筹集资金支付给出售抵押贷款组合的商业银行。目前,以美国为代表的绝大多数国家采用该模式进行证券化。在此模式下,实现了证券化发起人和发行人的分离。由于表外模式实现了基础资产的"真实出售",从而有效转移了发起人与住房抵押贷款相关的信用风险和市场风险。真正实现"破产隔离",有效保护投资者的利益。

3.两种证券化运行模式的区别

表内住房抵押贷款证券化与表外住房抵押贷款证券化的区别在于:前者没有发生抵押贷款资产所有权的转移,抵押贷款组合和由此发行的住房抵押贷款债券都体现在商业银行资产负债表上;后者抵押贷款组合通过"真实出售",发生了抵押贷款资产所有权的转移,脱离了商业银行资产负债,所发行的住房抵押贷款债券不再是商业银行的负债,而是"特定交易机构"的负债。

(二)住房抵押贷款证券化的参与者

住房抵押贷款证券化的参与者主要包括发起人、发行人、服务人、投资银行、信用评级机构、信用增级机构、受托人和投资者。

1. 发起人

住房抵押贷款证券化的发起人是住房抵押贷款一级市场上的原始债权人,即提供贷款资金的商业银行及非银行金融机构。发起人进行住房抵押贷款证券化的目的是降低抵押贷款资产的流动性风险。在证券化的过程中,发起人将抵押贷款资产出售给特殊目的机构。

2. 发行人

住房抵押贷款证券化的发行人也称特殊目的机构,其责任是要充当发起人和投资者中间的桥梁,负责购买发起人的抵押贷款资产,并经处理后将其以证券形式转售给投资者。此外,特殊目的机构还负责对信用资产进行信用增级,聘请信用评级机构对资产进行信用评级,选择服务人、托管人等作为交易服务的中介机构,选择证券承销商发行抵押证券,委托服务人从原始债务人处收取本金和利息,委托托管人向证券持有人按约定方式进行本息偿付。它可以是中介公司,也可以是发起人的附属公司、参股公司或者是投资银行、信托公司等。

3. 服务人

住房抵押贷款证券化的服务人是负责住房抵押贷款回收服务的机构,一般由住房抵押贷款的发放人或者其所属机构充当。服务人定期向住房抵押贷款的借款人收取到期本息,并且将收到的住房抵押贷款本息转交给发行人,服务人一般还负责对本息收回情况进行分析,并经受托人审核后,向投资者公布。服务人定期获得服务费收入。

4. 投资银行

在住房抵押贷款证券化的运行中,投资银行负责向社会公众出售由其包销和代销的抵押支持债券,或者向特定投资者私募发行证券。除此以外,投资银行还往往充当证券化发起人或发行人的融资顾问,提供证券设计、包装以及法律、税收及财务处理方面的咨询服务。

5. 信用评级机构

住房抵押贷款证券化需要由被投资者认可的信用评级机构进行评级,在该住房抵押贷款证券存续期间,评级机构一般也会持续进行评级,并且在必要时适时调整信用等级。目前,美国有两大最具权威的信用评级机构,即标准普尔(S&P)公司和穆迪(Moody's)公司。其中,标准普尔公司评出的信用等级包括 AAA、AA、A、BBB、BB、B、CCC、CC、C 和 D 级。前四个级别投资风险较小,属于投资级证券;从第五级开始,属于投机级证券,风险较大,收益也较大。

6. 信用增级机构

在房地产抵押贷款证券化中,信用增级机构发挥着至关重要的作用。它可以由政府成立的担保机构、商业银行、保险公司等组成,其主要任务就是通过对抵押贷款的担保及保险来提高拟出售证券的信用等级,从而获得投资者较高的认购率,并以较低的成本取得资金。

7. 受托人

在住房抵押贷款证券化中,受托人主要负责管理住房抵押贷款证券化基础资产的现金流,进行证券登记及向投资者支付证券本金和利息等方面的工作。当服务人收到住房抵押贷款借款人偿还的本金和利息后,必须立即存入受托人为之专门设立的账户,并由受托人向投资者支付抵押支持债券的本金和利息。

8. 投资者

投资者是指购买住房抵押贷款证券的市场交易者。一种金融工具能否顺利推销,需求是一个决定性的因素。由于抵押贷款债券的复杂性,在发达的市场经济国家中,机构投资者占据住房抵押贷款证券市场的主体,包括商业银行、投资银行、养老基金、退休基金和保险公司等。

(三)住房抵押贷款证券化的运作程序

1. 组建证券化资产池

住房抵押贷款的发起人将自身的抵押贷款组合成抵押贷款池时首先分析自身对抵押贷款证券化的融资要求,确定其证券化的目标;然后对能够证券化的资产进行清理、估算,根据证券化的目标确定资产数;最后将这些资产汇集组建资产池。发起人必须对抵押贷款池中的每笔贷款都拥有完整的所有权。

发起人在对住房抵押贷款进行打包组合时,主要根据以下指标进行选配:

(1)贷款品种,即固定利率抵押贷款、浮动利率抵押贷款等。

(2)总的抵押贷款利率水平的高低、最高和最低的抵押贷款利率水平。

(3)借款人贷款所购房屋的使用情况,是自用、出租还是投资。

(4)贷款房价比,主要对贷款房价比的最高比例进行限制。

(5)借款人收入偿付比即月偿付额与月收入的比例。

(6)最小贷款规模。

(7)付款方式。

(8)剩余贷款期限。

(9)贷款组合规模。

2. 资产出售

住房抵押贷款组合的真实出售是证券化的关键步骤。住房抵押贷款证券化的发行人将资产出售,实现了这部分资产的破产隔离,即当发起人以后宣告破产时,其已出售的证券化资产不在清算范围之内,从而保证了证券投资者的利益。基于不同的法律体系,不同国家对"真实出售"的判定存在一定差异。综合而言,对"真实出售"的判断主要考察以下两个方面:

(1)发起人的资产负债表已经进行资产出售的财务处理。

(2)出售的资产一般不再附加追索权。

3. 信用增级

在住房抵押贷款组合中,由于各笔贷款的偿付期限各不相同,与以它为基础发行的债券期限也就不相匹配,同时住房抵押贷款一般期限长、价值大,抵押人的违约、拖欠等因素都会给投资者带来损失。为了吸引投资者,住房抵押贷款证券化的发行人在进行信用评级之前,要进行信用增级,即聘请信用评级机构对所设计的证券化结构进行考核,以确定为了达到所希望的信用等级而需要进行的信用增加的程度。然后,住房抵押贷款证券化的发行人可以通过一系列的内、外部信用增级的途径,实行信用增级,从而降低信用风险。

4. 信用评级

住房抵押贷款的信用评级是投资者进行证券投资选择的依据。住房抵押贷款证券化通常需要信用评级,信用评级可以帮助发行人确定合适的信用增级方式和规模,信用评级结果可以为投资者提供一个明确的、可以理解的信用等级标准,以方便投资者投资决策。住房抵押贷款证券化的信用评级时一般不考虑市场利率变动等因素引起的市场风险,也不考虑住房抵押贷款资产提前偿付引起的风险,而主要考虑住房抵押贷款的信用风险。

5. 证券发行

住房抵押贷款证券化的发行人将选定证券承销商,根据证券市场情况,与承销商确定证券收益率、发行价格、发行时间等发行条件,采取公开发售或私募的方式发行证券。由于抵押支持证券一般具有较高收益和较低风险,因而主要的购买者都是类似保险公司、养老基金的机构投资者。

6. 向发起人支付资产的价款

住房抵押贷款证券化的发行人从债券承销商那里获得发行债券的收入,然后按合同规定的价格把发行收入的大部分支付给原始发起人作为购买证券化资产的价款。此时,它要优先向其所聘用的各专业机构支付相关费用。

7. 实施资产管理

住房抵押贷款证券发售后,由服务人负责对抵押贷款资产组合的现金流进行管理,具体来说就是要负责收取、催讨并记录贷款本息的偿还。流入的现金流按规定存入托管人专门设立的账户中,准备向证券投资者支付本金和利息。

8. 按时还本付息,支付服务费

到规定的住房抵押贷款证券偿付日,住房抵押贷款证券化的发行人将委托银行按时、足额地向投资者偿付本息。待住房抵押贷款全部被偿付完毕后,如果抵押贷款组合资产池产生的收入在还本付息、支付被聘用机构服务费用后仍有剩余,则按合同在原始发起人和住房抵押贷款证券化的发行人之间分配。

五、住房抵押贷款证券化的风险

住房抵押贷款证券化是一项庞大的系统工程,从而可能面临由诸多不确定性因素引发的风险。其中最主要的风险包括产权风险、提前偿付风险、利率风险和信用风险。

1. 产权风险

住房抵押贷款证券化的产权风险是指因贷款人不具有抵押房地产的产权或者产权有障碍而引发的风险。对于抵押房地产,贷款人可以要求借款人购买贷款产权保险。

住房抵押贷款证券化的产权保险分为两种:一是买房产权保险,保障买房者的利益;二是贷款产权保险,保障抵押权人的利益。通过产权保险制度,抵押权也不存在产权风险。

2. 提前偿付风险

住房抵押贷款证券化的借款人提前偿还贷款会引起提前偿付风险。如果借款人提前偿还贷款,投资者就要重新投资,在实现再投资之前,投资者就要损失利息收入。抵押债券的提前偿还风险主要是通过在签订货款合同时附加补偿条款以减少损失以及通过抵押债券品种的创新转移风险。

3. 利率风险

住房抵押贷款证券化的利率风险是指由于利率变化给抵押支持证券的发行人或者证券持有者所带来的损失。利率风险对证券发行人的影响主要表现为,当利率水平上升时,债券价格下跌,从而影响发行人的筹资规模或者由于利率水平下降导致发行人利息收入减少并降低再投资收益率。利率风险对于证券投资者的影响主要表现为,利率变动导致证券价格变动,从而影响投资者的收益。在实行利率市场化的国家,利率风险是住房抵押贷款证券化交易中最难以控制和有效管理的风险。

4. 信用风险

信用风险是指借款人、债券发行人或交易对方由于违约致使金融机构、投资人或交易对方遭受损害损失的可能性。作为一种最古老的金融风险,信用风险普遍存在于贷款发放、债券投资及衍生金融工具交易等金融活动中。住房抵押贷款证券化作为一项复杂的金融活动,也面临由于抵押贷款发放银行、证券发行人、外部担保机构等参与主体的违约行为可能导致的信用风险损失。

六、我国住房抵押贷款证券化的尝试

住房抵押贷款证券化作为房地产金融创新的产物,在世界各国的房地产金融体系中得到了广泛的应用。伴随我国住房制度改革的推进,我国房地产的投融资体系必将进行较大的变革。近几年,一些商业银行和金融机构已经开始进行住房抵押贷款证券化的试点。

2005年3月,中国建设银行被批准作为住房抵押贷款证券化的试点单位,随后,由中国人民银行牵头,国家发展和改革委员会、财政部、原劳动和社会保障部、原建设部、国家税务总局、国务院法制办、中国银行业监督管理委员会、中国证券监督管理委员会、中国保险监督管理委员会参加的信贷资产证券化试点工作协调小组开展了一系列工作。经过充分准备,中国首只住房抵押贷款证券化产品"建元2005-1个人住房抵押贷款证券化信托资产支持证券"(以下简称"建元2005-1")于2005年12月9日依法成立,并且于2005年12月15日正式发行。

(一)"建元2005-1"成立的过程

1996年,中国建设银行已在其房地产金融部下设立了住房贷款证券化处,积极着手房地产证券化研究。从1999年开始向中国人民银行提交方案,但由于方案本身存在各种问题,连续四次未能过关。2002年上半年,中国建设银行向央行提交了个人住房贷款证券化的第五套方案,其核心内容是通过表内融资的方式出售资产。但是,监管部门更趋向于中国建设银行采用真正标准的个人住房贷款证券化模式,即表外融资,从而达到提高信贷资产流动性、转移信贷风险的目的。因此,2002年7月底,中国建设银行住房贷款证券化方案最终没有得到国务院的批准。2002年4月1日出台的《信托法》于当年10月1日正式实施,这给资产证券化提供了一个可参照的法律框架,中国建设银行立即着手在这一法律框架下进行新的设计,并于当年向中国人民银行提交了以表外融资为主、信托方式设计的第六套住房抵押贷款证券化方案。据此方案,中国建设银行拟将部分住房贷款设定为信托财产信托给信托公司,设立特殊目的的信托,由该信托发售以信托财产为支持的资产支付证券。2005年2月,该资产证券化方案终获批准。

(二)"建元 2005-1"的基本情况

1.主要参与方

建元 2005-1 的主要参与方见表 10-1。

表 10-1　"建元 2005-1"的主要参与方

发起人	中国建设银行股份有限公司
受托机构	中信信托投资有限公司(以下简称中信信托)
发行人	中信信托投资有限公司
服务人	中国建设银行股份有限公司
交易管理机构	香港上海汇丰有限公司北京分行
资金保管机构	中国工商银行
安排人	中国建设银行股份有限公司
财务顾问	渣打银行(香港)有限公司
联合簿记管理人	中国建设银行股份有限公司及中国国际金融公司
登记结算、支付代理机构	中央国债登记结算有限责任公司(以下简称中债登)

2.基本交易结构

"建元 2005-1"的基本结构如图 10-3 所示。

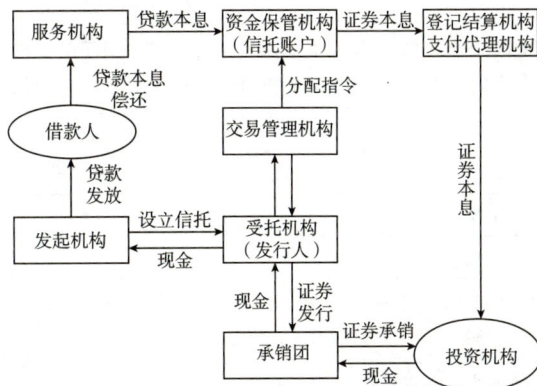

图 10-3　建元 2005-1 的基本结构示意

3.资产组合基本情况

"建元 2005-1"资产组合的基本情况见表 10-2。

表 10-2　"建元 2005-1"资产组合的基本情况

贷款笔数	15 162	加权平均贷款年利率/%	5.31
本金余额/元	3 016 683 138	加权平均贷款合同期限/月	205
单笔贷款最高本金余额/元	1 868 239	加权平均贷款剩余期限/月	172
单笔贷款平均本金余额/元	198 963	加权平均贷款账龄/月	32
合同金额/元	3 721 203 071	加权平均贷款初始抵押率/%	67
单笔贷款最高合同金额/元	2 000 000	加权平均借款人年龄/岁	36
单笔贷款平均合同金额/元	245 430		
资料来源:《建元 2005-1 个人住房抵押贷款证券化信托发行说明书》			

4. 债券发行情况

"建元 2005-1"个人住房抵押贷款支持证券的发行情况见表 10-3。

表 10-3　"建元 2005-1"个人住房抵押贷款支持证券(MBS)的发行情况

名称	"建元 2005-1"个人住房抵押贷款证券化信托优先级资产支持证券			
发行日	2005 年 12 月 15 日			
缴款日	2005 年 12 月 19 日			
起息日	2005 年 12 月 15 日			
法定最终到期日	2005 年 11 月 26 日			
交易市场	全国银行间债券市场			
证券形式	采用记账方式,由中央国债登记公司统一托管			
发行格式	100 元/百元			
公开发行并申请上市交易证券	证券级别		发行量	信用评级
	优先级证券	A 级	266 976.45 万元	AAA
		B 级	20 362.61 万元	A
		C 级	5 279.19 万元	BBB
	次级证券(总建行持有)	S 级	9 050 万元	无评级
	总计			301 668.31 万元
评级机构	中诚信国际			
计息方式	浮动利率,按月还本付息,每月 26 日为支付日(如果该日不是工作日,则为该日后的第一个工作日),首个计息期间为 2005 年 12 月 19 日—2006 年 1 月 26 日(不包含该日)			
预计加权平均回收期(年)	A 级	B 级		C 级
	3.15	9.24		9.30
预计到期日	A 级	B 级		C 级
	2014－8－26	2015－3－26		2015－3－26
基准利率	首个计算期间的基准利率为 12 月 14 日的 B_1M 数据,即 1.42%,第二次付息的基准利率为前一次支付日往前第 5 个工作日的 B_1M,其后以此类推			
票面利率	A 级:基准利率＋基本利差,基本利差为 0.90%～1.10%			
	B 级:基准利率＋基本利差,基本利差为 1.50%～1.70%			
	C 级:基准利率＋基本利差,基本利差为 2.25%～2.80%			
利率上限	A 级:资产池加权平均贷款利率－1.19%,首个计息期间资产权平均贷款利率为 5.31%			
	B 级:资产池加权平均贷款利率－0.60%,首个计息期间资产权平均贷款利率为 5.31%			
	C 级:资产池加权平均贷款利率－0.30%,首个计息期间资产权平均贷款利率为 5.31%			

资料来源:何翔周喜.我国资产证券化的实践与分析——创新研究专题报告.渤海证券研究所,2006

2007 年 12 月 14 日,中国建设银行宣布成功发行 41.6 亿元人民币"建设 2007-1 个人住房抵押贷款支持证券",结构设计与"建元 2005-1 个人住房抵押贷款支持证券"基本相似。这是该行继 2005 年成功发行首单个人住房抵押贷款证券化产品之后,在金融创新方面的又一成功之举。

阅读材料

发达国家住房抵押贷款的证券化

一、美国的住房抵押贷款证券化

美国是当今世界上住房抵押贷款证券化业务开展最早、最成熟的国家。美国住房抵押贷款证券化的运行模式至今为许多国家所借鉴。

1. 产生背景

20世纪30年代初,美国发生了严重的经济危机,当时国内资金匮乏,大量抵押贷款的借款人无力还款。虽然贷款机构由此取得了大量的房地产,但因房地产价格下跌而难以弥补贷款损失,导致贷款机构纷纷倒闭。为缓解抵押贷款市场的危机,美国政府先后设立了联邦住宅管理署和退伍军人管理署为私营金融机构发放住房抵押贷款提供担保或保险,并于1938年成立联邦国民抵押协会(Federal National Mortgage Association,FNMA)购买由前两者提供保险的贷款,向私营机构提供资金支持。从此,美国开始探索和培育住房抵押贷款二级市场,以改善住宅信贷机构的资产负债结构,提高资金的流动性。1968年,美国国会通过了《住宅和城市发展法》,也使抵押二级市场法制化并趋于成熟。该法规定将联邦全国抵押协会分为政府全国抵押贷款协会和联邦全国抵押贷款协会。政府全国抵押贷款协会隶属于联邦住宅与城市发展部,联邦全国抵押协会是私人公司。

20世纪70年代初,由于联邦全国抵押协会、政府全国抵押贷款协会的参与,美国住房抵押债券得到了发展,但仍不到整个贷款市场的30%。1970年,美国国会通过《紧急住宅融资法》,批准成立附属于联邦住宅贷款银行系统的联邦住宅贷款抵押公司,并授权该公司购买联邦住宅贷款银行系统的经其他政府机构担保的住宅抵押债权。1972年,这种业务逐渐发展到无担保的普通住房抵押市场,形成了全国性的房地产抵押二级市场。随后,美国住房抵押贷款证券化取得了很大的发展。住房抵押贷款证券的发行额,从1970年的10多亿美元,增加到1997年的3 600亿美元;抵押贷款证券占未清偿抵押贷款的比重从最初不到5%,发展到未清偿抵押贷款中超过50%,实现了证券化。2000年,住房抵押贷款证券余额超过了全美股票的市值,其市场份额仅次于国债,成为第二大证券市场。

2. 美国住房抵押贷款证券化模式的特点

美国住房抵押贷款证券化的模式主要具有以下特点:

(1)政府主导机制。住房抵押贷款证券化在美国的快速发展得益于美国政府在其中发挥的积极作用。政府在对住房抵押贷款证券化的立法、担保、标准化方面都作出了很大贡献。美国国会出台了《房地产投资信托法》《金融资产证券化投资信托法》《紧急住宅融资法案》等与住房抵押贷款证券化的法律,对住房抵押贷款证券化的运行提供了各个方面的法律依据,包括对违约产权的处置、合同法、投资者权益的保护等。为了保持住房抵押贷款的质量,美国还对住房抵押贷款证券化进行了标准化处理,通过对借款人资格审查、资产评估和信用增级等问题从方方面面按照一定的标准进行处理,使住房抵押贷款证券化有统一的标准可参照,从而控制住房抵押贷款风险的发生。

(2)抵押贷款一级市场运作的标准化。在美国,主导抵押贷款二级市场的三家机构即政府国民抵押协会、联邦国民抵押协会和联邦住宅贷款抵押公司与联邦住宅管理局共同协商制定统一的住房贷款标准,标准化内容十分广泛,包括贷款格式、期限、分期还款方式、付款时间、保险标准、入库规定和服务规定等。标准化防止了贷款的不规范运作,减少了贷款风险,简化了对贷款和贷款库的信用与利率风险的分析,降低了管理成本。

(3)完善的抵押贷款保险机制和增强信用保险措施。美国完善的抵押贷款保险机制和增强信用保险措施,提高了抵押贷款证券的信用等级,较高的安全性使抵押证券成为流动性强、收益高的金融产品和投资工具。这是美国住房抵押贷款证券化在20世纪90年代得到长足发展的关键。

(4)机构投资者的主导地位。住房抵押贷款证券化的投资者中机构投资者处于主导地位,繁荣的证券化市场需要众多的机构投资者的参与。随着美国人口结构及其金融资产结构的变化,共同基金、养老基金、保险公司和抵押银行等众多非存款金融机构得到了迅速发展。它们作为机构投资主体对抵押贷款二级市场的发展起到了重要的促进作用。

二、英国的住房抵押贷款证券化

在20世纪80年代的金融创新中,住房抵押贷款证券化的发展已经逐步影响到了欧洲。继美国之后,欧洲已经逐渐成为另一个资产证券化中心,其中英国的资产证券化发展处于领先地位。

1.产生背景

早先英国管理住宅的主要机构是住宅建筑公会,它的资金来源主要是私人的储蓄,所以所获的资金远远不能满足住房抵押贷款需求。为了能够更多地吸引资金,拓展资金的来源,英国于1985年2月首次发行英镑抵押贷款担保证券,1987年3月再次发行,并在1987年3月成立了住房抵押有限公司,在欧洲市场上发行住房抵押贷款证券。在这之后,英国抵押贷款市场迅速发展。

2001年英国住房抵押贷款证券化的总值为410亿美元,2002年的总值为540亿美元。但是,由于英国抵押贷款市场发展时间不长,住房抵押贷款证券交易主要集中在证券交易所,对证券所的依赖相对较强,证券化规模小于美国的证券化规模。

2.英国住房抵押贷款证券化模式的特点

英国住房抵押贷款证券化历程同美国存在不同之处,具体体现在以下三个方面:

(1)用以保护投资者利益的措施主要有对抵押贷款进行保险和发行附属证券。在抵押贷款不能偿还时,受损失的首先是附属证券的持有者。

(2)同美国的政府主导不同,英国的证券化则完全是从私人领域发展起来的,政府没有建立专门的机构实施证券化的操作,也没有对所发行的住房抵押证券提供国家信用担保。其原因在于英国奉行自由主义的市场经济原则,政府很少对市场进行干预。另外受美国证券化的启示,其私人机构充分认识到了证券化的必要性和可行性,并不需要政府的积极推动。

(3)英国的证券化市场上也活跃着专门的发行机构,但与美国不同的是,英国的发行机构一般是由住房抵押贷款的原始权益人设立的,由原始权益人向发行机构出售抵押贷款。

三、日本的住房抵押贷款证券化

第二次世界大战后,日本国内经济短缺、住房缺乏、国民收入水平不高,为了改变这种经济及住房状况,日本政府逐步建立了住房发展与住宅金融体系。

1.产生背景

20世纪50年代初,日本政府专门成立了住房金融公库,向住房建设提供必要的资金支持。主要有个人住房建设资金、购房资金及改善住房资金等,重点解决老年人、残疾人和两代人住房、高级住房的资金问题。该机构提供的资金期限长、利率低,至1997年3月末,日本住房金融公库大约为1 629万户提供了约为132兆日元的贷款,为日本住房金融发挥了重要作用。日本开展的是住房贷款债权信托,通过住房贷款,贷款方将债权集中于信托银行托管并将收益权向第三者出售,从而以住房贷款证券化来筹措资金。

亚洲金融危机后,日本于1998年6月出台了《关于债权转让对抗条件的民法特例法》,从法律上为促进债权流动化或证券化提供了必要的支持。2001年日本预算显示,包括政府担保债券、住房金融公库债券、理财债券、住宅宅地债券在内的预算达到住宅金融公库预算的9.42%。

日本住房抵押贷款证券化发展缓慢的原因主要是由于政策和法律的限制,其金融系统改革委员会对银行的资产证券化作了严格限制,不但规定抵押支持债券不得在二级市场流通,还规定商业银行不得受让金融机构出售的抵押支持债券,大大降低了住房抵押贷款证券化对投资者的吸引力。同时由于金融机构在证券化前必须履行复杂的通知借款方手续,加大了证券化的成本。日本目前尚不允许成立第三方的发行人进行证券化操作,使得住房抵押贷款难以和原始债权人实现信用分离,达不到证券化所要求的破产隔离。这些都阻碍了日本住房抵押贷款证券化的迅速发展。

2.日本住房抵押贷款证券化模式的特点

日本住房抵押贷款证券化的模式与美国、英国住房抵押贷款证券化模式相比,有以下不同之处:

(1)日本所开展的并非国际标准化的住房抵押贷款证券化,而是住房贷款债权信托,即通过住房贷款,贷方将债权集中于信托银行托管并将收益权向第三者出售,从而以住房贷款证券化来筹措资金,相当于信托分类中的金钱信托。

(2)日本由于受到政策法律的限制,不能设立专门的发行机构,商业银行也不能作为抵押债券的购买者,住房抵押债券的发行、本息支付及流通完全由证券公司处理。

【案例分析】

自成立以来,华融资产管理公司(以下简称华融公司)一直在探索不良资产的证券化模式,在规范意义上的证券化方案一再搁浅的情况下,华融公司于2003年6月26日推出了变通模式——信托分层。具体操作:华融公司将132.5亿元不良债权资产(涉及分布在22个省市的256户债务人),委托中信信托投资公司设立三年期财产信托,取得全部信托受益权。与此同时,华融公司根据这些不良资产债权预计产生的现金流(经中诚信国际评级公司评级,预测包内资产未来处置产生的AAA级现金流可达12.07亿元),将信托受益权划分为10亿元的优先级受益权(年收益率上限为4.17%,每季度分配一次利息)和其他次级受益权(将劣后受偿,由华融公司自己持有,实际上是对优先级受益权的一种担保),并委托中信信托投资公司将优先级受益权以信托受益合同的形式转售给投资者(每次转让的最低限额为100万元)。由于信托公司不具备管理不良资产的经验,因此在该项目中,中信信托投资公司又委托华融公司为被信托的不良资产提供管理服务。整个信托分层的法律关系结构如图10-4所示。

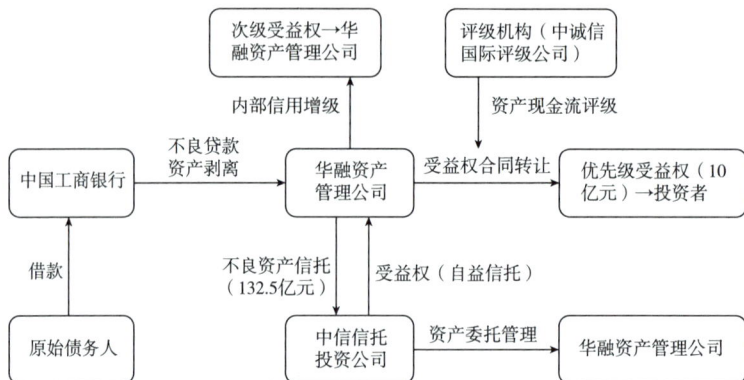

图 10-4 信托分层的法律关系结构

为了增强信托受益权的流通性和保护投资者利益,华融公司信托分层方案设置了一些特殊性的规定:

(1)向投资者承诺可在其持有信托受益权半年之后,以资产信托账户中的资金为限,回购信托受益权;

(2)设置了受益人大会制度,以便在投资者众多的情况下更协调地行使受益人的权利;

(3)规定了受托人(信托公司)的信息披露义务;

(4)规定对受托人和资产服务商定期进行外部审计,监控资产状况。由于向投资者转让的是权益较有保障的优先级受益权,在发售之初这个信托产品就被机构投资者超额认购(华融公司由此获得了 10 亿元现金转让收入);而之后投资者通过信托公司的账户管理系统进行受益权转让交易,其换手率已达 80%,至今尚无有关的负面报道。

点评:华融公司信托分层方案,结构设计的出发点是尽快处置不良资产,避免资产减值的"冰棍"效应进一步恶化,其结果是利用现行的各项法律制度给予投资者多重保护和由华融公司承担第一损失风险,从而弥补了资产的先天不足与信托受益权的流动性欠缺,使得即使在对不良资产现金流回收期望不高和国内尚无相关经验的情况下,也能获得信托产品的超额认购。在当时的法制条件下,华融公司信托分层可以说是最接近资产证券化运作原理的操作实践。除了信托受益权以信托受益合同的形式单独向投资者转让,而不是采取证券形式之外,在基本的法律结构和操作程序上,已与规范的资产证券化相差无几。

随着国内资产证券化试点的开展和相关法制的确立,当初制约华融公司的诸多不利因素已得到解决。2006 年 12 月,信达资产管理公司和东方资产管理公司就充分利用信贷资产证券化法制对名下的不良资产进行证券化,成功地发行"信元 2006-1 重整资产证券化信托优先级资产支持证券"和"东元 2006-1 优先级重整资产支持证券",并顺利地在银行间债券市场进行交易。但证券化本身不是万能的"点金术",在应用这一金融工具的过程中,如何结合不良资产的属性,构造具有一定现金流保障的资产池来担保资产支持证券的有效发行和偿付,是关系不良资产证券化成功的核心要素。

模块小结

本模块主要介绍了房地产证券化概述、房地产证券化产品、房地产权益证券化及住房抵押贷款的证券化。

思考与练习

一、填空题

1. _____是指各类记载并代表一定权利的法律凭证的统称，是用以证明持券人拥有按照其所持证券记载的内容而取得应有的权益的凭证。

2. 证券按照权利内容划分，可分为_____、_____和_____。

3. 证券化由_____和_____两部分组成。

4. 一般来说，决定折现率的因素有_____与_____。

5. 按照股东承担的风险和享有的权益的大小划分，房地产股票可分为_____和_____。

6. 按股票发行目的的不同，房地产股票发行方式可分为_____和_____。

7. _____是指企业或政府为筹集房地产开发经营资金，依照法定程序发行，约定在一定期限内还本付息的有价证券。

二、选择题

1. 按照资产池内资产的种类以及证券化产品结构化程度不同，证券化产品可分为（　　　）。

   A. 抵押证券　　　　　　　B. 担保证券　　　　　　C. 抵押担保证券

   D. 资产支持证券　　　　　E. 盈利证券

2. 按股票发行对象不同，房地产股票的发行方式可分为（　　　）。

   A. 公募发行　　　　　　　B. 私募发行　　　　　　C. 设立发行

   D. 增资发行　　　　　　　E. 普通股

3. 房地产债券按照发行人的不同，可分为（　　　）。

   A. 企业债券　　　　　　　B. 金融债券　　　　　　C. 政府债券

   D. 固定利率债券　　　　　E. 浮动利率债券

4. 房地产债券按照内涵选择权，可分为（　　　）。

   A. 可赎回债券　　　　　　B. 偿还基金债券　　　　C. 可转换债券

   D. 可抵押债券　　　　　　E. 带认股权证的债券

5. 住房抵押贷款证券化的种类有（　　　）。

   A. 抵押贷款转手证券　　　B. 抵押贷款支持债券　　C. 抵押贷款转付证券

   D. 担保抵押贷款债券　　　E. 剥离式抵押支持证券

6. 抵押贷款证券化的风险包括（　　　）。

   A. 产权风险　　　　　　　B. 提前偿付风险　　　　C. 利率风险

   D. 信用风险　　　　　　　E. 抵押风险

三、简答题

1.什么是房地产证券化？房地产证券化的特征主要有哪些？

2.房地产证券化的作用具体表现在哪些方面？

3.房地产资产证券化的产生一般要经过哪几个过程？

4.在美国，房地产证券化的具体运作方式一般有哪几种？

5.房地产证券化产品提前偿付率的常用方法有哪些？

6.房地产股份有限公司公开发行新股应符合哪些条件？

7.住房抵押贷款证券化的意义主要表现在哪些方面？

8.住房抵押贷款证券化的运行模式有哪些？

模块十一

国外房地产金融

知识目标

1. 了解国外主要的房地产金融制度、金融机构、贷款的种类及金融市场的类型。
2. 了解美国的住房金融制度、美国住房金融市场的特点及金融机构。
3. 了解英国的住房金融制度、英国住房金融市场的特点及金融机构。
4. 了解新加坡的住房金融制度、新加坡住房金融市场的特点及金融机构。
5. 了解日本的住房金融制度、日本住房金融市场的特点及金融机构。

能力目标

能够分析美国、英国、新加坡、日本各国房地产金融制度及金融机构。

案例导入

世界各地的房地产业的发展都与房地产金融业的发展密切相关,房地产金融作为金融业的传统业务,在世界上许多国家,特别是发达的资本主义国家,已具有相当长的发展历史,但对中国来说,还是一个新课题。因此,学习、研究和借鉴国外一些先进的房地产金融业务知识和管理经验,将有利于中国房地产金融业的发展和完善。

单元一　国外房地产金融概述

一、国外主要的房地产金融制度

房地产金融制度是指从资金盈余者手中吸收资金,然后通过各种融资渠道转让给预从事或正在从事房地产经营业务的资金短缺者的金融运行机制,也就是房地产资金融通模式。它的基本职能是为房地产业的运行筹集资金与分配资金。一个国家房地产金融制度的形成主要取决于房地产金融和金融机构的有关规定。目前,世界各国采取了不同的融资模式支持房地产业的发展,并形成了不同特色的房地产金融制度,大致可归纳为四种类型,即直接融资制度、储蓄制度、合同制度、抵押银行制度。

1.直接融资制度

直接融资制度是一种没有金融媒介体参加的资金融通方式。在这种资金融通方式下,需要融出资金的单位和个人与需要融入资金的单位和个人之间的资金转移,是由融资双方直接协商成交的,而不通过各种金融媒介体进行。直接融资制度是一种低效率的房地产金融制度,难以顺利完成资金供求双方的匹配过程。因为资金盈余者和资金短缺者往往并不能互通信息,而两者的需求也不容易达成一致。同时,直接融资制度还要受到融资双方资金量、融资时间、地域及资信程度等因素的限制,因此具有一定的局限性。目前,世界上经济发达的国家和地区基本上不使用这种制度,而在不发达国家较多运用。

2.储蓄制度

储蓄制度是指由金融机构采取短期储蓄和多变利率的办法筹集资金,然后拿出一定比例的储蓄资金运用于房地产信贷的资金融通方式。它是一种较为普通的房地产金融制度。在国外,存款性金融机构主要是商业银行、储蓄银行和专业银行等。因为这些金融机构往往拥有大量的储蓄存款,并且是信贷资金的主要来源。它们通常采取各种形式,大量吸收储蓄存款,扩大房地产信贷资金来源,从而形成了以储蓄为融通模式的房地产金融制度。

德国是实行住房储蓄制度最典型的国家。其住房互助储蓄银行是依据政府特定的法律而设立的专门从事个人住房抵押信贷服务的金融机构。在德国,住房储蓄是唯一能得到政府奖励的一种储蓄形式。德国的个人储蓄市场主要由储蓄银行控制,它拥有整个个人市场一半左右的储蓄存款。在德国金融市场中,储蓄银行规定,一般个人储蓄达到建房款的 30%～40%后,可给予整个房价款的 60%～70%的贷款。因此,它们比专业抵押银行提供更多的房地产信贷资金,在整个国内房地产贷款业务中发挥了重要作用。

3.合同制度

合同制度是指借贷双方通过合同契约规定借贷行为的房地产资金融通方式。在一定期限内,购房者以低于市场利率进行存款,到期后或达到一定数量的存款额后,即可获得购房贷款,贷款利率同样也是以低于市场利率贷出。由于合同制度采用了较优惠的贷款利率政策,并且能获得政府的利息补助,因此能吸引大量居民签订储蓄合同,有效保证房地产信贷资金的来源。合同制度的具体实施一般由专业的金融机构来承担。由于合同制度不可能提供全部购房所需资金,因此,在采用这种制度时,还需要与其他金融制度结合使用。

奥地利是采用合同制度开展房地产金融业务的国家,主要由"建筑与贷款协会"承担。由于奥地利采用合同制度,并且政府提供利息补助等优惠政策,吸引了大量的居民争先签订储蓄合同,使房地产信贷规模迅速增大,也促进了房地产金融业的发展。

4.抵押银行制度

抵押银行制度是指通过在资本市场发行债券筹集资金,以收受土地、房屋等不动产为抵押品,办理房地产抵押贷款的资金融通方式。抵押银行制度下的抵押银行既可能是独立的金融机构,也可能是附属于商业银行而存在,甚至没有固定的组织形式。抵押银行不是通过吸收存款来创造贷款的,其资金主要来源于发行抵押银行债券,资金主要投向于居民住房和商业设施贷款等。目前,美国、西欧以及韩国等一些国家多采用这种制度。

二、国外主要的房地产金融机构

目前,许多国家的政府都已认识到房地产业的发展离不开房地产金融的支持,因此它们都采取建立或鼓励民间设立房地产金融机构,以金融手段作为房地产业发展的后盾。由于房地产金融机构的主要职能是进行房地产资金融通,因此一定的资金融通模式或者说房地产金融制度便决定了与之相应的房地产金融机构。世界上许多国家的房地产金融机构由于受房地产和金融具体政策的影响而各有不同,具体来说,主要有商业银行、住房储蓄贷款机构、抵押银行、专门储蓄银行、合同制金融机构等。

1. 商业银行

发达国家的商业银行开展全面金融服务业务,包括提供全方位的零售、批发和国际银行业务,吸收各种存款和办理各种工商信贷是其主要业务。商业银行的目标是使自己的投资和贷款获得足够高的收益率,以期在支付了资金来源的利息以后,仍能获得最大利润。房地产金融业务一直是商业银行信贷业务的重点。因为这种房地产贷款业务也可以转过来引致存款的增加和借此招揽其他业务。在美国,房地产贷款已占商业银行贷款总额的30%左右,其到期期限有些可以长达30年。商业银行在不同的国家有不同的名称,如在美国称为国民银行、州银行,在英国称为存款银行等。

2. 住房储蓄贷款机构

住房储蓄贷款机构是一种以储蓄业务为主要资金来源,以住房抵押为条件,向购建者发放住房贷款的专业型住房金融机构。与商业银行的储蓄业务不同,住房储蓄贷款机构所吸收的住房储蓄是以获得较优惠利率的住房贷款为目的的一种定向储蓄。这类机构的存款主要是储户的长期存款,因而它们的资金来源比较稳定,资金的运用主要是住房抵押贷款,而且这种来源与运用是结合在一起的,以住房抵押贷款来吸引住房储蓄存款。在日本、意大利等国,住房储蓄贷款机构是其房地产金融的主要力量。

3. 抵押银行

抵押银行是在抵押银行制度下设立的专业银行,主要经营长期放款。抵押银行与其他贷款机构不同,它不是一个存款机构。抵押银行的经营业务一般借助于其他融资机构作媒介。一般做法是,抵押银行发行短期债券,由商业银行、保险公司、退休基金等购买,或向商业银行借款,然后将筹得的资金发放给房地产抵押贷款,接着再把贷款出售给长期贷款人。美国的抵押银行实行高度专业化经营,其中60%独立经营,40%则属于银行和储蓄协会。美国抵押银行的特点是发放抵押贷款,但不拥有抵押贷款权。丹麦的抵押银行是独立的,并是这个国家唯一能够为个人提供全部购房贷款的银行。德国的抵押银行有公开抵押银行和私人抵押银行之分,主要由中央金融机构控制。

4. 专门储蓄银行

专门储蓄银行在一些国家没有专门的名称,如在美国称为"储蓄协会",在英国称为"建筑协会",在加拿大称为"抵押贷款公司"等。专门储蓄银行与储蓄银行没有多大区别,不同的是专门储蓄银行所发放的购房抵押贷款额占银行全部资产的比例较大。

5. 合同制金融机构

合同制金融机构是专门经营房地产存款和贷款的金融银行。这种金融机构通常根据合同储蓄制度的基本原理,采用先存后贷的办法,为购建房者提供资金。它们向借款人提供的贷款的数量要根据存款数量来确定,由于它并不能保证提供购建房者所需的全部房款,因此,合同制金融机构往往与其他金融机构一起合作开展房地产金融活动。目前,合同制金融机构在一些发达的国家很普遍,如德国和奥地利的"建筑与贷款协会"及法国的"递延信贷机构"等。

三、国外房地产抵押贷款的种类

国外房地产抵押贷款的种类见表11-1。

表 11-1 国外房地产抵押贷款的种类

序号	分类标准	种类
1	按贷款的用途分类	(1)住房抵押贷款。住房抵押贷款是借款人用于购置住房的贷款。 (2)商业房地产抵押贷款。商业房地产抵押贷款是借款人用于购置商业用途的店铺、办公大楼、餐馆、汽车旅游旅馆、一般旅馆等的贷款。 (3)工业房地产抵押贷款。工业房地产抵押贷款是借款人用于购置工业企业的厂房、仓库等的贷款。 (4)教堂房地产抵押贷款。教堂房地产抵押贷款是借款人用于购置教堂及相关房地产的贷款。 (5)农业房地产抵押贷款。农业房地产抵押贷款主要是借款人用于购置土地的贷款,另外,还包括农场主购买用于农业的其他房地产的贷款。 (6)建造贷款。建造贷款是用于房地产建设的贷款。其特点在于借款人不是一次性而是按建造计划分次提款,贷款人每次付款时要按照贷款协议考虑工程进度、施工质量等因素。 (7)抵押银行贷款。抵押银行贷款是用于向发放不动产抵押贷款的抵押银行发放的贷款。抵押银行常以其受押的房地产作为担保品。 (8)住房建筑管理机构贷款。住房建筑管理机构贷款常以购买住房建筑管理机构所发行的证券的形式出现,如美国商业银行购买美国联邦政府机构所发行的证券,发行人用所筹资金发放房地产抵押贷款
2	按贷款的还本付息方式分类	(1)固定利率房地产抵押贷款。固定利率房地产抵押贷款是一种在贷款期内利率固定,还本付息均分为若干期,每期还本付息数额相等的房地产抵押贷款,又称标准房地产抵押贷款。 (2)可变利率房地产抵押贷款。可变利率房地产抵押贷款是一种利率变动的房地产抵押贷款。它可以分为两种情形:一是利率由贷款人按贷款合同根据市场利率定期调整,称为可调利率;二是利率盯住某种指数上下浮动,称为浮动利率。但是,有的时候通常也把两种通称为可调利率房地产抵押贷款。 (3)分级还款房地产抵押贷款。分级还款房地产抵押贷款的每期还本付息的数额按一定的百分比或一定的数额逐期递增。同时,也可规定当分期还本付息数额达到某一水平后,以后各期还本付息数额就固定在这个水平。这种还本付息方式适合那些随时间推延、收入能显著增加的借款人。 (4)双重指数房地产抵押贷款。双重指数房地产抵押贷款是一种为保证房地产抵押贷款的偿还能力,在一个较长的时期中保持房地产抵押贷款按期还贷付现值的一种房地产抵押贷款。这种还款方式同时从两个方面考虑了通货膨胀的影响:贷款人,把还贷额与价格指数联系起来;借款人,把还款额与工资指数挂钩。任何在实际还本付息额上出现的差额都可以资本化于未偿还本金,并在以后偿还。这样能使还本付息额与借款人收入保持一定的比例,并可以按照通货膨胀做调整,这样既可以使借款人保持支付能力,也可以减少贷款人因通货膨胀造成的损失。 (5)反向年金房地产抵押贷款。反向年金房地产抵押贷款是一种专为老年人把其拥有的房地产产权资本转化为现金以应付生活开支的房地产抵押贷款。贷款利率可固定或变动。借贷双方签订这种贷款协议后,由贷款人按该抵押房地产价值的一定比例确定贷款总额,然后按月支付一定的金额给借款人,贷款到期后,借款人或其继承人可通过偿还贷款本息赎回抵押的房地产,否则由贷款人处理后收回贷款本息。 (6)只付利息不需还本房地产抵押贷款。只付利息不需还本房地产抵押贷款是贷款机构为了吸引借款人而推出的一种新的另类贷款方式,该贷款规定在8～10年间,只要付利息,不用还本金,以减少借款人每月几百元的支付额。同时,这种贷款方式的贷款利率也低于一般性房地产抵押贷款的利率。借款人可以等到贷款转回成一般性房地产抵押贷款后再开始每月定期支付利息也同时归还部分本金。这样贷款人可以做自己的银行,可以很快地归还借贷本金,也可以根本不还,可以把少支付的几百元再投资,也可以把钱拿去归还利息更高的信用卡借贷,让个人处理现款的弹性更大

四、国外房地产金融市场的类型

房地产金融市场是房地产资金交易活动的总称。它是金融市场的重要组成部分。

随着房地产业的日益成熟,国外一些较发达的国家逐渐形成了以房地产信贷为主的金融业和房地产金融市场。

由于世界各国的历史经济条件、社会制度的差异形成了不同类型的房地产金融市场,按照房地产金融资金主要来源渠道的差别,可以将房地产金融市场具体划分为储蓄来源型房地产金融市场、抵押型房地产金融市场、基金型房地产金融市场和混合型房地产金融市场。

1. 储蓄来源型房地产金融市场

储蓄来源型房地产金融市场主要出现在以储蓄制度和合同制度作为本国房地产金融制度的国家。德国是储蓄来源型房地产金融市场的典型,它通过制定贷款、建房储蓄机构法等法律直接干预建设储蓄。这样就将房地产金融市场建立在有法可依、按法办事的前提之下。德国相关法律规定:凡计划购建房的年满18岁的德国公民都要参加建房储蓄,并和建房储蓄机构签订建房储蓄合同。这一制度有利于储蓄存款的吸收,从而为发展建房业提供了资金保障。

2. 抵押型房地产金融市场

抵押型房地产金融市场又称完备型房地产金融市场,在这种房地产金融市场上,抵押市场是整个房地产金融市场的核心,支撑着房地产金融。市场以抵押品为金融媒介,按照供求机制进行自发调节。房地产业及房地产金融机构所需资金完全可以通过房地产金融市场来筹集,而不需要建立强制性的储蓄和住房基金作为金融机构房地产信贷的资金来源。这种房地产金融市场主要出现在欧美经济发达的国家,其中以美国为典型。美国房地产金融市场经过多年发展,已成为以私有金融机制为主体,以住房抵押贷款市场为基础,多种房地产信用交织成网络,并受政府有效调控的金融市场。

3. 基金型房地产金融市场

基金型房地产金融市场的主要特点是通过建立全国性的基金管理局,为房地产开发投资和住宅消费提供稳定的信贷资金来源。这种房地产金融市场主要出现在经济相对落后、资金短缺的国家。巴西、新加坡、智利等都是基金型房地产金融市场的典型。

巴西全国性基金管理局资金的来源主要有以下两种渠道:

(1)就业保障基金。巴西就业保障基金是全国住宅银行的主要资金来源和实施住房发展计划的基金。根据该基金会的相关规定,雇员按照工资总额的8%的税款交给保障就业基金会,以雇员的名义存入个人存款账户,作为他们个人的福利基金。保障就业基金由"全国住宅银行"经营和管理。就业保障基金是住宅信贷资金的主要来源,同时也作为住宅建设贷款提供给住宅经营者,发挥住宅投资的作用。

(2)采取公积金制度与住宅发展基金相结合的办法,利用公积金解决住房建设和消费资金。

新加坡主要通过实行强制性的公积金储蓄制度,为住房发展积累了大量资金,有效解决了该国的住房问题。这种中央公积金制度,实质上是政府为维护劳工和受薪者福利的一种强制性储蓄,也是一种全民的社会保险。这项制度规定,任何一个雇员(包括雇主)或受薪者每月必须按一定比例扣除一部分工资,统一存到中央公积金局,作为雇员和受薪者的公积金。公积金主要有以下两个用途:

1)用于购买住房发展局的公共住房,即购买时每一次付款约占房价的20%,用个人公积金存款来付,其余80%的房价可由中央公积金局贷款。

2)用于特准住房产业计划,即会员经申请批准,可以提取公积金建造高级私人住房;若存款不够,可向中央公积金局借款。

4. 混合型房地产金融市场

混合型房地产金融市场既不同于抵押型房地产金融市场,也不同于基金型房地产金融市场,它兼具这两种类型市场的某些特征。

这种房地产金融市场中资金的来源既包括抵押信贷,也包括一定形式的基金筹集,既存在大量的私人金融机构,同时政府又对市场进行强有力的国家干预。日本的房地产金融市场属于典型的混合型市场。

日本是实行私有制市场经济的国家,私人金融机构和政府金融机构并存,共同经办房地产信贷业务,而且信贷业务迅速增长,其中私人金融机构的信贷业务量占大部分,政府金融机构则起补充作用。在经济落后、资金短缺的情况下,政府必然介入金融市场,通过官方机构和官方金融机构来筹集和运用住房资金。日本公私金融机构金融活动并存和政府财政投资性贷款计划的实施,大大促进了日本房地产金融市场的发展。

单元二　美国房地产金融

一、美国的住房金融制度

美国是经济发达的资本主义国家,房地产业是它的主要经济支柱之一。房地产金融业的大力发展促进了美国经济的繁荣。住房金融在美国房地产金融中占有极为重要的地位。

美国住房金融制度的实质是住房抵押贷款制度。美国是世界上住房抵押贷款业务开展最早、最发达的国家,拥有世界上最大的住房抵押贷款市场体系。该体系是主导型的,由规范运作、有机衔接的住房抵押贷款一级市场、二级市场和保险市场构成。美国政府正是利用这种完善的市场体系实现其"要为所有美国人提供体面和合适的居住环境"住房政策目标的。

二、美国住房金融市场的特点

美国具有高度发达、完善的国内金融市场,政府大力支持住房金融的发展。美国住房金融市场具有以下特点:

(1)私人金融机构占主导地位。美国的住房金融市场的主体是私营性质,包括私营金融机构、投资者和个人。私营金融机构较少受不正常的人情、行政等外来因素干扰,经营自主,灵活性较强,住房抵押贷款的稳健性较好,借贷双方都按借贷规则办理借贷业务。

（2）联邦政府金融机构进行有效控制。美国住房金融市场是以私营金融机构为主体的私人信用经济。住房抵押贷款是支撑美国建筑业和解决住房问题的重要金融杠杆。因此，美国联邦政府非常重视住房金融市场的运作，并建立起一套完善的有效调控住房金融市场的特殊机制。

（3）住房金融市场形式多样、分层次化。美国的住房金融市场以住房抵押贷款为重要特征，借款购房者以住房作抵押从金融机构取得贷款，贷款种类多样，政府或私人的保障机制为住房抵押贷款的偿还提供担保和风险。信托机构从事住房抵押的信托业务，住房抵押贷款可通过次级住房金融市场实现证券化或以其他方式出售。各住房金融机构在住房金融市场上融通资金、安排资产、调整资产和负债结构，形成多样化和分层次的住房金融格局。

（4）政府调控与私人资本活动相融合。美国的住房金融市场由初级市场和次级市场两部分构成，两个市场相互衔接、相互促进。美国政府干预和调节房地产金融市场的机构，如全国贷款抵押协会等。其股份为私人所有，由政府给予支持。

三、美国的房地产金融机构

根据美国房地产金融市场的特点，可以将其金融机构分为房地产一级抵押金融机构和房地产二级抵押金融机构。

（一）房地产一级抵押金融机构

美国房地产一级抵押金融机构主要是在一级市场发放抵押贷款以及为抵押贷款提供担保的金融机构，主要包括储蓄贷款协会、商业银行、互助储蓄银行、抵押银行、联邦住房管理局及退伍军人管理局等。

1. 储蓄贷款协会

美国的储蓄贷款协会，是一种在政府支持和监管下专门从事储蓄业务和住房抵押贷款业务的非银行金融机构，通常采用互助合作制或股份制组织形式。它起源于 1831 年英国移民在美国宾夕法尼亚州建立的"牛津节俭协会"，第二次世界大战以后，正式更名为储蓄贷款协会。储蓄贷款协会的基本职能是鼓励储蓄及向协会成员发放房地产抵押贷款，其根据经营性质可分为互助制和股份制两种类型。互助制协会的收入以利息方式支付给存款人，股份制协会的收入则以红利形式分给股票持有者。股份制协会更具现代性，其在储蓄贷款协会中的地位也超过了互助制协会。从第二次世界大战结束到 20 世纪 70 年代，美国住房市场需求旺盛，使储蓄贷款协会的发展经历了一段黄金时期。到 20 世纪 70 年代末，美国储蓄使贷款协会的总资产已突破 6 000 亿美元，成为美国仅次于商业银行的第二大金融机构。不过，几年后，美国社会的通货膨胀率和市场利率不断升高，储蓄贷款协会的许多贷款的实际贷款利率变为负值，储蓄贷款协会在经济上出现了一些其他问题，加上联邦住房贷款银行对其监管不力，大多数储蓄贷款协会出现亏损，不少储蓄贷款协会破产或濒于破产。为了处理美国储蓄贷款协会危机问题，美国政府建立了专门的储蓄管理局，负责对储蓄贷款协会的管理。

2. 商业银行

商业银行在美国金融体系中占有重要位置，美国商业银行有在联邦注册的国民银行和在各洲注册的州银行两种形式。早期美国法律限制商业银行经营长期房地产抵押贷款业务,后来随着房地产抵押贷款二级市场的建立及银行存款结构的改变,美国银行法放宽了商业银行兼营房地产抵押贷款业务的限制。目前美国共有商业银行 9 024 家,资产总额达 51 112 亿美元,其中的 1/6 用于房地产贷款,其住房抵押贷款业务占全美住宅抵押市场的 20%。

3. 互助储蓄银行

互助储蓄银行是一种互助组织,创建于美国东海岸区,包括纽约州、新泽西州和新英格兰各州。美国互助储蓄银行早期是作为一个鼓励穷人储蓄的慈善机构,用吸引慈善、宗教等非营利性部门的存款来给穷人发放贷款。近年来,大部分互助储蓄银行都改组为特许股份机构,其存款由美国联邦存款保险公司负责保险。美国储蓄银行的总资产主要集中于住房抵押贷款和抵押支持证券,美国储蓄银行已被允许投资于公司债券和股票,但其资金的大部分仍用于房地产融资。

4. 抵押银行

美国的抵押银行是一种专业化的中介机构,主要指分布在各个地区,为房地产开发商和购建房者发放房地产贷款的机构。其职责与功能是承销常规和政府担保的住宅抵押贷款,并将抵押贷款债权转售给长期投资者,其自身并不拥有抵押贷款债权,同时继续为转售的抵押贷款债权提供包括还款、处理保险、税务、解除抵押等服务。近年来,抵押银行还开始充当养老金的投资顾问,指导其向房地产业的放贷和投资活动,向这些基金推荐购买或出售特定的房地产或抵押贷款。

5. 联邦住房管理局

美国的联邦住房管理局隶属于美国住房与城市发展部,成立于 1934 年,是一级抵押金融市场房地产抵押贷款的官方担保机构。其主要业务是从事贷款保险业和执行政府房屋补贴计划,重点是对居民重建、新建住宅及购买住宅的抵押贷款提供担保,担保对象是所有符合条件的申请了住房抵押贷款担保的美国公民和外国在美的永久居民,其担保的抵押贷款发放机构一般由该局指定。美国联邦住房管理局长期奉行稳健经营的方针,使其在美国住宅金融领域享有很高的声誉。

6. 退伍军人管理局

美国的退伍军人管理局成立于 1930 年,原是政府办理退伍军人津贴的独立机构。1944年美国通过法案允许退伍军人管理局为符合条件的退伍军人购买住房提供信贷担保,从此退伍军人管理局演变成为专用住房抵押贷款提供担保的官方机构。其职能主要是通过为退伍军人偿还抵押贷款提供担保,帮助他们取得住房抵押贷款。目前,该机构担保的抵押贷款主要包括固定利率、累进偿还等类型。

(二)房地产二级抵押金融机构

美国房地产二级抵押市场是一个专门经营房地产抵押贷款的市场。二级抵押市场为一级抵押市场的放贷者提供一个回笼资金的场所,加速资金的周转,从而使他们能继续发放更多的贷款。在美国房地产二级抵押市场上,存在由政府机构、政府发起设立的企业及私营机构构成的房地产金融机构。其中政府机构或由政府设立的机构主要有联邦国民抵押贷款协会、政府国民抵押贷款协会及联邦住房贷款抵押公司。

1. 联邦国民抵押贷款协会

联邦国民抵押贷款协会，又称房利美，成立于1938年，其目的是促进住房抵押贷款市场的流动性和稳定性，保证民众能够持续得到住房抵押贷款。其宗旨是向中低及偏低收入的美国人提供金融产品与服务，使他们更容易购买到能够负担得起的住房。

在1950年9月以前，美国联邦国民抵押贷款协会的业务范围非常有限，主要限于购买和出售由联邦住房管理局担保的抵押贷款。1954年，美国的《住宅法修正案》通过，该法重新明确了联邦国民抵押贷款协会的功能和业务范围，包括在二级市场上买卖抵押贷款，以提高抵押贷款的流动性，为政府特定的住宅政策目标项目提供资金支持以及管理和经营政府持有的抵押贷款。

1968年，由于通过了《住房和城市发展法》，联邦国民抵押贷款协会变成了一个由政府支持但股权私有的公司，这是一家被美国国会特许的由股票持有人拥有的公司，其股票在纽约证券交易所上市，同时，从原联邦国民抵押贷款协会中分离出隶属于美国住房与城市发展部的政府国民抵押贷款协会。改制后的联邦国民抵押贷款协会的经营宗旨并未发生改变，但其筹资范围有了很大的发展。

美国联邦国民抵押贷款协会对所购买的抵押贷款采取两种处理方式：一是发行以抵押贷款为后盾的转付债券，由证券投资者购买；二是把所购抵押贷款作为自己的投资。联邦国民抵押贷款协会通过创造各种具体的抵押贷款产品而使其成为美国最大的提供住房抵押贷款的公司。

2. 政府国民抵押贷款协会

美国的政府国民抵押贷款协会成立于1968年，是原联邦国民抵押协会改组后的产物，由联邦住宅与城市发展部管辖，并受到美国财政部的监督。其资金来源主要在于财政资金、发债筹集的资金及提供抵押证券担保所获得的担保费。

政府国民抵押贷款协会完全由联邦政府所有，它的主要任务是利用美国政府的诚信为联邦住房管理局和退伍军人管理局以及乡村住房服务机构保险或者担保的住房抵押贷款证券化所发行的证券提供担保，也为房地产抵押投资工具证券化提供担保。由于政府国民抵押贷款协会对证券的担保意味着以政府信用担保，因此该类证券能获得较高的信用等级。

3. 联邦住房贷款抵押公司

联邦住房贷款抵押公司成立于1970年，其职能是为给联邦住房贷款系统成员的国家储蓄机构提供一个二级抵押贷款市场。作为联邦住宅贷款银行体系所有的机构，联邦住房贷款抵押公司的董事会由会员银行选举产生，其中3人是由总统任命的联邦住宅贷款银行董事会的成员。

联邦住房贷款抵押公司的业务主要是购买抵押贷款，但更多的是购买抵押贷款有价债券。只要符合条件，任何贷款发放机构都可以和联邦住房贷款抵押公司发生业务往来。尽管该公司的主要收入是其承保成批抵押贷款成交时收取的手续费，但它仍然经营部分抵押贷款资金并从中获取利息作为收益。

单元三　英国房地产金融

一、英国的住房金融制度

英国的住房自由化率在世界上居领先地位。其住房自由化率高的原因主要是购房需求不断增加、政府政策鼓励居民自购住房、住房市场非常发达和有效的住宅融资支持等。与美国相同,英国也实行住房贷款抵押制度,但其整个住房制度相对缺乏市场性。第二次世界大战后,由于战争破坏,英国住房严重短缺。政府采取了以集中建设出租公房为重点,大力促进住房建设、增加住房供应的政策。与住房政策相适应,英国的住房金融制度更多地保留了国家干预的痕迹,最大的住房金融机构房屋互相协会便受到政府的特殊保护。

二、英国住房金融市场的特点

英国是住房金融市场出现较早的国家,其住房金融市场发展模式对一些国家特别是欧洲国家及原英联邦国家的住房金融业的发展均产生了较大影响。与其他国家住房金融市场相比,英国住房金融市场主要具有以下特征:

(1)长期以来,英国住房金融市场一直由专业的住房金融机构即建筑协会垄断经营,专业性住房金融机构在住房金融市场处于支配地位,而以其他金融机构作为补充力量。

(2)英国住房抵押市场与美国不同,它没有二级抵押市场,保险公司和退休基金会可以直接拨款资助购房贷款。由于英国没有国家金融保险制度,所以英国住房抵押贷款80%以上是靠私人保险公司作担保的。

(3)绝大部分抵押贷款是用于现有住房的改建,而不是房屋的新建。

三、英国的房地产金融机构

英国是最早开展房地产金融业务的国家,很早就创建了世界历史上最早的房地产金融机构。英国金融管理部门对从事抵押贷款的金融机构采取一种自愿接受监管的原则。各家金融机构只是根据市场规则进行运作。英国的房地产金融机构主要有建筑业协会、商业银行和住房金融公司等。

1. 建筑业协会

英国的建筑业协会是专门经营住房抵押贷款的互助合作性金融机构。其主要业务是吸收股金和储蓄存款,发放个人住房抵押贷款。建筑业协会之所以长期占据住房金融市场主体地位,主要是由于政府鼓励居民自购住房的政策和政府对建筑业协会金融税收的支持政策。建筑业协会主要向低收入家庭、年轻单身汉、无家可归者、老人和残疾人等提供住房。建筑业协会的大部分房屋用于出租,收取"可价"租金。确实付不起房租的,可向有关机构提出申请房租补贴。建筑业协会的行为受到严格的法律限制,按照相关法律规定,建筑业协会只能吸收以贷款为目的的储蓄,提供一定范围内的附带服务,而不投资于金融市场。建筑业协会提供的住房抵押贷款的主要品种是可变利率抵押贷款,因此可以有效防止贷款的利率风险。

2. 商业银行

英国较典型的商业银行主要包括存款银行、商人银行、贴现所和外国银行,其中办理住房金融业务较多的是存款银行和商人银行。商人银行是伦敦承兑所委员会的成员,也是贴现市场和股票市场的成员与参与者,是一家由私人银行业者建立的家庭企业。从 1970 年代初,商人银行开始从家庭型企业向股份公司转化,后来逐渐增大,目前英国有商人银行约 100 家。除办理承兑票据外,该机构还办理各种贷款业务,对个人购房发放抵押贷款,如对住宅建筑商、代理商等办理融资业务。20 世纪 90 年代以来,一些大的商业银行也积极介入住房信贷领域。目前,哈利法克斯抵押贷款银行和全国建筑协会是英国最大的两家专业抵押贷款银行,国民阿比银行和英国最大的商业银行汇丰银行等也都排在承办抵押贷款的金融机构的前 10 名之内。

3. 住房金融公司

英国的住房金融公司同建筑业协会一样分散,是一个行业性服务机构,其宗旨是向私人筹集资金为住房协会提供建筑资金。由于建筑业协会分散,有的规模很小,银行不愿意向其提供条件优惠贷款,而住房金融公司统一向银行取得长期贷款,然后以同样条件转贷给协会。住房金融公司另一资金来源方式是利用发行债券方式筹集建房资金。

单元四 新加坡房地产金融

一、新加坡的住房金融制度

新加坡的住房金融制度是以公积金制和住房抵押贷款相结合为特色的制度。新加坡解决国民住房问题的核心政策是推行住房公积金制度,将国家建房后的低价出租转变为居民分期付款购买。

1. 新加坡住房公积金制度的特点

(1)长期强制性储蓄。新加坡的住房公积金制度是一个长期强制性的储蓄系统,住房公积金的积累最终用于住房,不仅促进了住房建设的发展及产业结构的调整,有利于国民经济健康协调发展,还能有效地调整消费结构。

(2)政府的作用。新加坡住房公积金除用于住房贷款和个人提取外,其余部分首先用于购买政府债券,保证了住房资金的良性循环和住房公积金的保值增值。

(3)完善的法律制度是住房公积金制度得以巩固和发展的基础。

(4)公积金的利息确定应该实现保值增值,这是公积金交存人具有持久支持力的条件之一。

2. 新加坡住房公积金制度的成立及发展

1955 年,新加坡当时的英国殖民地政府通过立法建立了中央公积金制度,并于同年 7 月成立了中央公积金局主要负责公积金管理工作。1965 年 8 月新加坡独立后,继续实行这项住房公积金制度。新加坡住房公积金制度规定,雇员和雇主必须按雇员工薪的一定比例缴纳公积金,由雇主按月集中向中央公积金局缴纳,中央公积金局设立雇员公积金储蓄账户。公积金的缴交率由中央公积金局根据经济发展状况和雇员工资水平、年龄确定,每年公布一次。

新加坡住房公积金制度刚实施时,雇员和雇主的缴交率都为 5%,以后经过多次调整。1984 年,雇员和雇主的缴交率都曾达 25%;20 世纪 90 年代初,雇员和雇主的缴交率分别为 23% 和 15%,以后又调整为雇员和雇主的缴交率各自为 20%。在 1997 年亚洲金融危机期间,雇主的缴交率降为 10%。1999 年,雇主的缴交率调整为 12%。2002 年,雇主的缴交率为 16%,如果是自雇人士,则自行提缴 20% 在个人公积金账户中,对于 55 岁以上的雇员缴交率有所下降。2003 年新加坡政府对于住房公积金缴交率进行了调整,调整后雇主和雇员的总公积金缴交率就维持在 33%,其中,13% 来自雇主,20% 来自雇员。根据政府设定,长期的雇员与雇主总缴交率应可在 30% 至 36% 之间灵活调动,这样政府能够更快地针对经济情况作出改变。2007 年 2 月,新加坡政府决定把雇主住房公积金缴交率从 13% 调高至 14.5%。新加坡住房公积金制度成为一种由政府立法、通过强制储蓄方式并规定其用途的一项社会保障制度。

新加坡住房公积金制度最初设立的目的是为年迈退休的雇员提供养老金。随着经济与社会的发展,公积金的用途已扩大到住房、交通、保健、投资和教育等多方面,住房公积金制度也从单纯的为退休人员提供生活保障和强制性储蓄计划,演变成一项全面的社会福利保障储蓄计划。新加坡无论是国家兴建住房还是个人购买住房,资金主要来源于中央公积金,可以说住房公积金是中央公积金局统一管理的社会公益性强制储蓄。按照住房公积金的有关规定,雇员可以动用住房公积金储蓄用于购买住房的首期付款。购房者从银行借贷的住房贷款,可用每月缴纳的公积金作为分期付款。这样雇员购买住房的款项都可用公积金储蓄偿还。住房公积金制度使国家"建得起"住房,家庭"买得起"住房。

二、新加坡住房金融市场的特点

新加坡住房金融市场的典型特点是以基金为后盾。通过把住房公积金制度和住宅发展计划(居者有其屋计划)相联系的办法,解决住房建设投资和住宅信贷资金来源。目前,新加坡政府已基本解决了人民的住房问题,而且人民住房水平正在不断提高,房地产二级市场也很活跃。而住房公积金的一部分又通过融资渠道作为住宅发展局住房建设投资的主要来源,促进了住房的开发建设,为了使参加住房公积金的人士的公积金存款能适度投入商业房地产买卖,凡是未经宣告破产且公积金账户中有足够存款者,可动用公积金存款支付全部或部分房款,或者分期偿还贷款。此外,如果个人财力不足也可集合数人共同动用公积金购买房地产。为了使公积金储蓄在财务保障、保健开支和房屋贷款之间有完善的配置,新加坡开始实行参加公积金的人士用来偿还房屋贷款的公积金存款不应超过房屋估价的150%的规定,并且这个上限逐年调低,并在5年内降低至相等于房屋估价的120%,具体见表11-2。

表 11-2　新加坡中央公积金偿还房屋贷款上限调降进度

购房日期	中央公积金偿还房屋贷款上限
2005 年 1 月 1 日—2005 年 12 月 31 日	138%
2006 年 1 月 1 日—2006 年 12 月 31 日	132%
2007 年 1 月 1 日—2007 年 12 月 31 日	126%
2008 年 1 月 1 日起	120%

数据来源:新加坡中央公积金局:http://www.cpf.gov.sg

三、新加坡的房地产金融机构

在新加坡房地产金融市场上,金融机构以官方金融机构为主体,并以专业房地产金融机构为支柱。新加坡房地产贷款由银行、金融公司和邮储信贷机构承担。目前,新加坡从事房地产金融业务的主要金融机构包括住宅发展局、中央公积金局及邮政储蓄银行。

1. 住宅发展局

新加坡的住宅发展局是政府的一个法定机构,它一方面代表政府行使权力,主要负责制定住宅发展规划及房屋管理,实现居者有其屋目标。另一方面,作为房屋开发商,主要负责房屋建设的工程发展及房屋出售和出租。新加坡住宅发展局在经济上实行独立核算、自主经营的政策。它的资金主要来源于政府预算拨款和政府出让土地收益,此外,政府发放的专用于建房的贷款及居民购房预付款也是其资金来源。住宅发展局的房屋租金和售价都是由政府确定的低于市场的价格,因此,造成的收支差额由政府核定预算时给予一定的津贴。

2. 中央公积金局

新加坡的中央公积金局是政府为实行公积金管理而专门设立的官方机构,隶属于劳工部,由劳工部制定有关政策并进行监督。中央公积金局依法独立操作,其他部门不加干预。中央公积金局实行董事会领导下的总经理负责制。董事会下设两个委员会,即人事财政委员会和计划决策委员会,负责处理一些具体政策问题。在房地产金融方面,中央公积金局主要发放面向住宅发展局的公共组屋建设贷款和面向会员个人的个人购房优惠贷款。

3. 邮政储蓄银行

新加坡的邮政储蓄银行成立于1887年。1990年,邮政储蓄银行改名为新加坡储蓄银行,其资金的主要来源是储蓄存款。目前,该银行的房地产金融业务主要包括向中高收入者提供住房贷款和受政府及法定机构委托发放公务员和法定机构雇员的住房贷款。

单元五　日本房地产金融

一、日本的住房金融制度

日本的住房金融制度以住房金融公库作为主要执行主体。公库业务的政策性色彩明显，其市场性取向不明显，商业化关联度相对偏低。住房金融公库制度是日本政府在日本处于绝对缺乏住房的情况下采取的一种国家化金融发展制度，公库贷款的资金大部分以国家财政投资方式来筹集，公库贷款的对象以个人为首要对象，同时兼及地方住宅供应公社与民间机构。

1950年5月6日，日本公布了《住房金融公库法》，同年6月5日成立了日本住房金融公库。公库的总部设在东京。公库是由政府金融出资的独立企业法人，实行财政预算制，利润一般要上交国库。从法律上看，住房金融公库成立的目的主要有两个：一是通过政府的融资，提高国民大众的住房购置能力，同时提高融资住户的居住水平；二是公库应能确保民间金融机构难以稳定提供的长期低息融资的资金来源时，对一般金融机构难以提供信用的收入层提供信用，对民间资金难以提供资金的工程确保资金，通过平衡住房供应，达到稳定住房市场的要求。

日本住房金融公库的宗旨："为国民大众的健康和满足文化生活及住房建设、住房用地的购买与平整所需要的资本，向其他金融机构和银行筹措较困难时，本公库给予融通。"它行使政府住房金融的职能，融通长期低息基金。住房金融公库资金来源除资本金和向政府借款外，还有财政拨款或通过财政筹集的邮政存款、保健年金、国民年金等融通的长期低息资金，以及政府担保的公团和公库发行的住宅债券。

二、日本住房金融市场的特点

日本住房金融市场属于混合型房地产金融市场，具有以下特点：

（1）金融市场上私人金融机构与官方金融机构的房地产信贷活动同时并存。二战后，日本政府为缓解"房荒"，建立了如住房都市整备公团、住房公社这样的官方机构，直接建造和供应出租住宅。20世纪80年代后，随着金融机构的住房信贷活动日趋活跃，日本政府对房地产市场的干预则主要变为加强对住房信贷的引导。

（2）住房信贷资金来源多样化。住房信贷资金不仅有民间和国家两个资金渠道，还包括信用机构采取储蓄、发行债券等多种信用手段吸收资金，也有的是通过财政性投资贷款计划筹集资金，输送给公营或国家支持的机构。

三、日本的房地产金融机构

日本房地产金融模式是由政府住房金融机构（日本住房金融公库）、一般金融机构、保险机构、住房建设机构、企业和居民共同参与、互为补充的运行模式。住房金融公库和一般金融机构分别针对中低收入家庭和高收入家庭提供住房融资，保险机构负责住房保险，公营和私营的住房建设机构负责提供住房。企业通过参与本企业职工住房贷款,给贷款以利息补贴和担保,可以充实企业的福利保健制度,对解决员工住房问题发挥了重要作用。

模块小结

　　本模块首先介绍了国外房地产金融机构和国外房地产抵押贷款的主要类型,然后分别简要介绍了美国、英国、新加坡、日本等国家的房地产金融制度以及主要房地产金融业务。

思考与练习

1.国外主要的房地产金融机构有哪些?

2.国外房地产金融市场的类型有哪些?

3.美国住房金融市场的特点有哪些?

4.英国的房地产金融机构主要有哪些?

5.新加坡住房公积金制度的特点有哪些?

6.新加坡房地产金融机构包括哪些?

参 考 文 献

[1]张健华.中国金融体系[M].北京:中国金融出版社,2011.

[2]王重润,刘颖.房地产金融[M].北京:北京大学出版社,2010.

[3]王淑敏,石新谊.房地产金融事务[M].北京:清华大学出版社,2009.

[4]曹建元.房地产金融新编[M].上海:上海财经出版社,2009.

[5]洪艳芳.房地产金融[M].北京:北京大学出版社,2007.

[6]常永胜.中国房地产金融体系研究[M].北京:经济科学出版社,2008.

[7]董藩,王家庭.房地产金融(第3版)[M].大连:东北财经大学出版社,2009.

[8]彭建刚.中国地方中下金融风险管理研究[M].北京:中国金融出版社,2010.